基层农产品质量安全检测人员指导用书

农产品质量安全检测技术实用指南

王颜红　李　静　赵铁成 主编

中国农业出版社
北　京

编写人员名单

主　编　王颜红　李　静　赵铁成

副主编　林桂凤　张　红　辛旭红　史延通
王世成

参　编　（按姓氏笔画排序）
万　妮　王　莹　王　缇　田春雨
刘　航　闫　实　孙园媛　李　波
李好琢　李国琛　李德敏　欧阳喜辉
周　强　郑嘉宁　郝　明　姜国君
贾　垚　崔杰华

序 / PREFACE

常言道：民以食为天，食以安为先。农产品质量安全关系到人民群众切身利益，党和政府历来高度重视。改革开放后，尤其是党的十八大以来，更是把食品安全当作重大的民生问题和政治问题来对待。2013年，习近平总书记提出：用最严谨的标准、最严格的监管、最严厉的处罚、最严肃的问责，确保人民群众“舌尖上的安全”。开展农产品质量安全监测，是《中华人民共和国农产品质量安全法》《中华人民共和国食品安全法》《中华人民共和国食品安全法实施条例》《辽宁省农产品质量安全条例》等法律法规赋予农业行政部门的法定职责，是掌握农产品质量安全状况和开展农产品质量安全风险评估，系统和持续地对影响农产品质量安全的有害因素进行检验、分析和评价的有效措施，是农业行政部门依法履职、有效监管的重要技术支撑。

以“立足大农业，面向全社会，服务经济建设，促进技术进步”为指导，经过多年努力，特别是经过“十一五”“十二五”农产品质量安全检测机构两个五年建设规划的实施，辽宁省初步构建起了以农业农村部部级农产品质检中心为龙头、省级农产品质检中心为主体、地市级农产品质检中心为骨干、县级农产品质检站（所）为基础、乡镇（生产基地、批发市场）速测实验室为补充的农产品质量安全检验检测体系。这些通过“双认证”的检验检测机构，依据国家（行业）标准，以先进仪器设备为手段、可靠实验环境为保障，对农产品生产环境、过程及产品实施监测、评价，科学公正地为政府和广大农产品生产者、经营者、消费者提供技术咨询和技术决策，为保障农产品质量安全发挥了重要的技术支撑作用。

近年来，在实验室建设和农产品质量安全检测的基础上，以中国科学院沈阳应用生态研究所为首的科研团队，协同原辽宁省农产品质量安全中心、原辽宁省农业环境保护监督站、辽宁省农业科学院等单位科研人员，认真总结多年的科研成果，深入开展了农产品产地溯源、风险评估、真实性鉴定、营养品质评价、不同形态相关性等研究，并成功地向市场和管理转化，形成了绿色农产品质量安全全过程质量保障体系及预警预测平台。根据农产品生长特性，建立了高风险农产品基地农产品结构调整的解决方案，为辽宁省的农产品质量安全提供了坚实的保证。这些成果获得了全国农牧渔业丰收奖二等奖2项，辽宁省科技进步奖二、三等奖各1项，辽宁省农业科技贡献奖一等奖3项，沈阳市科技进步奖一等奖1项。这些成果凝聚了辽宁省农产品质量安全战线上科研工作者的汗水和智慧，为充分发挥这些成果的作用，他们还采取提供咨询、授课、培训等多种形式，为基层检测人员传授检测技术，提升他们的能力和水平，帮助他们迅速成长。

本书由辽宁省农业农村厅农产品质量安全监管局策划，由中国科学院沈阳应用生态研究所、原辽宁省农产品质量安全中心、原辽宁省农业环境保护监测站组织人员编写。本书以多年来的培训教材为基础，力图从基本原理、操作方法及标准解读等各个方面，有针对性地介绍和解决检测人员在实际工作中的问题，力图对质量控制和结果可靠性评价等管理问题进行系统解读。相信此书的出版必将大大提高农产品质量安全检测人员的技术水平，提升其对检测结果的研判能力，有助于打造一支业务精、技术硬、作风良、素质高的农产品质量安全检验检测队伍，并使其更好地服务于农产品质量安全执法监管工作。

原辽宁省农村经济委员会副主任 于徽

2019年4月

前言 / PREFACE

随着社会的发展，农产品质量安全问题日益受到广泛关注。提高农产品质量安全水平是现代农业发展的重要内容，对维护大众健康、保障社会和谐稳定、增强我国农业竞争力和实现农业的可持续发展都具有重要的现实意义。

检测技术作为农产品质量安全的重要技术支撑，在农产品生产、流通全过程控制和监管以及进出口贸易中发挥着越来越重要的作用。近年来，在国家和农业部门的大力扶持和资金支持下，全国各县（市）级农产品质量安全质检体系相继建立和完善，并在全国范围内的农产品质量安全监管工作中发挥着积极作用。但由于检测仪器和检测标准不断更新，致使各质检中心实验室管理人员和实验技术人员需要持续学习提升，才能满足检测发展的需求。因此，笔者搜集整理了农产品检测的最新标准，组织富有经验的检测人员，结合多年的理论基础和实践积累，编写了本书，以期为从事检测检验的技术和管理人员提供有实用价值的参考用书。

本书由中国科学院沈阳应用生态研究所、原辽宁省农产品质量安全中心和原辽宁省农业环境保护监测站共同组织人员编写。全书共分为九章，系统地介绍了农产品质量安全检测技术的基本理论和主要实用技术方法，包括农产品样品采集与制备技术、农药残留检测技术、兽药残留检测技术、重金属检测技术、理化指标检测技术、天然毒素、检测技术检测结果可靠性评价和实验室质量控制技术等。另外，针对农产品质量安全检测工作现状、相关检测技术发展现状及趋势也进行了简单阐述。

本书第三章至第七章关于具体检测技术的章节，按照检测常用仪器介绍、样品前处理方法概述、实验方法与关键点的层次结构进行统一编写，并附有相关检测标准实例，针对标准具体内容给予必要的注释说明，大大增强了本书的实用性和可操作性。第八章和第九章对检测过程中的结果评价和质量控制方法进行了介绍，希望有助于提升检测人员在数据结果评价和实验室质量控制技术方面的能力和水平。

本书在编写过程中，得到了辽宁省农村经济委员会的支持和指导，针对本书最初策划、框架搭建和各章节的主要内容，给予了具体的意见和建议，促进了本书的早日出版，在此表示深深的谢意。本书可供从事农产品、食品以及环境质量检测工作的实验室人员和管理人员使用，也可供从事食品加工和食品卫生的科研人员、技术工人和管理人员参考。

在本书编写过程中，笔者尽量做到内容科学严谨，理论性和实用性相结合。但因水平所限，加之时间仓促，书中不妥之处在所难免，敬请广大读者不吝指正。

编　者

2019 年 4 月

目录 / CONTENTS

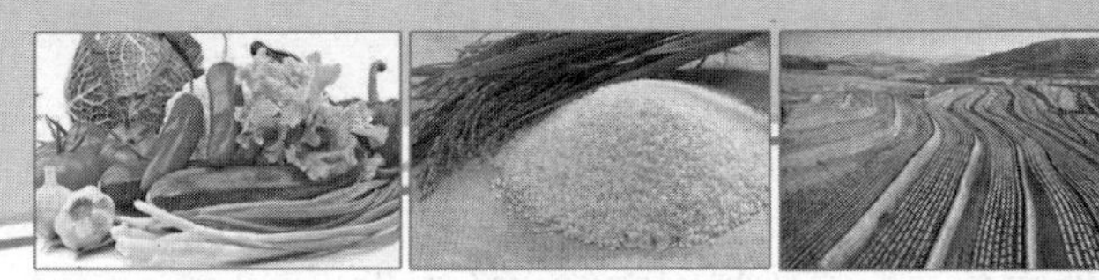

第一章 概　述

第一节　农产品质量安全概述

随着人们生活水平的不断提高，人们对农产品质量安全更为关注。农产品质量安全是国家公共安全的重要组成部分，提高农产品质量安全水平是现代农业发展的重要内容，对维护大众健康、保障社会和谐稳定、增强我国农业竞争力和实现农业的可持续发展具有重要的意义。

一、农产品及农产品质量安全内涵

2006 年，我国颁布了第一部农产品质量安全的法律《中华人民共和国农产品质量安全法》(以下简称《农产品质量安全法》)。《农产品质量安全法》对农产品给出了定义：农产品是指来源于农业的初级产品，即在农业活动中获得的植物、动物、微生物及其产品，如蔬菜、水果、食用菌、畜禽产品等。

农产品质量安全就是指农产品质量符合保障人体健康和安全的要求。食用农产品中不应包含可能损害或威胁人体健康的因素。通常来讲，危害农产品质量安全的因素包括：农药和兽药残留超标、环境因素造成的有毒有害物质超标、化学物质残留、微生物污染、保鲜剂残留等。在不同的时期、不同的发展阶段和不同的管理部门都各不相同。从发展的趋势看，先是安全为基础，进而提高质量和品质。生产出既安全又优质的农产品是农业发展的根本目的，也是农产品市场消费的基本要求，更是农产品市场竞争的内涵和载体。

二、农产品质量安全工作体系

2013 年 4 月实施的《国务院关于地方改革完善食品药品监督管理体制的指导意见》规定，将食品安全办公室与食品药品监管、工商、质监、卫生等部门的食品安全监管及药品管理职能进行整合，重新组建食品药品监管机构。由此形成了地方政府负总责，农业部门承担农产品生产、储运环节的质量安全监管责任，强化源头整治。农产品进入批发、零售市场或生产加工后，由食品药品监管部门监督管理。农业部门和食品药品监管部门的职能界定明确后，有分工、有协作。农业部门对农产品质量安全监管的任务更重，监管链条更长。

根据职责分工，农业部门对农产品质量安全管理工作包括监督管理、检验检测、认证认可、标准制定、科技支撑与推广、突发事件应急、法律法规制定等多项工作。

三、农产品质量安全现状

2001年开始，国家启动了“无公害食品行动计划”，加强对投入品、农产品生产、市场准入3个环节的管理，推动从田间到市场的全程监管。经过多年的发展，国家大力推动标准化生产，开展例行监测和监督抽查，我国农产品质量安全保障体系日益完善，监管能力逐步增强，以确保农产品质量安全为目标的服务、管理、监督、处罚、应急五位一体的工作机制逐步完善。

近年来，我国未发生重大农产品质量安全事件，主要农产品监测合格率保持在96%以上。2016年，农业部在全国范围的例行监测中，蔬菜合格率96.8%，畜产品合格率99.4%，水产品合格率95.9%，与往年相比都有了不同程度的提高，呈现出良好的基本态势。2017年，主要农产品监测合格率达到97.8%，2018年上半年达到98.1%（按照2017年同口径统计）。

《农产品质量安全法》颁布实施以来，国务院及其有关部门、地方各级政府认真贯彻实施农产品质量安全法，依法加强监管，扎实推进农产品质量安全各项工作。2011年以来，国务院每年均将加强食用农产品质量安全监管纳入食品安全年度重点工作进行安排部署，把农产品质量安全工作纳入省级政府质量考核和食品安全工作考核，并先后修订了《兽药管理条例》《农药管理条例》《生猪屠宰管理条例》《饲料和饲料添加剂管理条例》等行政法规。国务院有关部门配套制定了《农产品产地安全管理办法》等部门规章和规范性文件。

随着国家、民众对农产品质量安全重视程度的提高，农产品检测、监管、认证认可、标准制定、法律法规等体系建设日益完善。截至2018年9月，国家共制定发布农业国家标准和行业标准13 540项，其中，国家标准7 309项，行业标准6 231项。国家标准中有4 442项农药残留限量标准、1 548项兽药残留限量标准，基本涵盖了我国常用农兽药品种和主要食用农产品。

随着国家对农产品质量安全管理部门投入的增加和重视，目前部、省、市、县四级检测和监管机构基本建立，已经逐步形成全覆盖的农产品质量安全检测和监管网络。

第二节　农产品质量安全检测工作现状

农产品质量安全问题事关社会经济发展大局，与人民群众的日常生活密切相关。由于农产品生产、加工过程的复杂性，从农田到餐桌要经过诸多环节，任何一个环节出现问题都可能造成农产品污染。因此，要保证食用农产品质量的安全，就必须经过生产过程监控和终端产品检验。农产品质量安全检验检测是政府实施农产品质量安全管理的重要手段。在保证农产品消费安全、促进农业结构战略性调整、提高农产品市场竞争力和调节农产品进出口贸易等方面具有重要的地位和作用。

一、全国农产品质量安全检测工作情况

1. 体系建设基本情况　改革开放以来，我国农产品质量安全检验检测体系建设稳步发

展，尤其是在“十一五”和“十二五”期间，国家发改委分批批复并实施了《全国农产品质量安全检验检测体系建设规划》。我国农产品质检体系建设加速发展，成效显著，部、省、地、县四级农产品质检体系已经形成。

2. 监测工作基本情况 我国农产品质量安全监测工作起步于2001年，经过十几年的努力和几次调整，农业农村部已经建立了基本覆盖全国省会城市和主要农产品产区，对重点农产品和农业投入品，在产地、批发市场和超市各环节，开展例行监测、普查和监督抽查的农产品质量安全监测制度。2009年，开始建立监测信息综合预警平台，加强监测信息统筹汇总，完善监测结果会商制度，并建立了向国务院领导和地方主管领导反馈监测结果的报告制度和信息通报制度。

《农产品质量安全监测管理办法》（农业部令2012年第7号，以下简称《办法》）于2012年10月1日起施行。《办法》进一步规范了农产品质量安全监测工作，对重点农产品和农业投入品开展例行监测、专项监测和监督抽查，为提高监管能力，保障农产品质量安全消费和农业产业健康发展提供技术支持。

截至2018年9月，国家农产品质量安全例行监测范围扩大到155个大中城市，涵盖109个品种的122项指标，覆盖主要城市、产区和品种。市场监管部门自2016年起，加强食用农产品抽检监测力度，要求全国各市县开展基层食用农产品抽检，2016年、2017年均安排76.5万批次。2018年，继续加大农产品抽检监测力度，涉及48个食品类别的151个检验项目，安排市县级监管部门农产品抽检任务83万批次。针对突出问题，深入开展专项整治。相关部门持续多年开展农药及农药残留、“瘦肉精”、生鲜乳、兽用抗菌药、生猪屠宰、“三鱼两药”（“三鱼”指大菱鲆、乌鳢、鳜，“两药”指孔雀石绿和硝基呋喃）和农资打假等专项整治行动，严厉打击违法违规行为。为了完善信息发布和应急处置机制，农业部门制定了农产品质量安全信息发布管理办法，对例行监测结果、执法典型案例等通过农业农村部网站、新闻发布会等方式向社会公布。食品药品监管部门建立了抽检信息每周定期公布制度，每月公布具体产品抽检信息，每季度公布全国抽检汇总分析情况。相关部门开展全天舆情监测，完善突发事件应急预案，建立了快速反应、协同应对的应急机制。

二、辽宁省农产品质量安全检测工作情况

1. 检测体系建设基本情况 截至2017年底，辽宁省共有市、县级质检机构72家，质检人员共1 074人，实验室面积共5.5万m^2，大型仪器设备4 887台套。基础设施条件逐步改善，检验检测方式从单纯的定性分析扩充到定性和定量分析相结合。

2. 监测工作基本情况 辽宁省农业委员会从2010年起开展农产品质量安全风险监测。每年按季度对蔬菜、水果、食用菌开展例行监测和专项监测，并根据风险监测结果跟进开展监督抽查。截至2017年底，共定量检测样品3.5万个。

三、农产品质量安全检验检测工作的意义

食品安全源头在农产品，基础在农业。农产品既是“产”出来的，也是“管”出来的。农产品质量安全监测工作，是实施农产品质量安全监管的一项基础性工作。

1. 法律法规的要求 《农产品质量安全法》第三十四条规定，“县级以上人民政府农业行政主管部门应当按照保障农产品质量安全的要求，制订并组织实施农产品质量安全监测计

划，对生产中或者市场上销售的农产品进行监督抽查。”

农产品质量安全检验检测，是依照国家法律法规和有关标准，对农产品质量安全进行检验检测；在农产品质量安全评价、农业行政执法、农村市场监管和农产品贸易等方面担负着重要的技术支撑职责；对农业结构调整、农产品质量升级、农产品消费安全、提升农产品市场竞争力都具有重要的技术保障作用。

2. 农产品质量安全监管工作的技术支撑手段 检验检测是开展质量安全监管的主要技术支撑，是保障人民群众“舌尖上的安全”的重要技术手段，对政府决策、防控风险、查处违法行为有着不可替代的作用。

3. 与各种违法行为斗争的武器 监测工作是质量监管工作的耳目，为农业执法提供依据。不安全的农产品不仅是生产出来的，而且是检测出来的。无论是事前管理，还是事后处置，检测都是重要的技术依据。

4. 农业部门开展公共服务的一个新领域 经济社会快速发展，消费者越来越关注安全问题。“民以食为天，食以安为先。”开展农产品质量安全检验检测，不仅能够维护我国农民和农业企业权益，扩大农产品出口和抵御国外农产品对国内产业的冲击，而且增强百姓的安全消费信心，已成为政府一个新的公共服务领域。

第三节　农产品质量安全检测技术发展现状及趋势

检测技术作为保障农产品质量安全的重要技术支撑，在农产品生产、流通全过程控制和监管以及进出口贸易中发挥着越来越重要的作用。其技术的研究和发展备受全世界关注和重视。由于农产品检测对象种类繁多、结构组成复杂、含量范围波动大，而且样品基质复杂、干扰杂多，使得农产品质量安全检测技术的研究具有复杂性，保持着持续创新和发展态势。

一、农产品质量安全检测技术发展现状

农产品质量安全检测对象主要针对影响农产品安全性的化学危害因子（如农药、兽药、重金属等）和生物危害因子（如天然毒素、微生物等）。

1. 农产品农药残留检测技术发展现状 近年来，高效农药品种不断出现，其在农产品和环境中的残留量很低。国际上对农药最高残留限量要求越来越严格，给农药残留量检测技术提出了更高的要求。目前采用最普遍的方法是气相色谱法、液相色谱法和气（液）相质谱联用法，它们具有灵敏度高、检测范围广、能进行定性和定量检测、稳定性和重现性好等优点，成为当前农药残留检测的主流方法。

由于农产品生产过程的实时监控及快速监管需求，农药残留快速检测技术应运而生并得到不断发展完善。目前，主要有酶抑制检测法和酶联免疫检测法（ELISA）等。酶抑制检测法优点是能在短时间内检测大量样本，成本低，技术要求不高，易于在农产品生产基地和批发市场推广。该法是目前我国农药残留快速检测的主要方法，包括速测仪和速测卡。其缺点是只能用于检测有机磷类和氨基甲酸酯类农药，不能给出单一农药的定性、定量结果，检测的精度也不高，阳性样品需要大型仪器方法进一步确认。

2. 农产品兽药残留检测技术发展现状 农产品兽药残留分析由于具有待测物质浓度低、浓度差异大、样品基质复杂、干扰物质多、兽药残留种类及代谢产物多样等特点，要求其测

定技术应具有灵敏度高、线性范围宽、特异性强、高通量等特点，这使得色谱-质谱联用技术在兽药残留分析中得到普遍应用，成为兽药残留定量分析主要检测形式。其中，液相色谱和液质联用技术是目前兽残分析的主体方法，个别项目也可采用气相色谱和气质联用技术。

在兽药残留速测领域，目前主要有酶联免疫检测法和胶体金试纸法。两者均基于免疫技术，具有灵敏度高、特异性强、设备简单、成本低、快速简便等优点，目前在养殖场、屠宰场、肉产品深加工企业、检验检疫单位和超市等有一定应用。但由于抗体、酶等制备困难，有些试剂主要依赖国外等原因，使得总体能检测的兽药种类较少，应用受到限制。

3. 农产品重金属检测技术发展现状 农产品中重金属检测的方法主要有原子吸收法（包括火焰法和石墨炉法）、原子荧光法、电感耦合等离子体光谱法（ICP）等。这些方法具有准确性好、较易操作、价格适中等优点，成为重金属总量检测的主力方法。

而近年来电感耦合等离子体质谱法（ICP-MS），由于质谱技术的应用，在灵敏度上有了很大提高，目前在痕量重金属检测上得到越来越广泛的应用。液相色谱-原子荧光分析仪联用技术使得金属的形态分析成为可能，目前已经成为标准方法。

紫外-可见光分光光度法具有设备简单、成本较低、应用范围广等优点，仍然得到广泛应用，目前多作为各个重金属分析标准方法第二或第三方法，以满足不同条件的需求。

4. 农产品天然毒素检测技术发展现状 对于农产品而言，常见天然毒素有真菌毒素、生物碱、贝类毒素等。其中，真菌毒素的检测较为常见，如黄曲霉毒素 B_1、黄曲霉毒素 B_2、黄曲霉毒素 G_1、黄曲霉毒素 G_2、黄曲霉毒素 M 和赭曲霉毒素等。

液相色谱法具有准确、灵敏、重现性好等特点，是世界卫生组织、发达国家和我国权威机构推荐的天然毒素检测方法。通过选用合适的检测器（如荧光检测器）和样品预处理方法（如柱前衍生化、免疫亲和柱分离等）已成为检测毒素最灵敏的方法之一。同时液相色谱-质谱联用技术在定量检测的同时可对毒素进行准确的定性鉴定，在科研和实验室检测的应用日趋广泛。

酶联免疫吸附剂测定技术，在毒素分析领域也有应用。而最传统的薄层层析法，由于其在操作上比较烦琐、耗时、缺乏精准度等，应用越来越少。

5. 农产品中微生物检测技术发展现状 食品、农产品和环境样品中经常检测的微生物指标主要包括菌落总数、大肠菌群、致病菌、霉菌和酵母等。常规微生物检测技术中，比较常用的标准方法为平板计数、MPN 计数法等，但通常都存在操作烦琐复杂、检测速度慢、耗时长等不足。利用常规微生物检测方法，每个测试项目往往需要 3～7d 才能完成。由此，微生物的快速检测技术的发展受到广泛关注。较为成熟的微生物快速检测方法有：自动旋转平板计数法、等格计数法、紫外光显微镜计数法、“即用胶”系统计数法、皿膜系统计数法等，均是在传统常规计数法基础上发展起来的。

当前微生物快速检测技术还包括免疫学检测技术、分子生物学检测技术、自动化检测技术和生物传感器检测技术等。其中食源性病原菌免疫学快速检测技术分为荧光抗体检测技术和免疫酶技术；食源性病原菌分子生物学快速检测技术分为基因探针技术、多聚酶链反应技术和生物芯片技术等。

二、农产品质量安全检测技术发展趋势

当前，各国对于农产品质量安全监控管理不断加强，对检测数据的准确性要求越来越高，监测范围及样本量也越来越大。这些都对农产品质量安全检测技术提出了更高要求，也为检测技术的蓬勃发展带来了契机。目前，检测技术的发展趋势主要表现为：

（1）更高的灵敏度、更低的检出限和定量限。

（2）更高的选择性、特异性和抗干扰能力。

（3）多残留：一次进样同时测定更多种药物残留。

（4）高通量：单位时间内分析更多样品量。

（5）分析仪器更自动化、微小型化。

（6）检测技术的联用。

（7）前处理和分析测定一体化。

（8）前处理方法自动化，试剂用量少，减少污染，实现环境友好等。

此外，农产品质量安全现场检测和在线监管所需的新型装备的研发也因为需求而保持着稳步发展的势头。

可见，农产品质量安全检测技术尚有广阔的发展空间。随着检测技术的不断进步和检测人员实验技能的不断提高，农产品、食品乃至环境的质量安全将有更多的技术保障。

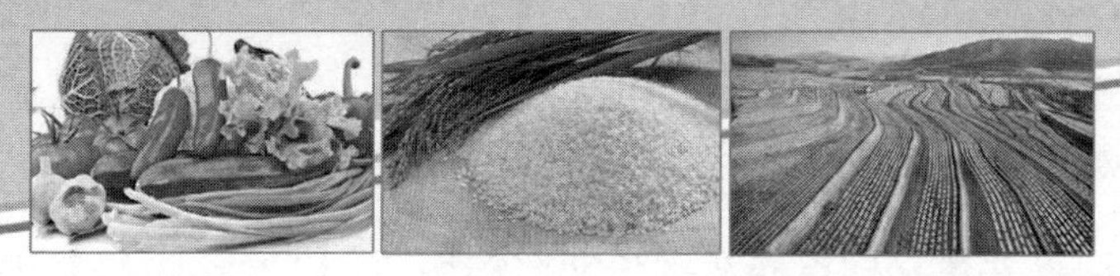

第二章 农产品样品采集与制备技术

在农产品检测及环境监测工作中，样品采集是重要环节之一。采集样品的代表性决定了分析结果的准确性、科学性和合理性。因此，科学规范的采样是保证结果准确和结果判定的前提。在实际采样过程中，样品会受到环境条件、采集方法、采样工具等各种因素的影响。本章主要介绍农产品、农田水源、农田土壤和农田大气等在样品采集、样品制备和样品管理等方面的要求。

第一节　样品采集

一、资料收集

样品采集前，对任务背景、受检环境状况、受检产品等开展调研，是采样工作顺利开展的必要保证。现场调研和收集的资料越丰富、越全面，越便于设计人员拓宽思路、考虑周全。尽量避免工作的片面性，以获得科学、全面的采样方案。采样前，应调查与收集的资料包括：

1. 区域自然环境特征　水文、气象、地形地貌、植被、自然灾害等。

2. 农业生产土地利用情况　农作物种类、布局、面积、产量、农作物长势、耕作制度等。

3. 农业投入品使用情况　肥料、农药等施用状况。

4. 土壤环境污染情况　工业污染源种类、排放途径、年排放量、污染物种类及分布；农业面源污染状况、农业化学物质施用情况、农灌水污染分布；大气污染状况、污染物类型；生活污水及其固体废弃物污染状况等。

5. 农作物污染资料　农作物污染种类及分布、农作物污染元素背景值等。

6. 其他相关资料和图件　土地利用总体规划、农业资源调查规划、行政区划图、农作物种植分布图、土壤类型图等。

7. 采集流通环节样品　应掌握农产品产地来源、样品基数、流通环节及去向等。当农作物及其土壤同时监测时，农作物样品的采集应与其土壤样品同步采集。

二、采样点布设

采样点布设需根据现场地块情况而定。按照一定要求布设的样点受现场情况制约时，要适当修正。采样点一经选定，应做标记，并建立样点档案供长期监控用。

1. 监测单元的划分 农作物监测基本单元应以监测区域农作物受污染的途径划分，结合土壤污染类型、农作物种类、商品粮生产基地、保护区类别、行政区划等要素，根据实际情况进行划定。同一单元的差别应尽量缩小。

(1) 大气污染型农作物监测单元：监测区域污染主要来源于大气污染物，致使农作物污染受害。

(2) 灌溉水污染型农作物监测单元：监测区域污染主要来源于被污染的农灌用水，致使农作物污染受害。

(3) 农业污染型农作物监测单元：监测区域污染主要来源于垃圾、污泥、农药、化肥、生长素等，致使农作物污染受害。

(4) 固体废弃堆污染型农作物监测单元：监测区域污染主要来源于集中堆放的固体废弃物，致使农作物污染受害。

(5) 综合污染型农作物监测单元：监测区域污染主要来源于上述两种或以上途径，致使农作物污染受害。

2. 监测点布设总体原则

(1) 布点数量：当农作物及其土壤同时监测时，农作物及其土壤样点数和采样点位可保持一致，监测样点数可根据需求酌情增减。

当单一进行农作物监测时，农作物监测的布点数量要根据调查目的、调查精度和调查区域环境状况等因素而有所不同，一般要求每个监测单元至少设 3 个点。

(2) 区域农作物类背景点（对照点）布点原则与方法：区域农作物类背景点布点是指在调查区域内或附近，相对未受污染，且耕作制度、农作历史与调查区域相似的地块上所采集的农作物样点。布点要求代表性强、分布面积大的几种主要农作物污染类型分别布设同类农作物背景点；采用随机布点法，每种农作物污染类型不低于 3 个背景点。

(3) 农作物类监测点布点原则与方法：农作物类监测点布设应坚持哪里有污染就在哪里布点的原则。把监测点布设在怀疑或已证实有污染的地方，根据经济和技术力量条件，布点应优先照顾农作物污染严重、影响大的主要产区及商品生产基地。监测点布设的重点应是：污水或污染水灌溉的地块；厂矿企业和乡（镇）周围的地块；大量堆放工业污染、城市垃圾地点周围的地块；长期受工业废气和粉尘影响的地块；大量使用农用化学物质的地块；长期使用污泥、城市垃圾、固体废物以及废物为原料制成肥料的地块。

农作物类监测点的布设要根据监测区域污染类型而定，具体要求如下：

①大气污染型监测区农作物监测点。以大气污染源为中心，采用放射状布点法。布点密度由中心起由密渐稀，在同一密度圈内均匀布点。此外，在大气污染源主导风下风向应适当增加监测距离和布点数量。

②灌溉水污染型监测区农作物监测点。在纳污灌溉水体两侧，按水流方向采用带状布点法。布点密度自灌溉水体纳污口起由密渐稀，各引灌溉段相对均匀。

③固体废弃堆污染型监测区农作物监测点。结合地表径流和当地常年主导风向，采用放射布点法和带状布点法。

④农业污染型监测区农作物监测点。在施用种类、施用量、施用时间等基本一致的情况下采用均匀布点法。

⑤综合污染型农作物监测点。以主要污染物排放途径为主，综合采用放射布点法、带状布点法及均匀布点法。

（4）农业生产区土壤环境监测点布设原则与要求：

①代表面积。根据不同调查目的，每个采样点的代表面积可按以下情况掌握，如有特殊情况可适当调整：

a. 农田土壤背景值调查。每个点代表面积 200～1 000hm^2。

b. 农产品产地污染普查。污染区每个点代表面积 10～300hm^2，一般农区每个点代表面积 200～1 000hm^2。

c. 农产品产地安全质量划分。污染区每个点代表面积 5～100hm^2，一般农区每个点代表面积 150～800hm^2。

d. 禁产区确认。每个点代表面积 10～100hm^2。

e. 污染事故调查监测。每个点代表面积 1～50hm^2。

②布点数量。

a. 农田土壤背景值调查、农产品产地污染普查、农产品产地安全质量划分以及污染事故调查检测等。根据上述布点原则、点代表面积以及监测单元的具体情况，确定布点数量。如情况复杂需要提高检查精度，可适当增加布点数量。

b. 农田土壤长期定点定位监测。根据监测区域类型不同，确定监测点的数量。工矿企业周边农产品生产区监测，每个区 5～12 个点；污染灌溉渠农产品生产区监测，每个区10～12 个点；大中城市郊区农产品生产区，每个区 10～15 个点；重要农产品生产区，每个区 5～15 个点。

③布点要求。现场踏勘，野外定点，确定采样地块。

a. 采样点应设在土壤自然状态良好、地面平坦、各种因素都相对稳定，并具有代表性、面积在 1～2hm^2 的地块。

b. 采样点一经选定，应用 GPS 定位并做标记，建立样点档案供长期监控使用。

c. 样点位置图上确定的样点受现场情况干扰时，要适当修正。

d. 采样点应距离铁路或主要公路 300m 以上。

e. 不能在住宅、路旁、沟渠、粪堆、废物堆及坟堆附近设采样点。

f. 不能在坡地、洼地等具有从属景观特征的地方设采样点。

（5）农业生产区水环境监测点布设原则与要求：

①布设原则。水质监测点的布设要坚持样点的代表性、准确性和科学性的原则。

坚持从水污染对产地环境质量的影响和危害出发、突出重点、照顾一般的原则。即优先布点监测代表性强，最有可能对产地环境造成污染的方位、水源（系）或产品生产过程中对其质量有直接影响的水源。

②样点数量。对于水资源丰富、水质相对稳定的同一水源（系），样点布设 1～3 个。若不同水源（系）则依次叠加，具体布设点数按表 2-1 的规定执行。水资源相对贫乏、水质稳定性较差的水源及对水质要求较高的作物产地，则根据实际情况适当增设采样点数；对水质要求较低的粮油作物、禾本植物等，采样点数可适当减少，有些情况可以免测水质。

（6）农业生产区大气环境监测点布设原则：依据产地环境调查分析结论和产品生产特

点，确定是否进行空气质量监测。进行产地环境空气质量监测的地区，可根据当地作物生长期内的主导风向，重点监测可能对产地环境造成污染的污染源下风向。

表 2-1　不同产地类型空气点数布设表

产地类型	布设点数（个）
布局相对集中，面积较小，无工矿污染源	1～3
布局较为分散，面积较大，无工矿污染源	3～4

样点布设点数应充分考虑产地布局、工矿污染源情况和生产过程等特点；同时还应根据空气质量稳定性以及污染物对原料生长的影响程度适当增减，有些类型产地可以减免布设点数，具体要求详见表 2-2。

表 2-2　减免布设空气点数的区域情况表

产地类型	减免情况
产地周围 5km，主导风向的上风向 20km 内无工矿污染源的种植业区	免测
设施种植业区	只测温室大棚外空气
养殖业区	只测养殖原料生产区域的空气
矿泉水等水源地和食用盐原料产区	免测

三、采样步骤

1. 采样准备

（1）采样物品准备：

①常规物品。不锈钢剪刀、不锈钢切刀、镰刀、铁锹、竹竿、木梯等；罗盘、高度计、GPS 定位仪、卷尺、标尺、样品袋、照相机及其他专用仪器和化学试剂。

②采样用仪器的校准。新购置的采样器及修理后的采样器均需进行校准，采样器在使用周期内，每月校准一次。将相应的流量计连接到采样系统中，使流量计使用状况和校准状况尽可能一致，进行流量校准。这样在采样系统中各种装置（如吸收管、过滤器和流量调节阀等）所产生的气阻对流量读数造成的误差可以减至最小。

流量测量设备的校准、皂膜流量计的校准、湿式流量计的校准、转子流量计的校准、孔口流量计的校准见有关说明书。

采样器定时钟校准每季度校准一次，用走时准确的定时钟校准，使之误差不大于±1%，并将校准日期记录在专用记录本上。

采样用温度计和压力计，应根据说明书定期校准。

③专用采样器具的准备。

a. 大气采样器吸收管的筛选。用阻力试验或发泡试验的方法筛选出合格的吸收管，吸收管用过后用去离子水冲洗，以免堵塞玻板。

b. 滤膜的检查。滤膜使用前必须在光源下对光检查，剔除有针孔、折裂、不均匀和存在其他缺陷的滤膜。

c. 其他仪器设备、采样工具及化学药品的准备按其相应的分析方法中的要求执行。

④文具类。样品标签、记录表格、文具夹、铅笔、记号笔等小型用品。

⑤安全防护用品。工作服、雨衣、防滑登山鞋、安全帽、常用药品等，对长距离大规模采样需车辆等运输工具。

（2）组织准备：组织具有一定野外调查经验、熟悉农作物采样技术规程、工作负责的专业人员组成采样组。采样前，组织学习有关业务技术工作方案。

（3）技术准备：

①样点位置（布点）图或工作图、采样记录表、农作物样品标签等。

②采样分布一览表，内容包括编号、位置、农作物种类、采样深度、代表面积等。

③各种图件。包括交通图、农作物种植图、土壤污染现状图、大比例的行政区图（标有居民点、村庄等）等。

2. 采样方法

（1）产地样品采集：农作物类样品应采集混合样品，除特殊研究项目之外，不能以单株作为监测样品。农作物混合样是指在已定采样点地块内根据不同情况按对角线法、梅花点法、棋盘式法、蛇形法等进行多点取样，然后等量混匀组成一个混合样品。每一混合样大型果实由5～10个以上的植株组成（即分点样）；小型果实由10～20个以上的植株组成。

①农作物样品。以0.1～0.2hm^2为采样单元，在采样单元选取5～20个植株。水稻、小麦类采取稻穗、麦穗；玉米采取第一穗，即离地表近的一穗，混合成样。

②果树类样品。0.1～0.2hm^2为采样单元，在采样单元内选取5～10株果树，每株果树纵向四分，从其中一份的上、中、下、内、外各侧均匀采摘，混合成样。

③蔬菜样品以0.1～0.3hm^2为采样单元，在采样单元内选取5～20个植株。小型植株的叶菜类（小白菜、韭菜等）去根整株采集；大型植株的叶菜类可用辐射形切割法采样，即从每株表层叶至心叶切成8小瓣，随机取2瓣为该植株分样；根茎类采集根部和茎部，大型根茎可用辐射形切割法采样；果实类在植株上、中、下各侧均匀采摘，混合成样。

（2）市场样品采集：

①散装样品。对于散装成堆样本，应视堆高度不同从上、中、下分层采样，必要时增加层数，每层采样时从中心及四周五点随机采样。

与货物的总量相适应，每批货物至少取5个抽检货物。散装产品抽检货物总量或货物包装的总数量按照表2-3抽取。在蔬菜或水果个体较大情况下（大于2kg/个），抽检货物至少由5个个体组成。

表2-3　散装产品抽样数量（件）

批量货物总件数	抽检货物总件数
≤200	10
201～500	20
501～1 000	30
1 001～5 000	60
＞5 000	100（最低限度）

②包装样品。对于包装产品，采样时按堆垛采样或甩箱采样，即在堆垛两侧的不同部位上、中、下或四角中取出相应数量的样本。如因地点狭窄，按堆垛采样有困难时，可在成堆过程中每隔若干箱甩一箱，取出所需样本。抽检样本的采样量按照表 2-4 进行随机取样。

表 2-4　包装产品抽样数量（件）

批量货物中同类包装货物件数	抽检货物取样件数
≤100	5
101～300	7
301～500	9
501～1000	10
≥1000	15（最低限度）

（3）水样采集：

①水样采集方法。水样一般采集瞬时样。采集水样前，应先用水样洗涤取样瓶和塞子 2～3 次。

a. 地下水水源。采取水样时，应先放水数分钟，使积留在管道中的杂质和陈旧水排出，然后取样。

b. 灌溉渠系水源。一般灌渠采样可在渠边向渠中心采集，较浅的渠道和小河以及靠近岸边水浅的采样点也可涉水采样。采样时，采用者应站在下游向上游用聚乙烯桶采集，避免搅动沉积物，防止水样污染。

c. 河流、湖泊、水库（塘）水源。在河流、湖泊、水库（塘）等可以直接汲水的场地，可用适当的容器如聚乙烯桶采样。从桥上采集样品时，可将系着绳子的聚乙烯桶（或采样瓶）投入水中汲水。注意不能混入漂流于水面上的物质。

在河流、湖泊、水库（塘）不能直接汲水的场地，可乘坐船只采样。采样船定于采样点下游方向，避免船体污染水样和搅起水底沉积物。采样人应在船舷前部尽量使采样器远离船体采样。

d. 污（废）水排放沟渠水源。连续向农区排放污（废）水的沟渠首先在排放口用聚乙烯桶采样，然后在水路中用聚乙烯桶采样。

②水样采样要求。

a. 常规采样要求。采样前应尽量在现场测定水体的水文参数、物理化学参数和环境气象参数。

水文参数主要有水宽、水深、流向、流速、流量、含沙量等。工作要求严格时（如计算污水量）应按 GB 50179 测量，要求不严格时，可目测估计。

物理化学参数主要有水温、pH、溶解氧、电导率和一些感观指标。

气象参数主要有天气状况（雨、雪等）、气温、气压、湿度、风向、风速等。

采集水样后，在现场根据所测定项目要求添加不同种类的保存剂，并使容器留 1/10 顶空［测溶解氧（DO）者除外］，保证样品不外溢，然后盖好内外盖。

多次采样时，断面横向和垂向点位的数目位置应完全准确，每次要尽量保持一致。

采样人员应穿工作服，不应使用化妆品，现场分样和密封样品时不应吸烟；汽车应放在采样断面下风向 50m 以外处。

b. 特殊监测项目的采样要求。

pH、电导率：pH 应现场测定，如条件有限，可实验室测定。测定的样品应使用密封性好的容器。由于水样不稳定，且不宜保存，所以采样器采集样品后，应立即灌装。另外，在样品灌装时，应从采样瓶底部慢慢将样品容器完全充满并且紧密封严，以隔绝空气的作用。

溶解氧、生化需氧量：溶解氧应现场测定，如条件有限，可实验室测定。应用碘量法测定水中溶解氧，水样需直接采集到样品瓶中。在采集水样时，要注意不使水样曝气或有气泡残存在采样瓶中。特别的采样器如直立式采水器和专用的溶解氧瓶可防止曝气和残存气体对样品的干扰。如果使用有机玻璃采水器、球盖式采水器、颠倒采水器等则必须防止搅动水体、入水应缓慢小心。

当样品不是溶解氧瓶直接采集，而需要从采样器（或采样瓶）分装时，溶解氧样品必须最先采集，而且应在采集器从水中提出后立即进行。注入水样时，乳胶管应插入溶解氧瓶底，先慢速注至小半瓶；然后迅速充满，至溢流瓶处的水样达溶解氧瓶 1/3 至 1/2 容积时，在保持溢流状态下，缓慢地撤出管子。按顺序加入锰盐溶液和碱性碘化钾溶液。加入时需将移液管的尖端缓慢插入样品表面稍下处，慢慢注入试剂；小心盖好瓶塞，将样品瓶倒转 5～10 次，并尽快送实验室分析。

悬浮物：悬浮物测定用的水样，在采集后，应尽快从采样器中放出样品，在装瓶的同时摇动采样器，防止悬浮物在采样器内沉降，非代表性的杂质，如树叶、杆状物等应从样品中除去。灌装前，样品容器和瓶盖用水样彻底冲洗。该类项目分析用样品都难于保存，所以采集后应尽快分析。

重金属污染物、化学耗氧量：水体中的重金属污染物和部分有机污染物都易被悬浮物质吸附。特别在水体中悬浮物含量较高时，样品采集后，采样器的样品中所含的污染物随着悬浮物的下沉面沉降。因此，必须边摇动采样器（或采样瓶）边向样品容器灌装样品，以减少被测定物质的沉降，保证样品的代表性。

油类：测定水中溶解的或乳化的油含量时，应该用单层采水器固定样品瓶在水体中直接灌装，采样后迅速提出水面，保持一定的顶空体积，在现场用石油醚萃取。测定油类的样品容器禁止预先用水样冲洗。

c. 质控样品采样要求。

现场空白样：指在现场以纯水作样品，按测定项目的采集方法和要求，与样品同等条件下装瓶、保存、运输、交实验室分析的样品。

现场平行样品：指同等采样条件下，采集平行双样，送实验室分析。

现场空白样和现场平行样品采样数量各控制在采样总数的 10%左右或在每批采 2 个样品。

③采样深度。用于农田灌溉的渠系和小型河流采集表层水。

a. 对宽度大于 30m，水较深的河流，在水面下 0.3～0.5m 处和距河底 2m 处分别采集样品；对于水深小于 5m 的河流，在水面下 0.3～0.5m 处采集样品。

b. 湖泊、水库（塘）在水面下 0.3～0.5m 处采集样品。

④采样量。水样的采样量，由监测项目决定，实际采水量为实际用量的 3～5 倍。一般采集 200～2 000mL 即可达到要求。

⑤采样时间及频率。根据当地主要灌溉作物用水时间或视监测目的确定采样时间及频率。

a. 根据当地主要灌溉作物用水时间安排采样频率，一般要求各灌溉期至少取样 1 次。

b. 对于我国种植的主要粮食作物小麦、水稻、玉米，在其生长发育期的各阶段安排采样频率为：

小麦：在播前、越冬期、返青期、拔节期、抽穗期、灌浆期等时间内采样，重点是越冬期和返青拔节期。

单季稻：在泡田期、分蘖期、拔节期、灌浆期内采样，重点是分蘖期、拔节期。

双季稻：在 5 月中旬、6 月下旬、8 月上旬、9 月下旬采样。

玉米：在播前期、苗期、拔节期、孕穗期、灌浆期内采样，重点是拔节期和孕穗期。

c. 用作灌溉的河流、湖（库）等水源采样频率。每年分丰、枯、平三水期，每期采样 1 次，同时，还要结合当地农作情况，在集中灌溉期间补充 1～2 次采样。底泥每年采样 1 次。

d. 用于灌溉的地下水水源采样频率。地下水水质一般较稳定，每年在主要灌溉期间取样 1～2 次。

e. 畜禽饮水水源采样频率。如采样点与农田灌溉水质监测采样点相同，不必重复采样，仅在分析时相应增加有关项目即可；如采样点不同，每年按丰、枯、平三水期，至少各采样 1 次。

f. 用于水产品养殖水源采样频率。如采样点与农田灌溉水质监测采样点相同，亦不必重复采样，仅分析时相应增加有关项目即可；如采样点不同，每年按鱼虾等水产品的苗期、生长期和捕捞期，至少各采样分析 1 次。

g. 污（废）水排放沟渠水源采样频率。每年按旱季、雨季各采样 1 次。

h. 污染事故等采样频率。如遇特殊情况（污染事故等），应随时增加采样频率进行应急性监测，以了解污染状况。

（4）土壤样品采样方法：

①土壤样品的类型。根据调查目的、分析项目等的不同，土壤样品一般分为 4 种类型。

a. 剖面样。主要用于研究土壤各层物理、化学性状和元素迁移、转化的规律，一般应用于背景值调查、土壤普查及特殊的科研项目（如土壤的形成发育研究、土壤净化功能研究、土壤中重金属迁移规律研究等），多进行分层采样。土壤剖面根据其作用的不同，又可分为以下 3 种：

主要剖面又称基本剖面，是为全面研究土壤而设计的剖面，一般要求选择在具有典型性、代表性的地点，剖面的深度是自地表向下直达母质或基岩为止。

检查剖面是为检查、修正基本剖面所确定的，为反映土壤主要特征的变化程度和稳定性而设置的，它比主要剖面要浅，数目要多。

定界剖面是为检查和修正土壤的边界而设置的，其深度一般低于 1m 或更浅，只要能观察出主要特征即可。它的剖面要多些。

b. 整段标本的原状土壤。为详细观察研究整个剖面或为了陈列标本教学示范等需要，对代表性和典型性好的剖面，采集整段标本。

c. 混合样。主要是了解土壤污染、养分供求状况等，为了克服土壤的不均匀性带来的误差，更好地体现出土壤代表性而采取的一种取样方法。可以是多点多层混合，也可以是多点单层混合，还可以是单点多层混合。

d. 表层土样。表层土样是混合样的一种，主要为了了解土壤表层或耕作层污染状况、养分供求状况等，一般只需取土壤表层或耕作层的土壤。它的特点是：不从整个剖面分层取样，而是在表层或耕作层取样；不是单点取样，而是多点取样，加以混合取其均值。这种取样方法，可避免典型取样波动性大的特点，代表性较好。农田土壤环境质量研究多采用这种类型。

②土壤样品采集。土壤污染监测、土壤污染事故调查及土壤污染纠纷的法律仲裁的土壤采样一般要按以下三个阶段进行：

a. 前期采样。对于潜在污染的土壤，可根据背景资料和现场考察结果，在正式采样前采集一定数量的样品进行分析测试，用于初步验证污染物扩散方式和判断土壤污染程度，并为选择布点方式和确定测试项目等提供依据。前期采样可与现场调查同时进行。

b. 正式采样。在正式采样前，应首先制订采样计划。采样计划应包括布点方法、样品类型、样点数量、采样工具、质量保证措施、样品保存及测试项目等内容。按照采样计划实施现场采样。

c. 补充采样。正式采样测试后，发现布设的样点未满足调查的需要，则要进行补充采样。例如，在污染物高浓度的区域适当增加点位等。

土壤环境质量现状调查、面积较小的土壤污染调查和时间紧急的污染事故调查可采取一次采样方式。

（5）大气样品采样要求及方法：

①采样要求。

a. 到达采样地点后，安装好采样装置。试启动采样器 2～3 次，检查气密性，观察仪器是否正常，吸收管与仪器之间的连接是否正确，调节时钟与手表对准，确保时间无误。

b. 按时开机、关机。采样过程中应经常检查采样流量，及时调节流量偏差。对采用直流供电的采样器应经常检查电池电压，保证采样流量稳定。

c. 用滤膜采样时，应用清洁布擦去采样夹和滤膜支架网表面的尘土。滤膜毛面朝上，用镊子夹入采样夹内，严禁用手直接接触滤膜。用螺丝固定和密封滤膜时拧力要适当，以不漏气为准。采样后取滤膜时，应小心将滤膜毛面朝内对折。将折压好的滤膜放在表面光滑的纸袋或塑料袋中，并储于盒内。要特别注意有无滤膜屑留在采样夹内，应取出与滤膜一起称重或测量。

d. 采样滤膜应注意检查是否出现物理性扭伤及穿孔漏气现象，一经发现，此样品滤膜作废。

e. 用于采集氟化物的滤膜或石灰滤纸，在运输保存过程中要隔绝空气。

f. 用吸收液采气时，温度过高、过低对结果均有影响。温度过低时吸收率下降，过高时样品不稳定。故在冬季、夏季采样吸收管应置于适当的恒温装置内，一般使温度保持在15～25℃为宜，而二氧化硫采集温度则要求在 23～29℃，氮氧化物采样时要避光。

g. 采样过程中采样人员不能离开现场，注意避免路人围观。不能在采样装置附近吸烟，应经常观察仪器的运转状况。随时注意周围环境和气象条件的变化，并认真作好记录。

h. 采样记录填写要与工作程序同步，完成一项填写一项，不得超前或后补。填写记录要翔实，内容包括：样品名称，采样地点，样品编号，采样日期，采样开始与结束的时间，采样数量，采样时的温度、压力、风向、风速，采样仪器，吸收液情况说明等，并有采样人签字。

②质控样的采集。

a. 室内空白。空气中氮氧化物、二氧化硫的样品由采样泵采自于环境空气。制作校准曲线的标准溶液由相当的化学试剂所配制，二者存有显著的差异。实验室的空白只相当于校准曲线的零浓度值。因此该两项目在实验室分析时不必另做实验室空白实验。

b. 现场空白。采集二氧化硫和氮氧化物样品时，应加带一个现场空白吸收管，和其他采样吸收管同时带到现场。该管不采样，采样结束后和其他采样吸收管一并送交实验室。此管即为该采样点当天该项目的静态现场空白管。

样品分析时测定现场空白值，并与校准曲线的零浓度值进行比较。如现场空白值高于或低于零浓度值且无解释依据时，应以该现场空白值为准，对该采样点当天的实测数据加以校正。当现场空白高于零浓度值时，分析结果应减去两者的差值，现场空白低于零浓度值时，分析结果应加上两者差值的绝对值。采用上法可消除某些样品测定值低于校准曲线空白值的不合理现象。

采集氟化物使用的滤膜（或石灰滤纸）现场空白：将浸泡好的滤膜（或石灰滤纸）带到采样现场，不采集样品。采样结束后，和样品滤膜（或石灰滤纸）一并带回实验室，即为氟化物的现场空白。

现场空白样采集的数量：二氧化硫和氮氧化物每天采集1个，氟化物滤膜每批样品需采4～6个。

c. 现场平行样。用两台型号相同的采样器，以同样的采样条件（包括时间、地点、吸收液、滤膜、流量、朝向等）采集的气样为平行样。采集二氧化硫、氮氧化物的平行样时两台仪器相距1～2m，采集氟化物和总悬浮颗粒物时相距2～4m。

d. 采样周期与频率。根据不同的采样目的而定。采样周期与频率要能够满足标准中“各项污染物数据统计的有效性规定”的要求。

③大气样品的采集方法。空气监测点应选择在远离树木、城市建筑及公路、铁路的开阔地带，若为地势平坦区域，沿主导风向45°～90°夹角内布点；若为山谷地貌区域，应沿山谷走向布点。各监测点之间的设置条件相对一致，间距一般不超过5km，保证各监测点所获数据具有可比性。

采样时间应选择在空气污染对生产质量影响较大的时期进行，采样频率为每天4次，上下午各2次，连采2d。采样时间分别为：清晨、午前、午后和黄昏，每次采样量不得低于$10m^3$。遇雨雪等降水天气停采，时间顺延。取4次平均值，作为日均值。

3. 采样现场记录

（1）采样时，专人填写样品标签、采样记录、样品登记表，并汇总归档。

（2）填写人员根据明显的物点的距离和方位，将采样点标记在野外实际使用地形图上，并使记录和标签的编号统一。

现场记录格式样例见表 2-5～表 2-7。

表 2-5　水质采样记录表

<table>
<tr><td colspan="4" rowspan="2">水质采样记录</td><td colspan="4">××/××/××（记录编号）</td></tr>
<tr><td colspan="4">共　页 第　页</td></tr>
<tr><td colspan="8">检验任务编号：　　　　采样日期：　　年　月　日　天气：晴、阴、雨</td></tr>
<tr><td>项目名称</td><td colspan="3"></td><td>受检单位</td><td colspan="3"></td></tr>
<tr><td>采样地点</td><td colspan="7">省　　县（市、区）　　乡（镇）　　村　　组</td></tr>
<tr><td>水体名称</td><td></td><td>地理坐标</td><td>东经</td><td></td><td colspan="2">北纬</td><td></td></tr>
<tr><td rowspan="2">水体感观描述</td><td>悬浮物</td><td colspan="2">颜色</td><td>气味</td><td colspan="2">混浊度</td><td>水生物</td></tr>
<tr><td></td><td colspan="2"></td><td></td><td colspan="2"></td><td></td></tr>
<tr><td rowspan="2">样品编号</td><td rowspan="2">采样位置</td><td rowspan="2">采样时间</td><td rowspan="2">保存剂名称及数量</td><td rowspan="2">水样 pH</td><td rowspan="2">检验项目</td><td colspan="2">现场测定记录</td></tr>
<tr><td>水温（℃）</td><td>pH</td></tr>
<tr><td></td><td></td><td></td><td></td><td></td><td></td><td></td><td></td></tr>
<tr><td></td><td></td><td></td><td></td><td></td><td></td><td></td><td></td></tr>
<tr><td></td><td></td><td></td><td></td><td></td><td></td><td></td><td></td></tr>
<tr><td></td><td></td><td></td><td></td><td></td><td></td><td></td><td></td></tr>
<tr><td></td><td></td><td></td><td></td><td></td><td></td><td></td><td></td></tr>
<tr><td></td><td></td><td></td><td></td><td></td><td></td><td></td><td></td></tr>
<tr><td></td><td></td><td></td><td></td><td></td><td></td><td></td><td></td></tr>
<tr><td></td><td></td><td></td><td></td><td></td><td></td><td></td><td></td></tr>
<tr><td></td><td></td><td></td><td></td><td></td><td></td><td></td><td></td></tr>
<tr><td></td><td></td><td></td><td></td><td></td><td></td><td></td><td></td></tr>
<tr><td></td><td></td><td></td><td></td><td></td><td></td><td></td><td></td></tr>
<tr><td></td><td></td><td></td><td></td><td></td><td></td><td></td><td></td></tr>
<tr><td colspan="4">现场情况记录：</td><td colspan="4">点位示意图：
↑北</td></tr>
<tr><td colspan="4">采样人：　　　　年　月　日</td><td colspan="4">校核人：　　　　年　月　日</td></tr>
</table>

表 2-6 土壤、农作物及农产品采样记录表

<table>
<tr><td colspan="4" rowspan="2">土壤、农作物及农产品采样记录</td><td colspan="4">××/××/××（记录编号）</td></tr>
<tr><td colspan="4">共 页 第 页</td></tr>
<tr><td colspan="8">检验任务编号：　　　采样日期：　　年　月　日　天气：晴、阴、雨</td></tr>
<tr><td>项目名称</td><td colspan="3"></td><td colspan="2">受检单位</td><td colspan="2"></td></tr>
<tr><td>采样地点</td><td colspan="7">省　　县（市、区）　　乡（镇）　　村　　组</td></tr>
<tr><td colspan="4">土壤采样</td><td colspan="4">农作物及农产品采样</td></tr>
<tr><td>样品编号</td><td>采样深度</td><td>样品编号</td><td>采样深度</td><td>样品编号</td><td>采样部位</td><td>样品编号</td><td>采样部位</td></tr>
<tr><td></td><td>cm</td><td></td><td>cm</td><td></td><td></td><td></td><td></td></tr>
<tr><td></td><td>cm</td><td></td><td>cm</td><td></td><td></td><td></td><td></td></tr>
<tr><td></td><td>cm</td><td></td><td>cm</td><td></td><td></td><td></td><td></td></tr>
<tr><td></td><td>cm</td><td></td><td>cm</td><td></td><td></td><td></td><td></td></tr>
<tr><td>地理坐标</td><td>东经</td><td></td><td>北纬</td><td></td><td colspan="3">检 验 项 目</td></tr>
<tr><td>土壤类型</td><td></td><td>地下水位</td><td colspan="2">m</td><td>土　壤</td><td colspan="2">农作物</td></tr>
<tr><td>成土母质</td><td></td><td>地力等级</td><td colspan="2"></td><td></td><td colspan="2"></td></tr>
<tr><td>地形地貌</td><td></td><td>耕作制度</td><td colspan="2"></td><td></td><td colspan="2"></td></tr>
<tr><td colspan="2">主要农产品种类、播种面积产量、所处生长期、生长情况等</td><td colspan="2"></td><td colspan="2">化肥、农药及其他化学物质、城市垃圾、粉煤灰、污泥使用情况</td><td colspan="2"></td></tr>
<tr><td colspan="2">灌溉水源、方式、灌水时间用水量等情况</td><td colspan="2"></td><td colspan="2">废水、废气、废渣、污染历史及现状</td><td colspan="2"></td></tr>
<tr><td colspan="4">现场情况记录：</td><td colspan="4">采样点位示意图：　　↑北</td></tr>
<tr><td colspan="4">采样人：　　年　月　日</td><td colspan="4">校核人：　　年　月　日</td></tr>
</table>

表 2-7 空气采样记录表

<table>
<tr><td colspan="7" rowspan="2">空气采样记录</td><td colspan="7">××/××/××（记录编号）</td></tr>
<tr><td colspan="7">第 页　共 页</td></tr>
<tr><td colspan="14">检验任务编号：　　　采样日期：　　年　月　日　天气：晴、阴、雨</td></tr>
<tr><td>项目名称</td><td colspan="2"></td><td>受检单位</td><td colspan="6"></td><td colspan="2">采样依据</td><td colspan="2"></td></tr>
<tr><td>采样地点</td><td colspan="7">省　县（市、区）　乡（镇）　村　组</td><td colspan="2">地理坐标</td><td>东经</td><td></td><td>北纬</td><td></td></tr>
<tr><td>样品编号</td><td>仪器编号</td><td>吸收液名　称</td><td>吸收液或滤膜编号</td><td>吸收液体积(mL)</td><td>采样日期</td><td>起止时间</td><td>采样流量(L/min)</td><td>采样体积(L)</td><td>气温℃</td><td>气压(kPa)</td><td>标况体积(L)</td><td>检测项目</td><td>备注</td></tr>
<tr><td></td><td></td><td></td><td></td><td></td><td></td><td></td><td></td><td></td><td></td><td></td><td></td><td></td><td></td></tr>
<tr><td></td><td></td><td></td><td></td><td></td><td></td><td></td><td></td><td></td><td></td><td></td><td></td><td></td><td></td></tr>
<tr><td></td><td></td><td></td><td></td><td></td><td></td><td></td><td></td><td></td><td></td><td></td><td></td><td></td><td></td></tr>
<tr><td></td><td></td><td></td><td></td><td></td><td></td><td></td><td></td><td></td><td></td><td></td><td></td><td></td><td></td></tr>
<tr><td colspan="14">采样人：　　　　年　月　日</td></tr>
<tr><td colspan="14">校核人：　　　　年　月　日</td></tr>
</table>

4. 采样注意事项

（1）农产品采样注意事项：

①采样时需注意样品的代表性。水果类样品的采集要注意树龄、株形、生长势、坐果数量以及果实着生部位和方位。

②农作物采样时间应在无风晴天时采集，雨后不宜采样。

③采样应避开病虫害和其他特殊的植株。

④同时采集植株根、茎、叶和果实样品时，应现场分类包装，同一采样点的同一作物使用统一编号，避免混乱。若采集根部样品，请在清除根上的泥土时，不要损失根毛。

⑤新鲜样品采集后，应立即装入聚乙烯塑料袋，扎紧袋口，以防水分蒸发。测定重金属的样品，尽量用不锈钢制品直接采取样品。

⑥填写标签一式两份，一份放入袋内，一份扎在袋口。采样结束应在现场逐项逐个检查，如采样记录表、样品登记表、样袋标签、样品、采样点位图标记等，有缺项、漏项和错误处，应及时补齐和修正后方可撤离现场。

（2）水样采样注意事项：

①采样时保证采样点位置准确，不搅动底部沉积物。

②洁净的容器在装入水样之前，应先用该采样点水样冲洗 2～3 次，然后装入水样。

③待测溶解氧的水样应严格不接触空气，其他水样也应尽量少接触空气。

④采样结束前，应仔细检查采样记录和水样，若漏采或不符合规定者，应立即补采或重采。经检查确定准确无误方可离开现场。

（3）土壤样品采样注意事项：

①测定重金属的样品，尽量用竹铲、竹片直接采取样品；或用铁铲、土钻挖掘后，用竹片刮去与金属采样器接触的部分，再用竹片采取样品。

②所采土样装入塑料袋内，外套布袋。填写土壤标签一式两份，一份放入袋内，一份扎在袋口或用不干胶直接贴在塑料袋上。

③采样结束应在现场逐项逐个检查，如采样记录表、登记表、样袋标签、土壤样品、采样点位图标记等，有缺项、漏项和错误项，应及时补齐和修正后方可撤离现场。

5. 样品运输

（1）样品装运前必须逐件与样品登记表、样品标签和采样记录进行核对，核对无误后分类装箱。

（2）样品在运输中严防样品的损失、混淆和沾污，并派专人押运，按时送至实验室。接受者与送样者双方在样品登记表上签字，样品记录由双方各存一份备查。

（3）水样装箱时应用泡沫塑料或波纹纸间隔，防止样品在运输中因震动、碰撞而导致破损或沾污；需冷藏的样品应配备专门的隔热容器，放入制冷剂，样品瓶置于其中保存，样品运输时必须配专人押送。

（4）大气样品的二氧化硫、氮氧化物样品采集后，迅速将吸收液转移至 10mL 比色管中，避光、冷藏保存，详细核对编号，检查比色管的编号是否与采样瓶、采样记录上的编号相对应。样品应在当天运回实验室进行测定，氮氧化物吸收液存放时间不能超过 3d。样品在保存和运输过程中，谨防洒、漏与混淆。

（5）采集 TSP 和氟化物的滤膜 1 张装在一个小纸袋或塑料袋中，然后装入密封盒中保存，勿折、勿揉搓。运回实验室后，放在空干燥器中保存。

第二节 样品制备

一、样品缩分

监测样品要经过缩分，分为正样和副样。正样按要求加工，副样分类保存。具体做法如下：

水果等块状样品及大白菜、包菜等大型蔬菜样品应采用对角线分割法缩分。小型叶菜类样品应采用随机取样法缩分。

粮食等粒状样品采用四分法缩分。先将粮食样品用小型脱粒机或凭借硬木搓板与硬木块进行手工脱粒，反复混合均匀，铺成一圆形，过中心点画十字线，把圆形分为四等份，取对角线两等份，如此继续缩分至所需数量为止。

二、制备流程

1. 农作物样品 分干样和鲜样两种加工方法。干样用于测定重金属元素以及蛋白质、脂肪和纤维含量等，鲜样用于测定分析易挥发有机污染物（农药、酚、氰等）。

2. 干样加工 粮食样品用干纱布擦净样品上的泥尘等附着物后直接磨碎，带皮样应用清水冲洗、晾干、去皮后磨碎；根茎叶、果蔬菜水果等将样品用不锈钢刀或剪刀，切剪成0.5～1cm大小的块状、条状，在晾干室内摊放于晾样盘中风干。为加快干燥，可将切碎样品放在85～90℃烘箱鼓风烘1h，破坏酶的作用；再在60～70℃下通风干燥24～48h，成风干样品。上述两种风干样品置于玛瑙研钵（或玛瑙碎样机、石磨、不锈钢磨）进行手工或机械研磨，使样品全部通过40～60目尼龙塑料筛，混合均匀成待测试样。

3. 新鲜样加工 新鲜样品用干净纱布轻轻擦去样品上的泥沙等附着物后直接用组织捣碎机捣碎，混合均匀成待测试样。含纤维较多的样品，如根、茎秆、叶子等不能用捣碎机捣碎，可用不锈钢刀或剪刀切成小碎片，混合均匀成待测试样。

注意事项：制样中，采样标签和样品始终放在一起，严禁混错。每个样品经加工、分装后送到实验室的整个过程中，使用的工具与盛样容器的编码始终一致。制样所用工具每处理一份样品后应擦洗干净，严防交叉污染。监测锌、铅时，避免使用橡胶类工具（橡皮、橡胶脱粒机），以免污染样品。

4. 土壤样品制备

（1）制样工作场地：应设风干室、磨样室。房间向阳（严防阳光直射土样），通风、整洁、无扬尘、无易挥发化学物质。

（2）制样工具与容器：

①晾干用白色搪瓷盘及木盘。

②磨样用玛瑙研磨机、玛瑙研钵、白色瓷研钵、木辊、木棒、有机玻璃棒、有机玻璃板、硬质木板、无色聚乙烯薄膜等。

③过筛用尼龙筛，规格为20～100目。

④分装用具塞磨口玻璃瓶、具塞无色聚乙烯塑料瓶，无色聚乙烯塑料袋或特制牛皮纸袋，规格适量而定。

（3）制样程序：

①湿样晾干。在晾干室将湿样放置晾晒盘，摊成 2cm 厚的薄层，并间断地压碎、翻拌、拣出碎石、沙砾及植物残体等杂质。

②样品粗磨。在磨样室将风干样倒在有机玻璃板上，用辊、棒等再次压碎、拣出杂质并用四分法分取压碎样，全部过 20 目尼龙筛。过筛后的样品全部置于无色聚乙烯薄膜上，充分混合直至均匀。经粗磨后的样品用四分法分成两份，一份交样品库存放，另一份样品细磨用。粗磨样可直接用于土壤 pH、土壤阳离子交换量、土壤速测养分含量、元素有效性含量分析。

③样品细磨。用于细磨的样品用四分法进行第二次缩分成两份，一份留备用，一份研磨至全部过 60 目或 100 目尼龙筛，过 60 目（孔径 0.25mm）土样，用于农药或土壤有机质、土壤全氮量等分析；过 100 目（孔径 0.149mm）土样，用于土壤元素全量分析。

④样品分装。经研磨混匀后的样品，分装于样品袋或样品瓶。填写土壤标签一式 2 份，瓶内或袋内放 1 份，外贴 1 份。

⑤注意事项。

a. 制样中，土壤标签与土壤样品始终放在一起，严禁混错。

b. 每个样品经风干、磨碎、分装后送到实验室的整个过程中，使用工具与盛样容器的编码始终一致。

c. 制样所用工具每处理一份样品后擦洗干净，严防交叉污染。

d. 分析挥发性、半挥发有机污染物（酚、氰等）或可萃取有机物时无须制样，新鲜样测定，同时测定水分。

三、样品标识

制备好的样品应张贴标签，标签信息必须包括以下三个方面：第一，样品的物类标识，如土壤、地下水、小麦、芹菜等。第二，样品的唯一性标识，即样品编号。第三，样品的检测状态标识，检测状态包括已检、待检或检毕。标签其他信息根据实际需要增加。

第三节　样品管理

一、样品接收与流转

样品接收时，样品管理员必须逐个样品与采样记录和样品标签进行核对，登记样品接收记录并由送样人和收样人签字。送交实验室时应进行交接验收，交、接人均应在流转登记表上确认并签名。如发现有编号错乱、标签缺损、字迹不清、数量不对等问题，要报告有关负责人，及时采取补救措施。

二、样品保存与销毁

1. 农产品保存

（1）根据不同的对象采取适当的储藏方法，保存半年至 1 年或分析任务全部结束，检查无误后，如无需保留可弃去。

（2）农作物干样品按不同编号、不同粒径分类存放于样品库的样品柜中。样品库经常保持干燥、通风，无阳光直射、无污染。

(3) 所有新鲜样品按样品类别分层放入冰箱或低温冰柜保存。冰箱保持洁净、无化学药品，样品可保存 3～4d，需长期保存的样品应在－20℃低温冰箱保存。

(4) 要定期检查样品，防止霉变、鼠害及样品标签脱落等，一旦发现问题及时补救。

2. 水样的保存 水样采样后，尽快进行分析；如不能及时分析水样，应根据不同的监测项目要求，采取不同的保存方法。农用水源监测样品保存技术如表 2-8。

表 2-8 农用水源监测样品保存技术

序号	监测项目	采样体积 (mL)	容 器	保存条件	可保存时间	备 注
1	生化需氧量	1 000	P、G	加硫酸	4d	最好尽快测定
2	化学需氧量	100	P、G	加硫酸至 pH<2，2～5℃冷藏	7d	最好尽早测定
3	悬浮物	100	P、G	2～5℃冷藏	24h	尽快测定
4	阴离子表面活性剂	500	G	加氯仿，2～5℃冷藏	7d	
5	凯氏氮	400		加硫酸至 pH<2，2～5℃冷藏	24h	
6	总磷	500	P、G	加硫酸至 pH<2，2～5℃冷藏	数月	
7	水温（℃）	1 000	P、G			现场测定
8	pH	50	P、G	低于水体温度或 2～5℃冷藏	6h	最好现场测定
9	全盐量	500			数天	
10	氯化物	50	P	2～5℃冷藏	28d	
11	硫化物	50		加氢氧化钠调至中性，每升水样加 2mL 1mol/L 乙酸锌和 1mL 1mol/L 氢氧化钠	7d	必须现场固定
12	总汞	100	G	加硝酸至 pH<2	15d	
13	总镉	500	P、G	加硝酸至 pH<2	6 个月	
14	总砷	100	P、G	加硝酸至 pH<2	7d	不用硝酸酸化
15	铬（六价）	200	P	加氢氧化钠至 pH8～9		当天测定
16	总铅	1 000	P、G	加硝酸至 pH<2	6 个月	
17	总铜	1 000	P、G	加硝酸至 pH<2	6 个月	
18	总锌	1 000	P、G	加硝酸至 pH<2	6 个月	
19	总镍	1 000	P、G	加硝酸至 pH<2	6 个月	
20	总硒	500	P、G	加硝酸至 pH<2	6 个月	
21	氟化物	300	P	2～5℃冷藏	28d	
22	氯化物	500	P、G	加氢氧化钠至 pH>12	24h	
23	石油类	1 000	G（溶剂冲洗容器）	加硫酸至 pH<2，2～5℃冷藏	24h	
24	挥发酚	1 000	P、G	加硫酸铜至 1g/L，加磷酸至 pH<2，2～5℃冷藏	1d	
25	苯	1 000	G		1d	
26	三氯乙醛	1 000	P、G	2～5℃冷藏	24h	尽快测定

（续）

序号	监测项目	采样体积（mL）	容　器	保存条件	可保存时间	备　注
27	丙烯醛	1 000	P、G	2～5℃冷藏	24h	尽快测定
28	硼	200	P		28d	
29	粪大肠菌群	500	G（灭菌容器）	2～5℃冷藏	6h	
30	蛔虫卵数	500	G（灭菌容器）	2～5℃冷藏	6h	
31	细菌总数	500	G（灭菌容器）	2～5℃冷藏	6h	
32	总大肠菌数	500	G（灭菌容器）	2～5℃冷藏	6h	
33	溶解氧	250	G	加硫酸锰和碱性碘化钾	4～8h	必须现场固定
34	有机氯	2 000	G	2～5℃冷藏	24h	
35	有机磷	2 000	G	2～5℃冷藏		现场萃取

注：1. P为聚乙烯塑料容器，G为玻璃容器。

2. 取氯化或溴化过的水样时，所用样品瓶消毒之前，按每125mL加入0.1mL 10%（*W/W*）的硫代硫酸钠，以消除氯或溴对细菌的抑制作用。对重金属含量高于0.01mg/L的水样，应在容器消毒之前，按每125mL容积加入0.3mL的15%（*W/W*）EDTA。

3. 土壤样品保存

（1）风干土样按不同编号、不同粒径分类存放于样品库，保存半年至1年或分析任务全部结束，检查无误后，如无需保留可弃去。

（2）新鲜土样用于挥发性、半挥发性有机污染物（酚、氰等）或可萃取有机物分析，选用玻璃瓶置于4℃冰箱可保存半个月。

（3）土壤样品库经常保持干燥、通风，无阳光直射、无污染；要定期检查样品，防止霉变、鼠害及土壤标签脱落等。

（4）农田土壤定点监测的样品应长期保存。

4. 样品销毁　样品到期销毁应填写样品销毁记录，并有相关负责人签字确认，销毁的样品按照污染程度根据相关文件要求进行回收或处理。

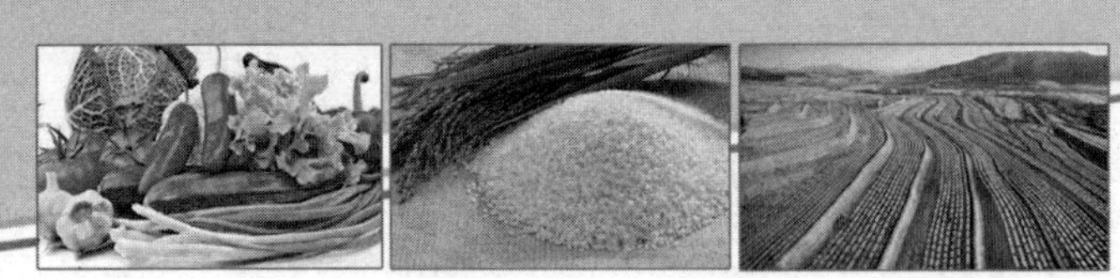

第三章 农药残留检测技术

第一节 农药残留检测常用仪器

一、分析仪器

农药残留（pesticide residue）是指由于农药的应用而残存于生物体、农产品和环境中的农药亲体及其具有毒理学意义的杂质、代谢产物和反应物等所有衍生物的总称。农药的种类很多，包括杀虫剂（有机磷类的敌敌畏、毒死蜱等）、杀菌剂（多菌灵、腐霉利、三唑类等）、除草剂（草甘膦、二甲戊灵、乙草胺等）、植物生长调节剂（多效唑、矮壮素、芸薹素内酯等）等。

农药残留的来源有农药对作物施药的直接污染、作物从污染环境中的吸收、食物链作用和农药在生物体内的聚集。如果摄入残留农药或者长时间暴露于农药环境，对人、畜等生物会产生急性中毒或慢性毒害。农药经口、呼吸道或皮肤接触而大量进入体内，在短时间内会表现出急性病理反应，往往造成大量个体死亡。长期接触或食用带有农药残留的食品，可使农药在体内不断蓄积，虽在短期内不会出现急性中毒症状，但可产生慢性危害，导致人、畜致畸、突变，甚至致癌。如：有机磷和氨基甲酸酯类农药可抑制胆碱酯酶活性，破坏神经系统的正常功能；DDT 能干扰人体内激素的平衡，影响男性生育力；杀虫剂污染的食物，可致儿童和婴儿表现出免疫缺陷症等。

农药残留检测主要采用色谱及色质谱联用技术的大型仪器定量检测，以及以快速筛查为目的的定性/半定量检测。大型仪器主要有气相色谱仪、气相色谱-质谱联用仪、三重串联四级杆气质联用仪、液相色谱仪、液相色谱-质谱联用仪、三重串联四级杆液质联用仪等；快速检测的仪器主要有农药速测仪/卡等。

1. 气相色谱仪 气相色谱仪（gas chromatograph，GC）是 20 世纪 50 年代出现的一项重大科学技术成就。随着色谱柱技术的改进和检测器的发展，气相色谱具有灵敏度高、分离度好、分析速度快等优点，应用领域已遍及生产生活的各个方面。

（1）气相色谱仪的基本原理：气相色谱技术是利用一定温度下不同化合物由于沸点、极性及吸附性质不同而在流动相（载气）和固定相中分配系数的差异，使不同化合物按时间先后从色谱柱中流出，从而达到分离分析的目的。各组分依次进入检测器后，样品组分的化学信号转换成电信号并传给记录器，记录器将各组分的浓度变化记录下来，得到色谱图。保留时间是气相色谱进行定性的依据，而色谱峰高或峰面积是定量的手段，所以气相色谱对复杂的混合物可以进行有效地定性定量分析。其特点在于高效的分离能力和良好的灵敏度。

（2）气相色谱仪的主要结构：气相色谱仪主要由气路系统、进样系统、分离系统、检测系统、数据采集及辅助系统构成，如图 3-1 所示。

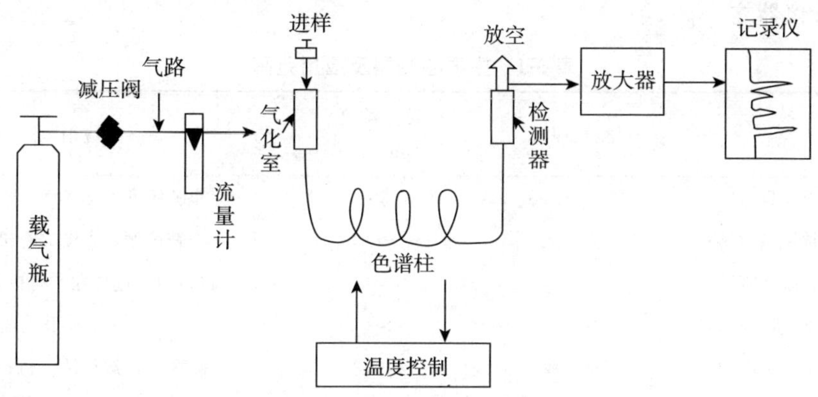

图 3-1　气相色谱仪结构图

①气路系统。气路系统通常由气源、压力流量控制系统、净化器和密闭的管路构成。气相色谱仪是以气体为流动相，一般为氮气、氢气、氦气，在实际应用中根据检测器的特性和色谱柱的分离效能来选定载气种类。载气由气源输出后，通过净化器以除去水分、氧等杂质干扰物质，再流经压力流量控制系统，使压力流量按设定值恒定输出。

②进样系统。进样系统包括进样器、进样口两部分。其功能是将气体或液体样品定量快速地转移到色谱柱中。样品在进样口瞬间气化后，随载气进入色谱柱分离。进样量多少、进样时间长短、样品气化速度等因素都会影响分离效果和分析结果的重现性和准确度。

③分离系统。分离系统包括色谱柱、柱温箱和温控装置。

色谱柱是气相色谱仪的核心部件，分为填充柱和毛细管柱。填充柱由不锈钢、玻璃、尼龙等材料制成，形状有 U 形和螺旋形，内装固定相，内径一般为 2～4mm，长度一般为 1～3m。毛细管柱又叫空心柱，分为涂壁、多孔层、涂载体空心柱。由玻璃或者石英制成，具有一定韧性、内径一般为 0.2～0.5mm，长度为 30～300m，呈螺旋形。色谱柱的分离效果除了与内径、柱长、柱形有关外，还与固定相和柱填料的制备技术以及操作条件等许多因素有关。

温控装置主要针对柱温箱、进样口、检测器的温度进行控制。柱温箱的温度控制有恒温和程序升温两种。温度控制的精确度和稳定性直接影响色谱柱分离的好坏和检测器的灵敏度和稳定性。

④检测系统。检测系统包括检测器、放大器，是把被色谱柱分离的样品组分根据其特性和含量转化成电信号，经放大后，实现对被测样品的各组分定性定量。

检测器按原理分为浓度型和质量型两类。浓度型检测器测量的是载气中某组分浓度的瞬间变化，响应值与组分浓度成正比，如热导检测器、电子捕获检测器等；质量型检测器测量的是载气中某组分进入检测器的速度变化，响应值与单位时间进入检测器某组分质量成正比，如氢火焰离子化检测器、火焰光度检测器等。

常用的气相色谱检测器主要有热导检测器（TCD）、氢火焰离子化检测器（FID）、电子捕获检测器（ECD）、火焰热离子检测器（FTD）、火焰光度检测器（FPD）、氮磷检测器（NPD）等（表 3-1）。这几种检测器广泛用于石油、化工、有机合成、电力、医药、商品检验、公安侦破、环境监测、食品检测、超纯试剂制备等国民经济各部门，已成为实验室中不可缺少的分析仪器之一。

表 3-1　主要检测器及应用范围

种　　类	载气种类	测定浓度（μg/mL）	应用范围
热导检测器（TCD）	氦、氢、氩	50	非破坏型，选择性，永久性气体
氢火焰离子化检测器（FID）	氦、氮	>1	破坏型，含碳的有机化合物
电子捕获检测器（ECD）	氮	>1	非破坏型，选择性，有机卤素等化合物
火焰热离子检测器（FTD）	氦、氮	>1	氮、磷化合物
火焰光度检测器（FPD）	氦、氮	约 0.1	破坏型，选择性，硫、磷化合物
氮磷检测器（NPD）	氮	约 0.1	破坏型，选择性，氮、磷化合物

2. 气相色谱-质谱联用仪　气相色谱-质谱联用仪（gas chromatography-mass spectrometry，GC-MS），是较早出现的联用技术分析仪器。

（1）气质联用仪的基本原理：质谱技术是将汽化的样品经色谱柱分离后进入离子源，样品分子在高真空的离子源内转化为带电离子，经电离、加速和聚焦后进入质量分析器，在磁场或电场作用下，按时间先后或空间位置进行质荷比（质量和电荷的比，m/z）分离，分离后的离子被离子检测器所检测和记录，得到组分质谱图，利用计算机对质谱图进行检索和谱图解析完成定性和定量分析（图 3-2）。检索结果给出以匹配度大小顺序排列出的化合物的名称、分子式、相对分子质量和结构信息等。可以根据检索结果和其他碎片信息，对未知物进行定性分析。

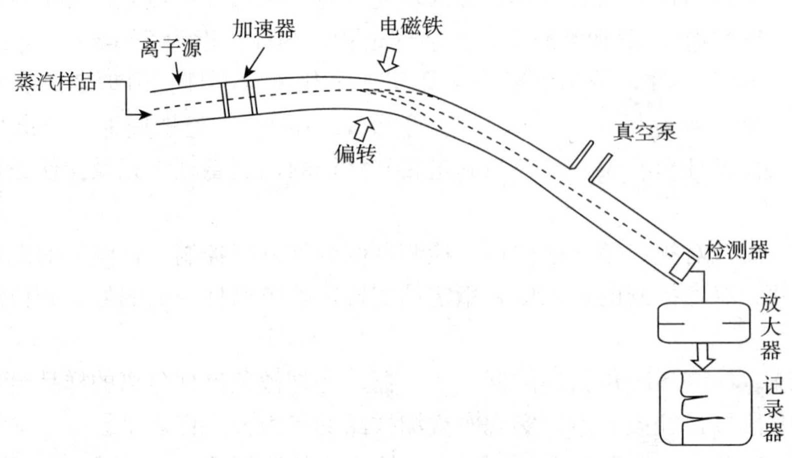

图 3-2　GC-MS 质谱部分原理图

（2）气质联用仪的主要组成部分：GC-MS 主要由气相色谱仪、接口、质谱仪和数据处理系统等部分组成（图 3-3）。

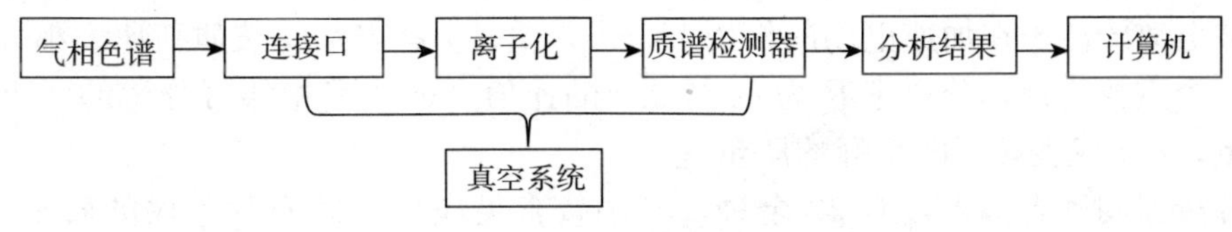

图 3-3　GC-MS 结构图

①气相色谱部分。GC-MS 上使用的 GC 和一般的 GC 基本相同，但 GC-MS 使用的毛细管柱尺寸（长度、直径、液膜厚度）以及固定相性质选择较为关键。

②接口部分。接口是将常压下的气相色谱仪与高真空下的质谱仪联接，是实现 GC-MS 联用的关键。其要求要压力匹配，并且可排除从 GC 色谱柱流出的大量载气，使被测物浓缩后进入离子源。

③质谱部分。质谱仪种类很多，GC-MS 上使用的质谱仪可以是四级杆质谱仪、磁式质谱仪、飞行时间质谱仪或离子阱质谱仪，常用于定量最多的是四级杆质谱仪。质谱仪主要包含真空系统、离子源、质量分析器、离子检测器和数据处理系统等部分（图 3-4）。

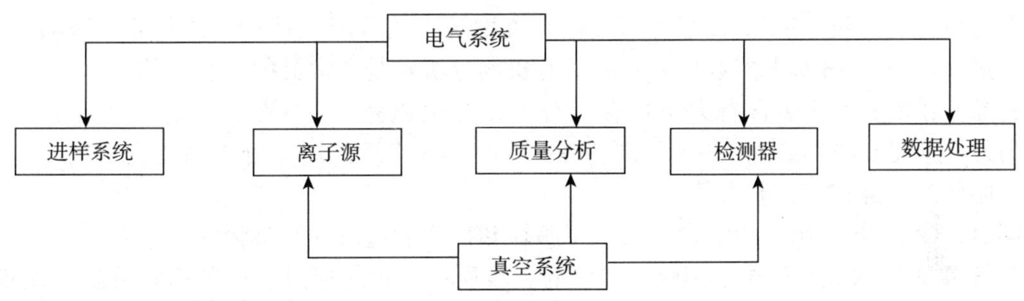

图 3-4　GC-MS 质谱部分结构图

a. 真空系统。质谱仪的离子源、质量分析器、检测器必须处于良好的真空条件下才能有效地工作。通常真空系统分为两级，由机械泵和高真空泵组成。机械泵作为前级泵将真空抽到 10^{-2}～10^{-1}Pa，再由高真空泵（一般是扩散泵或涡轮分子泵）继续抽到高真空。离子源的真空度应在 10^{-4}Pa 以下，否则会出现：氧含量高而烧坏离子源灯丝；本底高，干扰大；电离源内发生额外的分子-离子反应并改变碎片谱图；干扰离子源中电子束正常调节；离子加速压异常放电等。

b. 离子源。离子源的作用是将样品分子或原子转化为带电离子，常见的离子源有：电子轰击离子源（electron impact，EI）、化学电离源（chemical ionization，CI）、快原子轰击离子源（fast atom bombardment，FAB）等。GC-MS 主要是电子轰击离子源和化学电离源。EI 源是采用高速（高能）电子束冲击样品，从而产生电子和分子离子 M^+，M^+ 继续受到电子轰击而引起化学键的断裂或分子重排，瞬间产生多种离子。具有结构简单、高灵敏度、操作方便、电离效率高、结构信息丰富等特性，但不适合于易分解、难挥发的样品分析。CI 源与电子轰击型离子源较为相似，是在其基础上设计制造的一种电离源。相比电子轰击源，化学电离源增加了甲烷气体作为电离缓冲介质，高能电子束的能量吸收后，通过离子作用到样品分子上，多用于不稳定的样品分子。

c. 质量分析器。质量分析器是质谱仪的重要组成部分，位于离子源和检测器之间。其作用是将被电离的离子在加速电场的作用下，进入质量分析器后，按质荷比大小分离。质量分析器的一个重要指标，分离率 R 为 m 与 Δm 的比值，m 代表相邻可分辨的两个峰中第一个峰的质量；Δm 代表相邻两个峰的质量差。

质量分析器的种类很多，有 20 余种，其中较常见应用于气质联用仪的质量分析器有：单聚焦质量分析器、双聚焦质量分析器、四极杆质量分析器、离子阱质量分析器、傅立叶变换离子回旋共振（FT-ICR）以及飞行时间质量分析器（TOF）等。其中四级杆质量分析器在气质联用仪应用最为广泛。

d. 检测器。通过质量分析器后的离子到达检测器进行检测和计数，主要是通过二次放大以获得的宏观表现。常见检测器有电子倍增管、离子计数器、法拉第杯等，其中，电子倍增管是质谱仪器中使用比较广泛的检测器之一。

（3）气相色谱-质谱联用仪的应用：从事有机分析的实验室几乎都把 GC-MS 作为主要的定性手段之一，适用于多组分混合物中未知组分的定性鉴定；修正色谱分析的阳性判断；鉴别出部分分离甚至未分离色谱峰等。被广泛地应用在水、空气、土壤等的环境检测中；同时也用于农业调查、食品安全的分析测定中。

在环境检测方面，GC-MS 是持续跟踪有机物污染的常用工具。除某些低灵敏的杀虫剂和除草剂外，GC-MS 对大多数环境样品的有机物分析，是非常灵敏和有效的。

食品、饮料和香水中含有大量具有芳香气味的化合物，一些是天然存在于原料中的成分，另外一些是在添加或加工过程中形成的。GC-MS 广泛地用于分析该类化合物，它们包括酯、脂肪酸、醇、醛、萜类等。

同时，GC-MS 也用于测定食品中由于腐坏和掺假所造成的污染物。

3. 三重串联四级杆气质联用仪 串联的多级质谱分析是通过连续的质量分析器实现的，在四极杆仪器后串联使用第二个四极杆，就构成了三重串联四极杆气质联用仪（GC/MS/MS）。

（1）三重串联四极杆气质联用仪的结构：GC/MS/MS 的第一个四极杆（Q1）与碰撞池（Q2）以及另一个四极杆（Q3）相连（图 3-5），Q1、Q3 两个四级杆都可被用于扫描

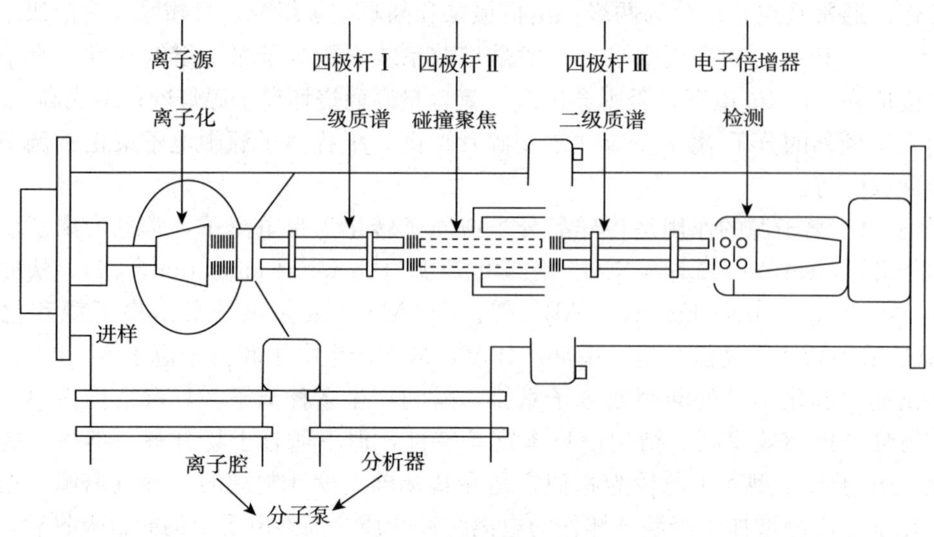

图 3-5　三重串联四极杆气质联用仪质谱部分结构图

或静态模式。它从复杂的一级质谱中选择一个或者几个特定的母离子进行二次分裂，对产生的子离子碎片进行检测得到二级质谱图。可以最大限度地排除基质干扰，可用于样品高基质背景下低含量的目标化合物的定量，选择性和灵敏度较 GC-MS 有很大的提高。

GC/MS/MS 除了能够进行全扫描和选择性离子检测（selective ion monitoring，SIM）外，还可以进行子离子扫描（product ion scan）、母离子扫描（precursor ion scan）、中性丢失扫描（neutral loss scan）、选择反应监测（multiple reaction monitoring，MRM）（表 3-2）。

表 3-2　GC-MS/MS 扫描模式比较

扫描模式	Q1	Q2	Q3	目的
全扫描	扫描	全部通过	全部通过	分子量信息
选择离子扫描	设定离子质量比	全部通过	全部通过	目标物定量
子离子扫描	设定离子质量比	全部通过（+ CE）	扫描	结构信息
选择反应监测扫描	设定离子质量比	全部通过（+ CE）	设定离子质量比	目标物定量
中性丢失	扫描	全部通过（+ CE）	扫描	分析物筛选监测
母离子扫描	扫描	全部通过（+ CE）	设定离子质量比	分析物筛选监测

（2）三重串联四极杆气质联用仪的应用：GC/MS/MS 广泛应用于结构分析、气相离子化学的基础研究、复杂基质的定性定量分析。在农残检测方面，GC/MS/MS 可以利用 QuEChERS（quick，easy，cheap，effective，rugged，safe）方法，一次性对上百种农残进行初筛，再对检出的目标农药进行复检，大大提高了实验效率和准确率。

近年来，研究人员已经开发出通过优化 GC/MS/MS 参数，对新鲜蔬菜中农残更简单、快速而有效的分析方法：将蔬菜样品用二氯甲烷快速提取后，不需要进一步净化直接注射分析，用该方法提取的 1 300 个样品，经 GC/MS/MS 检测 54 种农药成分，回收率可达到 70.2%～110.8%，RSD＜16.7%，比 GC/MS 更方便、快捷、准确度高、重现性好。

4. 液相色谱仪　液相色谱仪（LC）是 20 世纪 70 年代以来发展最快的一项色谱分离与分析技术。因其使用液体作为流动相，可以分析离子型化合物、大量有机化合物、不能直接或不适合使用气相色谱方法进行分析的化合物以及易受热分解或易失去活性的物质等。近年来，高效液相色谱（HPLC）仪器不断更新，其应用领域也不断扩大，在许多科学研究和日常分析中，如医学、生化、药物临床、食品卫生、环保监测和化学化工等领域起到重要的作用。

（1）液相色谱仪的仪器原理：液相色谱仪主要由输液系统、进样系统、分离系统、检测系统和数据记录处理系统组成。

液相色谱仪的工作原理是通过高压输液系统，连续将流动相按一定的流速通过色谱柱。进样系统定量注入样品混合物，分离系统根据混合物各个组分的性质不同，在色谱柱内移动的速度也不同而实现分离；检测系统将检测到的组分转化为电信号并放大；数据记录处理系统将放大的电信号以图形的形式记录并保存下来，见图 3-6。

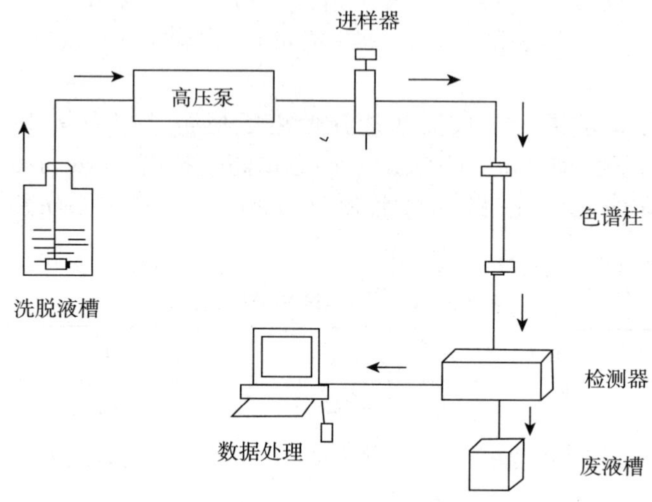

图 3-6　液相色谱的仪器原理

（2）高效液相色谱的特点：高效液相色谱具有高压、高速、高效、高灵敏度、高选择性等特点。它与传统的气相色谱都是重要的分离分析手段，但也有不同之处，见表 3-3。

表 3-3　气相色谱与液相色谱的区别

项　目	气相色谱	液相色谱
应用范围	热稳定、易挥发	不适合气体；热不稳定、不易挥发但具有一定溶解性的化合物
相作用	不参与色谱分离	参与色谱分离
分析样品	破坏样品，样品不能回收	不破坏样品，样品能够回收

虽然高效液相色谱有较为广泛的实用性，但也有很多局限性：①易污染环境。②成本较高。③不能完全代替气相色谱。④缺少通用型检测器。⑤不能代替中低压柱色谱法。

（3）液相色谱在农残检测中的应用：高效液相色谱不受样品的挥发性限制，而且固定相的种类繁多，流动相的选择范围也很广，因此可以分离难挥发和不稳定的化合物。氨基甲酸酯类农药具有不易挥发和热稳定性差等的特点，适用于液相色谱仪进行测定。随着科技的发展，液相色谱分析技术在农药残留的分析检测中必将实现巨大的意义。

5. 液质联用仪　质谱（MS）被发明后，于 20 世纪 20 年代才被化学家广泛采用。色谱与质谱的在线联用，将色谱的分离功能与质谱的定性功能结合起来，从根本上实现了对复杂化合物更加准确的定性定量分析，而且也大大简化了样品的前处理过程，使样品分析在操作上更加方便。

（1）液质联用仪的仪器原理：液质联用仪（图 3-7）以液相色谱作为分离系统，质谱为检测系统。样品在质谱部分和流动相分离，在离子源离子化后，经质谱质量分析器将离子碎片按质量数分开，由检测器转化并放大得到质谱图。液质联用体现了色谱和质谱优势的互补，将色谱对复杂样品的高分离能力，与 MS 具有高选择性、高灵敏度及能够提供相对分子质量与结构信息的优点结合起来。

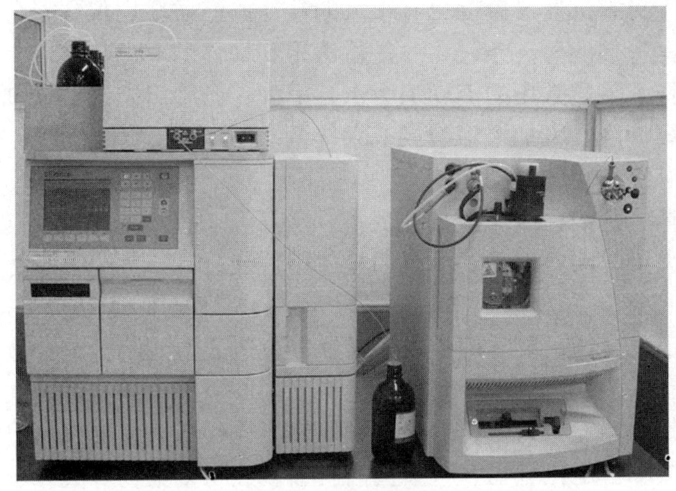

图 3-7 液质联用仪

（2）液质联用仪简介：液相质谱仪包括进样系统、离子源、质量分析系统、检测系统、数据处理系统和真空系统。其中进样系统即为液相色谱仪，检测系统、数据处理系统和真空系统均与气质联用仪基本相同，本节重点介绍液质联用仪的接口-离子源和质量分析系统。

液质联用仪中常用的离子源有电喷雾电离（ESI）、大气压化学电离（APCI）、大气压光喷雾电离（APPI）、基体辅助激光解吸电离（MALDI）等，见表 3-4。

表 3-4 ESI、APCI 与 APPI 的区别

类 型	ESI	APCI	APPI
适合样品类型	蛋白质、肽类、低聚核苷酸、强极性化合物等生物分子；胺类、季铵盐等；如氨基甲酸酯等含杂原子的化合物等	如邻苯二甲醛、脂肪酸等中等级性或弱极性的小分子；如氨基甲酸酯、脲等含杂原子的化合物	弱极性或非极性的化合物，可测定 APCI 不能测定的极端非极性化合物
不适合样品类型	如苯、烷烃非极性化合物等	热稳定性差的样品；非挥发性样品	某些高 IE 的待测物

液质联用仪中，ESI 和 APCI 有正负离子模式可选择，两种模式也可同时进行。一般来说，正离子模式适用于碱性样品，可对含有仲氨或叔氨的样品使用乙酸或甲酸进行酸化；负离子模式适用于酸性样品，样品中含有较多的强伏电性基团，如含氯、溴或多个羟基时可用氨水或三乙胺进行碱化。

液质联用仪中常用的质量分析器有四级杆质量分析器（quadrupole mass analyzer，Q-MS）、三重四级杆质量分析器（triple quadrupole mass analyzer，QQQ）、飞行时间质谱仪（TOF）、离子阱质谱仪（TRAP）、傅立叶变换-离子回旋共振质谱仪（FT-ICRMS）等不同种类。

（3）色谱条件的优化：在进行离子检测时，质谱仪要求进入检测器的物质必须为纯物质，所以需要色谱系统将复杂混合物进行分离，故色谱分离是进行质谱检测的首要条件，且良好的分离效果对于提高机器灵敏度也有很大的帮助。液质联用仪选择分析条件要考虑两个因素：一是色谱具有最佳的分离条件，二是质谱得到最佳的电离条件。

①流动相的选择。液质常用的流动相为水、甲醇、乙腈以及这些试剂不同比例的混合液和一些易挥发盐的缓冲液，可加入甲酸或氨水等调节 pH；液质接口避免进入不挥发盐的缓冲液，尤其避免含有氯和磷的流动相。

②色谱柱的选择。色谱柱应与流动相匹配；为了提高分析效率，可以使用小于 100mm 的短柱，可以节省大量时间，但需要注意的是使用短柱时，待测化合物并不能完全分离。

③干燥气参数选择。一般情况下，选择干燥气体的温度大约高于待测化合物的沸点 20℃；对于热不稳定化合物，要选用较低的温度以免造成待测物分解；选用干燥气体要考虑流动相的组分，当有机溶剂比例较高时，可适当采用低温慢流速。

（4）液质联用仪的特点：与传统的气质联用仪相比，液质联用仪可以测定不挥发性化合物、极性化合物、热不稳定化合物、包括蛋白质和多肽与多聚物等大分子化合物。

①灵敏度高。通常为 10^{-8}～10^{-7}g，单离子检测可达到 10^{-12}g。

②快速。几分钟甚至几秒钟就可以测定出结果。

③分子量定量准确。

④适用于难分离的混合物分析。

虽然液质联用仪有众多优点，但是也有一些局限性，如重复性较差，需要专人操作，且严格控制操作条件；离子源易产生记忆效应和污染等问题；对于立体化学如异构体的区分能力较差；仪器操作较为复杂且价格昂贵等。气质联用仪与液质联用仪的区别见表 3-5。

表 3-5　气质联用仪与液质联用仪的区别

项　目	气质联用仪	液质联用仪
应用范围	小分子、热稳定、易挥发、能气化的化合物	极性化合物、热不稳定、不易挥发、大分子量的化合物（包括多肽、蛋白质、多聚物等）
得到结果	用电子轰击方式得到谱图，可以与标准谱库对比	没有商品化的谱库可以对比查询，只能自己建立谱库或者解析谱图

（5）液质联用仪使用注意事项：

①电离电压不宜过大，尤其是正负离子转换时要调整适当。

②流速不能很快，太快的流速液质难以承载。

③由于液质的流速较慢，溶解样品的溶剂强度不易过大，否则保留时间会有所偏离。

④难挥发的缓冲盐沉淀并堵塞电离毛细管，应更换成易挥发有机缓冲盐。

⑤不使用洗涤剂等表面活性剂清洗的玻璃器皿，表面活性 6 剂所产生的离子簇或加合物会干扰质谱数据，建议使用超声波多次清洗的方式清洁玻璃器皿。

⑥为了保护色谱柱，防止污染质谱，分析的样品必须干净，前处理时尽量高转速低温离心，并且过滤超滤膜，不得有颗粒物，不得含有金属离子。

⑦流动相必须是色谱纯，水为纯净水。

⑧定期清洗离子源等部件。

⑨检测结束后要及时清洗仪器。

（6）液质联用技术的应用：目前，液质联用技术已飞速发展为一种常规的检测技术。主要领域包括化工、药物、分子生物、临床医药等，被广泛应用于药代动力学、代谢组学、环境卫生、生物大分子等科目的研究和分析。随着科技的进一步发展，液质联用技术会在更多方面发挥至关重要的作用。

6. 三重串联四级杆液质联用仪

（1）基本知识：三重串联四级杆液质联用仪的基本原理是根据质量分析器里所产生的离子的质荷比（m/z）进行分离的。不同类型质量分析器的质荷比范围不同，四级杆分析器的 m/z 经典扫描范围高达 3 000（表 3-6）。

表 3-6 不同质量分析器的范围和特点

项 目	四级杆	离子阱	飞行时间	反射飞行时间	磁扇形	FTMS	四级杆飞行时间
准确率	0.01%	0.01%	0.02%～0.2%	0.001%	＜0.000 5%	＜0.000 5%	＜0.001%
分辨率	4 000	4 000	8 000	15 000	30 000	100 000	10 000
质荷比（m/z）	4 000	4 000	＞300 000	10 000	10 000	10 000	10 000
多级质谱	质谱（三级杆）	质谱	质谱	质谱	质谱	质谱	质谱
多级质谱的评价	高准确率、高分辨率、低能量碰撞	高准确率、高分辨率、低能量碰撞	不能广泛应用	母离子的选择在宽质量范围受限、应用正在逐渐增长	有限的分辨率、高能量碰撞	子离子具有极高的准确率和分辨率	极高的准确率和分辨率、低能量碰撞、高灵敏度

三重四级杆与其他液质联用技术相比较，优势有：是质谱应用领域里定量重现性最好且最灵敏的仪器；是质谱应用领域里执行母子扫描和中性丢失扫描模式里具有最好的准确性和灵敏性的仪器。

但三重四级杆相比其他液质联用技术也有以下缺点：获取的质谱图不是最好的，相比之下，平行测量的质谱系统要相对好些；灵敏性不如离子阱质谱仪（TRAP）；所获取的质谱图在定性方面不如飞行时间质谱仪（TOF）那么有说服力。

（2）多级质量分析的特点：多级质量分析通常通过如氩气、氦气或氮气等惰性气体分子碰撞所选择的分子离子来实现的，这个过程叫碰撞诱导解离（CID）。质量分析器对碰撞之后所得的碎片离子进行质量分析，碎片离子可用来分析判断原来的分子离子结构。因此，多级质量分析可以用于碳水化合物的结构特性、缩氨基顺序、酯类药物以及低聚核苷酸等物质分子的测定。

多级质量分析分为时间串联质谱和空间串联质谱。三重四级杆液质联用仪属于空间串联质谱，与时间串联的多级质谱-离子阱质谱的比较，主要区别如下：

三重四级杆液质联用仪必须通过连续放置多个分析器来实现；第一个四级杆（Q1）根

据设定的质荷比范围来扫描和选择所需要的离子；第二个四级杆（Q2）也叫碰撞池，用来聚集和传送离子并引入碰撞气体；第三个四级杆（Q3）用于分析在碰撞池中产生的碎片离子；特别适合精确定量；可以实现母离子、子离子、中性丢失、单个反应监测和多重反应监测等扫描类型。

而离子阱液质联用仪可以分离出特定离子，把其他离子排除出去。CID把被分离的离子变成被测定的碎片；质谱串联的试验能够快速进行；对碎片离子和片段进行多重质谱检测，以获得更多的结构信息；它们能够富集离子以便提供更好的离子信号。

（3）三重串联四级杆液质联用仪的优点和应用：由于三重四级杆液质联用仪的测试过程不需要进行衍生化、可以在单个分析中实现确认定量、在基质复杂且本底不太干净的样品中具有较低的检出限、可提高实验室效率和产出率、可获得更加可靠和可信赖的测试结果，因此被广泛应用在各个领域的研究和分析中。如在环境大气和水污染物分析中，可分析含有抗生素、酚类和多环芳烃等物质，如二噁英等，并且广泛应用于环境分析中的农残检测。

7. 农药速测仪/卡 气相、气质、液相、液质等传统的农残分析技术能够实现对每一种农药进行准确的定性和定量。但大型仪器设备专业性强，对技术人员的水平有较高要求，检验分析周期长，检验分析过程烦琐、影响因子复杂、不易掌握，需要消耗大量的有机溶剂、容易造成环境污染等，使得近年来农药速测技术得以快速发展。目前农药速测仪器产品主要分为农药速测仪和农残速测卡。

（1）农药速测仪：

①基本原理。目前，农药速测仪是依据酶抑制率原理，即在一定条件下，有机磷和氨基甲酸酯类农药对胆碱酯酶的正常功能有抑制作用，其抑制率与农药的浓度呈正相关。酶催化乙酰胆碱水解，其水解产物与显色剂反应，产生黄色物质。用分光光度计在412nm处测定吸光度随时间的变化，计算出抑制率。通过抑制率可以判断出样品中是否含有有机磷或氨基甲酸酯类农药的存在。常见仪器如图3-8所示。

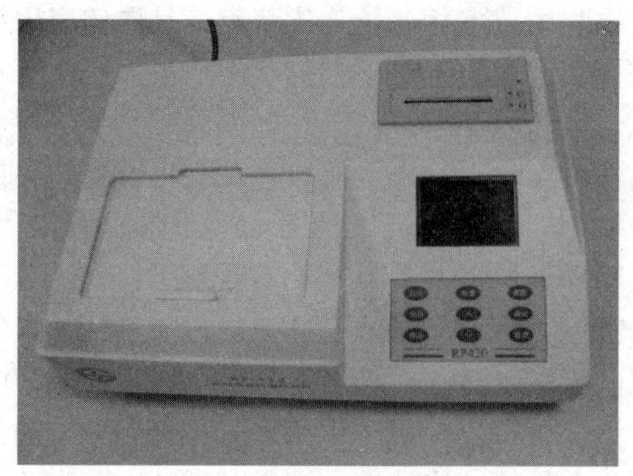

图3-8 农药速测仪

②农药速测仪检测结果及注意事项。检测结果根据NY/T 448—2001进行判定，抑制率与农药残留量呈正相关，抑制率越高说明残留量越高。

葱、蒜、萝卜、韭菜、芹菜、香菜、食用菌、番茄及茭白等样品，含有对酶有影响的物质，容易产生假阳性结果。处理这类样品时，可采取整株蔬菜浸提或表面测定法；对于一些叶绿素含量较高的蔬菜，也尽量使用整株蔬菜浸提的方法，减少色素干扰。

（2）农残速测卡：

①基本原理。农残速测卡的原理是胆碱酯酶可催化靛酚乙酸酯（红色）水解为乙酸和靛酚（蓝色），有机磷或氨基甲酸酯类农药对胆碱酯酶有抑制作用，使催化、水解和变色的过程发生变化，由此可判断样品中是否含有有机磷或氨基甲酸酯类农药残留。

②基本操作过程。把蔬菜经过预处理后，将速测卡沿中间线对折一下，揭开透明膜后插入预热到指定温度的检测槽中，吸取样品液滴在药片上 2～3 滴。此处注意，每个样品需要更换一次吸管或使用纯净水洗三次之后才可以再次使用。同时在空白对照卡的药片上滴入纯净水或者缓冲液，预反应的药片表面必须保持湿润，10min 后再盖上盖子显色 3min。显色结束后打开盖子进行比较判断：若白色药片变为天蓝色或与空白对照卡相同，为阴性结果，表示无农药残留或者浓度很低；当白色药片不变色或者略有浅蓝色，为阳性结果，表示有农药残留并且浓度较高。

（3）农药速测法的特点：速测法只能用作农残定性分析，对于检测人员技术水平要求低，易于在基层推广，是目前我国控制高毒农药残留的一种便捷、有效的方法，也是目前国内应用最为广泛的农药残留快速检测方法。

速测法具有快速方便、前处理简单、成本较低等优点，适用于现场定性测定，特别适合在蔬菜生产基地、批发市场及农产品检测部门开展快速监测工作。该方法可对有农药残留的蔬菜进行粗筛，将一部分农药残留含量较高的蔬菜控制在市场之外，避免因农药残留发生中毒事件。

虽然速测法有很多优点，但酶试剂易失活，导致反应不稳定，检测结果误差较大，重复性不好。实际应用中的确认率为 60％～70％。该方法存在检测盲区，只能检测有机磷和氨基甲酸酯类农药，不能检测有机氯类和其他类别的剧毒农药。该方法不适合检测葱蒜类、韭菜、香菜、番茄、茭白、蘑菇、花椒和胡萝卜等十余种容易出现假阳性的农产品。

（4）农药残留快速检测技术的展望：速测方法与国家标准方法和大型仪器方法相比，具有操作快速简单等优点，但由于大多数速测方法在样品前处理、操作规范性等方面还有许多不足之处，目前还只能作为快速筛查手段，而不能作为最终诊断的依据。但速测的最终目标是兼具快速和准确两大优点。目前现场速测主要呈现以下几大趋势：

①检测速度不断加快，智能化芯片和高速电子器件与检测器的使用，使食品安全检测周期大大缩短。

②选择性不断提高，高效分离分段、各种化学和生物选择性传感器的使用，使得复杂混合体中直接进行污染物选择性的测定成为可能。

③由于高新技术的应用，检测能力不断提高，速测的灵敏度也越来越高，据相关资料显示，目前残留物的超痕量分析水平已达到 10^{-7}g。

④由于微电子技术、智能制造技术应用、生物传感器的应用，检测仪器向小型化、便携式方向发展，使得现场、实时、快速、动态的检测正成为现实；针对我国的特殊国情，目前许多基层单位速测技术的应用还只处于定性或半定性水平，易用型的小型化仪器应用是目前和今后快速检测技术的发展趋势。

二、辅助仪器

1. 匀浆机 匀浆机主要是对动植物组织粉碎分散并研磨成均匀的糊状物的仪器，广泛应用于动植物组织、生物样品、食品、药品、农产品等的匀浆处理。

(1) 匀浆机的基本结构：匀浆机一般由电动机、调速器、分散头、底座构成，如图 3-9 所示。

(2) 匀浆机的基本原理：利用高速旋转的转子与精密的定子配合，依靠高线速度，产生强劲的液力剪切、离心挤压、高速切割及碰撞，使物料达到充分分散、乳化、均质、粉碎、混合等作用。

(3) 匀浆机的常用类型和应用特点：见表 3-7。

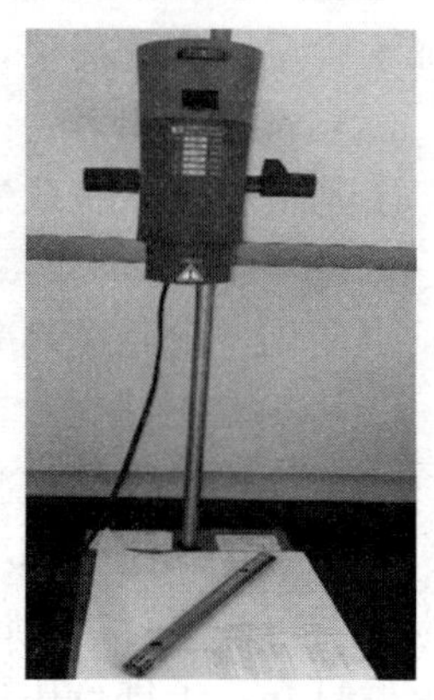

图 3-9 匀浆机

表 3-7 匀浆机的常用类型和应用特点

类 型	应 用 特 点
高速组织匀浆机	高转速，很小的转子亦可达到很高的线速度 搅拌不同的溶液，转速都能保持极高的稳定性
可调高速匀浆机	采用可控硅高速度调节系统，光电测速采用先进的电子线路，数字显示 能为研究的结果提供可靠的转速依据，读数直观，使用方便
高效拍打式匀浆器	高效便捷，样品制备只需 30s。所制样品具有高度均一性 兼具搅拌器功能。样本活性高
手持式组织分散机	分散量为：0.5～50mL，转定子设计，特别适合组织破碎、悬浮离心沉淀等 迷你分散头，用于试管、离心管等小试管装溶液的混合分散

2. 高速离心机

(1) 高速离心机的原理和特点：离心机是一种借助高速旋转产生的巨大离心力来分离或提纯某种物质的设备。按其转速大小（机头的额定最高转速）可分为低速离心机（$<10\times10^3$ r/min）、高速离心机（$10\times10^3\sim25\times10^3$ r/min）和超速离心机（$>30\times10^3$ r/min）三种类型。

高速离心机一般最大转速为 20 000～25 000r/min，最大容量可达 3L，转头多样，一般都有制冷系统，以消除高速旋转转头与空气之间摩擦而产生的热量；离心室的温度可以调节和维持在 0～40℃；离心的效果受离心管中颗粒质量、旋转速度、离心半径等因素影响。高速离心机具有以下特点：

①样品目测平衡，操作方便。

②相对离心力大，加速度极快。

③电脑程序控制，转速、时间可在规定范围任意设定，控制精度高。

④转速、时间显示精确稳定，提高实验效率，保证实验数据的真实性。

(2) 高速离心机的构造：高速离心机一般由离心室、驱动系统、冷冻系统、真空系统和操作系统组成。

①离心室是转头在真空、低温下高速运转的地方，为了防止样品溅出腐蚀，内层采用防

腐蚀性的钢材，外层由10mm厚的钢板制成，防止意外事故对人造成伤害。

②驱动系统由电动机和转轴构成，低转速的小型离心机，主要部件即是电机和转轴。技术的革新将变频电机应用于驱动转头，减少磨损，省去齿轮箱和润滑循环系统。高速离心机的转头种类很多，通常有角度转头、甩平转头、连续离心转头等。

③由于转头高速运转和空气摩擦产生大量的热量，高速离心机和超高速离心机都配有冷冻系统和真空系统，对离心室制冷、抽真空，从而保证转头的温度控制和平稳运动。

④操作系统是全机的中枢，由开关、按钮、指示灯、仪表等部件组成，操作者可经操作系统录入工作程序完成工作。

（3）高速离心机的应用范围：小容量台式高速离心机具有体型小、操作方便、安全可靠等优点，广泛用于实验室少量样液沉淀浓缩。农产品农药残留检测时，使用高速离心机将均质后的样品加入提取液高速离心，将更快得到分层的上清液。QuEchERS法中多次利用高速离心机将样品与吸附剂混匀分层，来达到提取净化的目的。

多个行业利用高速离心机进行定向分离，如：选煤、制糖、食品等行业，利用高速离心机分离混合物，排掉液相，获得有用固相，或造酒、制药、榨油等行业，排掉固相，获得有用的液相，来达到分离提纯的目的。

高速离心机在医用领域使用非常广泛，微观层次上的细胞、DNA分子均需要高速医用离心机进行分离研究，此类高速离心机转速通常在5 000～60 000r/min，可以提供万倍于重力加速度的离心力进行细小分子的分离。

3. 固相萃取仪　固相萃取技术（solid phase extraction，SPE）是基于液-固色谱理论，采用选择性吸附、选择性洗脱的方式对样品进行富集、分离、纯化的过程。固相萃取仪是将固相萃取各个步骤集成于一个处理平台，实现固相萃取的活化、上样、淋洗、干燥、洗脱自动操作的仪器。

（1）固相萃取仪的基本原理：固相萃取仪基本原理是样品在两相之间的分配，即在固相（吸附剂）和液相（溶剂）之间的分配。被保留或者洗脱决定于被分析物与吸附剂表面的活性基团，分析物与液相之间的分子间作用力。

固相萃取仪由固相萃取柱和辅件组成，固相萃取柱是整个仪器的核心，外形类似一个注射器针筒。固相萃取柱由三部分组成：柱管、烧结垫和填料。

实验中根据目标化合物与样品基体的性质、检测手段等选择合适的柱型和填料。现在已有各种规格、类型的商品化固相萃取柱售卖，常用的有C_{18}柱、C_8柱、免疫亲和柱、活性炭固相萃取柱、氧化铝及串联固相萃取柱等。但是有时候仍不能满足需要，可自行选择柱管和填料填装固相萃取柱。

固相萃取就是一个柱色谱分离过程，其分析机理、固定相、洗脱溶剂的选择与高效液相色谱有许多相似之处，现将二者比较如下（表3-8）。

表3-8　高效液相色谱与固相萃取仪比较

项　目	高效液相色谱	固相萃取仪
硬件	不锈钢柱	塑料柱
颗粒粒径（μm）	5	40
颗粒形状	球形	无定形

（续）

项 目	高效液相色谱	固相萃取仪
塔板数（块）	10 000 以上	10～20
分离机理	连续洗脱	“数字式”开关洗脱
操作、设备成本	中至高	低
分离模式	多种	多种
操作	可重复使用	一次性

（2）固相萃取仪的分类：按萃取原理可将固相萃取仪可分为负压抽取式、正压式和离子交换固相萃取仪等。了解固相萃取仪的种类，便能根据样品的类型、分析物和基体性质，选择适合的固相萃取仪。

负压抽取式固相萃取仪如图 3-10 所示，应用于从极性样品溶液中萃取非极性或弱极性分析物，固定相为非极性或弱极性的吸附剂，如苯基等。样品基质是极性或者中等极性的固相萃取是目前最常用的一种固相萃取装置。

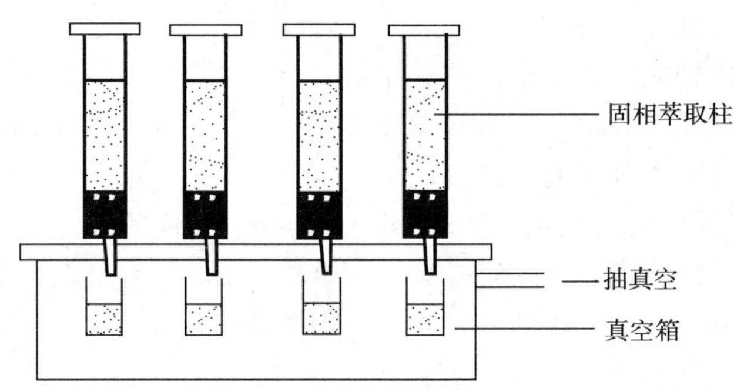

图 3-10 负压抽吸式固相萃取仪

正压式固相萃取仪是从非极性样品溶液中萃取极性分析物，固定相为极性吸附剂，如硅胶键合—NH_2、—CN、二醇基、硅藻土等。流动相为中等极性或非极性样品基质，常用于水溶液等样品中有机提取物的去杂净化。

离子交换固相萃取仪固定相为带电荷的离子交换树脂，流动相为中等极性到非极性样品基质。通过静电吸引力，用于萃取分离带有电荷的分析物。

（3）固相萃取仪的主要应用：固相萃取仪大多数用来处理液体样品，萃取、浓缩和净化其中的半挥发性和不挥发性化合物，也可用于固体样品，但必须先处理成液体。目前在环境样品、生物样品、食品以及药物检测分析方面均有较多应用。在环境方面的应用对象主要有大气、地表水、土壤中多环芳烃、农药残留和多氯联苯等有机物的检测分析。生物样品分析应用对象包括生物检材中的毒物和药物残留分析、血液中的药物分析和药物动力学研究等。食品分析的研究，如检测蔬菜、水果中农药残留和奶、肉制品中兽药残留等。

4. 超声波萃取仪

（1）超声波萃取仪的原理：超声波是指频率高于可听声频率范围的声波，是一种频率高于 20 000Hz 的声波。超声波萃取仪利用超声波产生的强烈振动、空化效应、扩散作用等，来增大物质分子的运动频率和速度，从而增加溶剂的穿透力，提高被提取成分的溶出速度。超声波萃取的主要影响因素是温度，介质的温度对空化作用的强度有一定的影响。另外，超声波频率是影响有效成分萃取率的主要因素之一。

（2）超声波萃取仪的分类：超声波萃取仪分为两种：浴槽式和探针式，如图 3-11、图 3-12 所示。浴槽式应用范围较广，但超声波能量分布不均匀，随着时间的变化超声波能量会衰减，实验的重现性受到影响。探针式将能量集中于样品某一范围，在液体中能提供有效的空穴作用，区别见表 3-9。

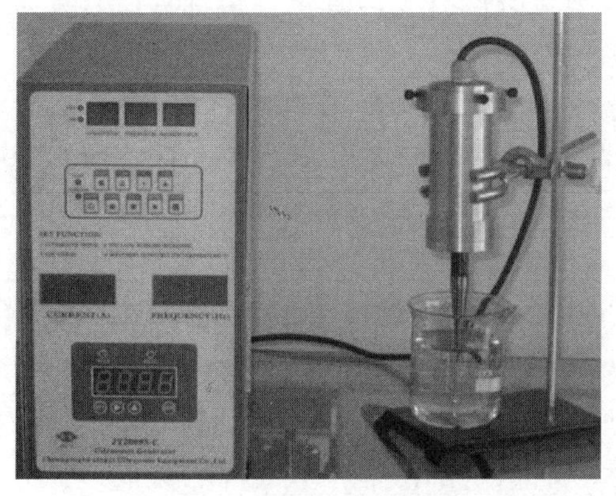

图 3-11　浴槽式超声波萃取仪

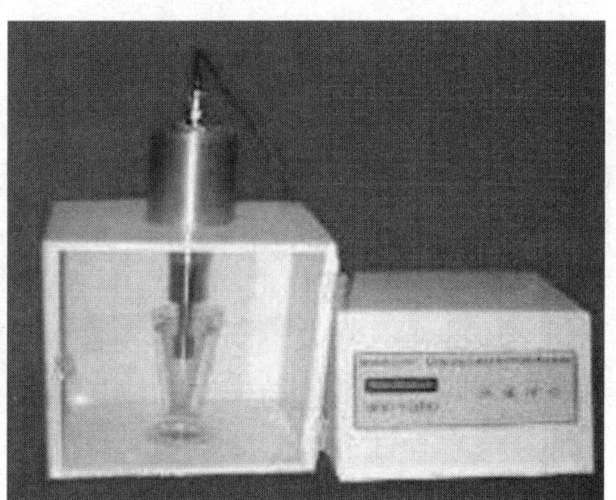

图 3-12　探针式超声波萃取仪

表 3-9　两种超声波萃取仪的区别

项　　目	探针式	浴槽式
处理时间（min）	＜5	＞30
恒温箱	无	有
能量（W/cm^2）	50～100	1～5
振幅	可变	恒定
固-液萃取产率	高	低
对有机金属化合物的破坏程度	高	低
样品处理量	低	高

（3）超声波萃取仪的应用：与传统的萃取方法相比，超声波萃取具有以下特点：

①萃取在常温下进行，不需高温，适合于热不稳定性化合物的萃取。

②常压萃取，安全性好，操作简单易行，维护保养方便。

③与传统的回流提取、索氏提取相比，时间大大缩短，且萃取效率更高。

④适用性广，超声波萃取对溶剂和目标萃取物的性质关系不大，可选择的萃取溶剂种类多，目标萃取物范围广，适用于大多数固体样品的萃取。

目前，超声波萃取技术已经广泛用于食品、药物、农业环境、工业原材料等样品中有机或无机组分的分离和提取。利用超声波萃取仪结合气相色谱法可检测土壤中的有机氯等性质稳定且难以降解的农药。如土壤中持久性的污染物多环芳烃，可以通过超声波萃取仪结合恒波长同步荧光法获得良好的检测结果。

超声波萃取仪联合气相色谱-质谱联用仪测定水果蔬菜中的多种农药残留组分，适合大批量水果蔬菜样品的多种农药残留检测，具有高灵敏度且操作简便，回收率高，重现性好等特点。此外，超声波萃取仪还可用于油脂、蛋白质、天然香料、天然植物和药物活性成分等的提取应用。

5. 微波萃取仪 1986年匈牙利学者首先报道了微波能应用于分析试样预处理，并提出一种新的萃取方法——微波萃取法，为有机分析的试样预处理开辟了一条新路。微波萃取仪克服了传统萃取方法的缺点，具有设备简单、适用范围广、萃取率高、重现性好、污染小等特点，得到了环境分析科研人员的极大关注和广泛应用。

（1）微波萃取仪的原理：微波是频率在300MHz至300GHz，即波长在100cm至1mm的电磁波。它位于电磁波谱的红外辐射和无线电波之间。微波辅助（MAE）萃取仪是利用微波能加热与固态样品接触的溶剂，使所需要的化合物从样品中分配到溶剂里的提取过程。提取在密闭或敞开的微波-透明容器中进行，提取溶剂和样品混合在里面，可同样接受微波能。不同物质的介电常数不同，其吸收微波能的程度不同，由此产生的热能及传递给周围环境的热能也不同。在微波场中，吸收微波能力的差异使得基体物质的某些区域或萃取体系中的某些组分被选择性加热，从而使得被萃取物质从基体或体系中分离，进入到介电常数较小、微波吸收能力相对较差的萃取剂中。微波萃取后得到的液体一般经离心分离或微孔玻璃过滤器与试样基体分离，所得的萃取相可采用分馏法、反渗透法、选择法、抽提法或者色层分离技术，从而离析出目标产物，再由气相色谱、液相色谱、气相色谱-质谱联用仪等检测。

溶液中的微波（电介质）加热有3种机理：①具有高电介质损耗系数的单一溶剂或混合溶剂；②具有高或低电介质损耗的混合溶剂；③低电介质损耗溶剂中的高电介质损耗敏感样品。萃取的温度和溶剂的极性对萃取效率影响很大。微波萃取仪能对萃取体系中的不同组分进行选择性加热，并且受溶剂亲和力和限制较小，可供选择的溶剂较多，微波加热利用分子极化或离子导电效应直接对物质进行加热，大大提高了萃取效率。

（2）微波萃取仪的结构：微波萃取仪一般要求为带有功率选择和控温、控压、控时附件的微波制样设备。一般由PTFE材料制成专用密闭容器作为萃取罐，萃取罐能允许微波自由透过、耐高温高压且不与溶剂反应。微波萃取罐结构组成：内萃取腔、进液口、回流口、搅拌装置、微波加热腔、排料装置、微波源、微波抑制器（图3-13）。

（3）微波萃取仪的应用：微波萃取仪用于环境样品预处理的研究最多，主要集中在土壤、沉积物和水中各种污染物的萃取分离上。在石油化工中主要用于对聚合物及其添加物进行过程监控和质量控制。天然食品中微量组分的分析是微波萃取的另一大应用领域，如用微波萃取法提取肉制品中的盐霉素、萃取蔬菜样品中的痕量金属等。此外，微波萃取仪在生化分析、天然产物及生物活性成分提取等方面也得到了广泛应用。

6. 加速溶剂萃取仪 加速溶剂萃取（accelerated solvent extraction，ASE）技术是一种高温（50～200℃）、高压（10～15MPa）条件下的固液萃取技术，又称加压流体萃取。加速溶剂萃取仪（图3-14）同传统萃取仪器相比，优势是节省溶剂、缩短萃取时间、提高萃取效率、自动化程度高，已经成为一种最具潜力、选择性最强的萃取仪器，主要参数比较见表3-10。

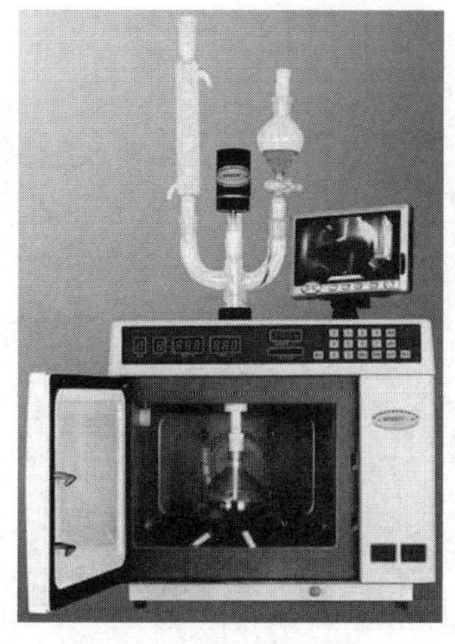

图 3-13　微波萃取仪

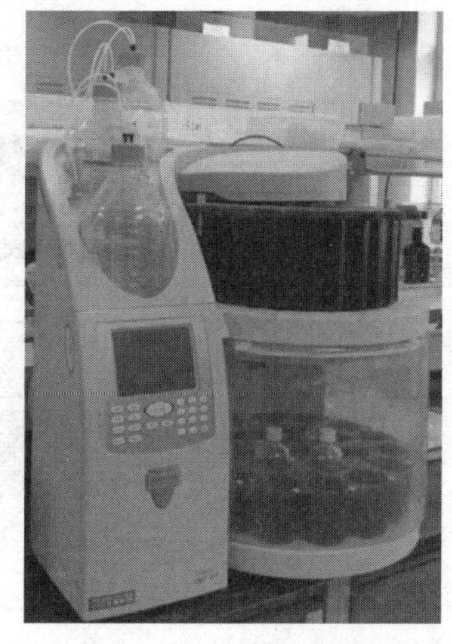

图 3-14　加速溶剂萃取仪

表 3-10　多种萃取装置参数对比

装　置	样品大小 (g)	所需溶剂体积 (mL)	平均萃取时间 (h)	溶剂/样品	自动化
索氏抽提器	10～30	300～500	4～48	16～30	无
自动索氏抽提器	10	50	1～4	5	低
超声波萃取仪	30	30	0.5～1	10～13	无
微波萃取仪	5	30	0.5～1	6	高
加速溶剂萃取仪	10～30	15～45	0.2～0.3	1.5	较高
机械振荡仪	50	300	1～5	6	无

(1) 加速溶剂萃取仪的原理：加速溶剂萃取仪是利用升高的温度和压力来增加物质溶解度和溶质扩散速率，从而提高萃取率的仪器。在萃取过程中，待测物在固体样品中吸附过程为：首先从固体颗粒上解吸，然后通过颗粒孔隙中的溶剂扩散出来，最后转移到流动液体中。图 3-15 显示了有机溶剂在土壤沉积物颗粒中的加速溶剂萃取步骤。每一步都有很多影响因素，主要有温度、压力、溶剂类型、基质类型、添加剂、萃取模式等。一个良好的萃取方法是快速简便、待测物无损失和降解、能得到定量的回收率、自动萃取、少污染。

(2) 加速溶剂萃取仪的结构：加速溶剂萃取仪由溶剂瓶、泵、气路、加温炉、萃取池和收集瓶等构成。

①不同仪器所配置的溶剂瓶数量不同，最多可配 4 个 2L 的溶剂瓶，可用溶剂控制器控制所用溶剂种类和用量，进行溶剂的改变和混合。

②泵供液压力范围为 3.5～20.7MPa。装有压力感应装置，在加热过程中自动加压或释压。

③气路可由钢瓶供给氮气，吹扫样品来获得全部萃取液，或者吹扫、清洗管路，避免样品交叉污染。

④加温炉作用是对萃取池加热，最高可达 200℃。

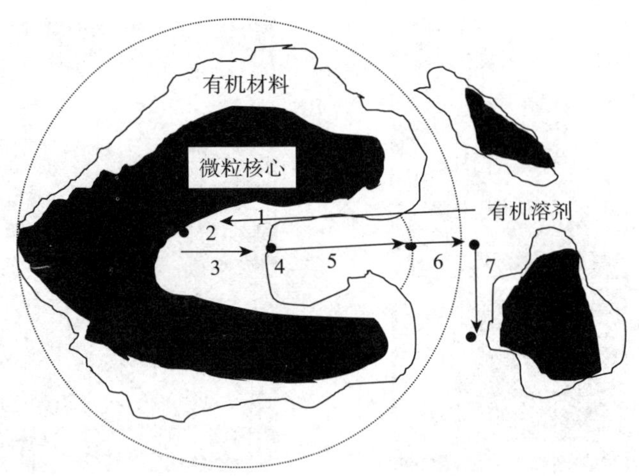

图 3-15　有机溶剂在土壤沉积物颗粒中的加速溶剂萃取步骤模型

注：1. 溶剂快速进入　2. 将待萃取物从基质活性部位解吸出来　3. 扩散通过溶胀的有机材料　4. 溶剂与基质界面的溶剂化作用　5. 扩散通过多孔基质中的静态溶剂　6. 扩散通过外部颗粒之间的静态溶剂的扩散层　7. 通过由大量溶剂流动形成的微孔迁移

⑤萃取池为不锈钢制成，液体由顶部流向底部，池盖带有压缩密封垫，在一定压力下会自动密封。最多可配置 24 个萃取池，可独立地控制每个萃取池的温度和压力条件。

⑥收集瓶萃取中通过红外探头监测进入收集瓶中的液体和液面，最多可配 24 个收集瓶，最大体积为 250mL。

（3）加速溶剂萃取仪的应用：加速溶剂萃取仪已广泛应用于食品、药物学、环境和聚合物工业等领域。在环境分析中，已用于土壤、污泥、沉积物、大气颗粒物、粉尘、动植物组织、蔬菜和水果等样品中的多氯联苯、多环芳烃、有机磷农药、有机氯农药、除草剂、柴油等的萃取。

加速溶剂萃取仪除了广泛应用于样品前处理外，还可与 HPLC-MS、GC-MS 等连接，直接进行样品分析，从而减少人为操作的误差，真正实现样品的全自动化处理，使实验数据更接近真实。

7. 氮吹仪

（1）氮吹仪的工作原理：氮吹仪也叫自动快速浓缩仪、氮气吹干仪等，该仪器通过将氮气连续、可控、快速吹向加热样品表面，使得待处理样品中的水分迅速分离蒸发，从根本上实现了样品的无氧浓缩。同时，氮吹仪能够保持样品的纯净度，从而达到快速的分离纯化效果（表 3-11）。

表 3-11　传统氮吹仪与自动浓缩氮吹仪的特点

项　目	传统氮吹仪	自动浓缩氮吹仪
加热方式	水浴和干式	水浴和干式
吹扫方式	垂直吹扫	涡旋吹扫
实验环境	敞开式	密闭式
人员设置	需要人员看管	不需要人员看管
废气排出方式	放到通风橱中	不必放到通风橱中
氮气流量	可调	可调

样品在一定温度下，通过氮吹仪吹扫出的氮气，使得待测物质获得良好的富集效果；浓缩仪由微处理器控制，保证了样品的自动浓缩蒸发；气体喷嘴吹出氮气气流，在浓缩管内形成的螺旋状气流，减缓了气流的冲力，使得溶剂均匀挥发并且不会四处飞溅。

氮气是一种不活泼气体，能起到隔绝空气、防止氧化、加快蒸发的作用，氮吹仪就是利用这个原理，取代了传统的旋转蒸发仪对样品进行浓缩。氮吹仪不仅操作简便，还能够同时处理多个样品，大大缩减了检测时间。因此，它被广泛应用在农残检测、化学品残留检测、食品制药质量控制及医学测试等重要领域（图 3-16）。

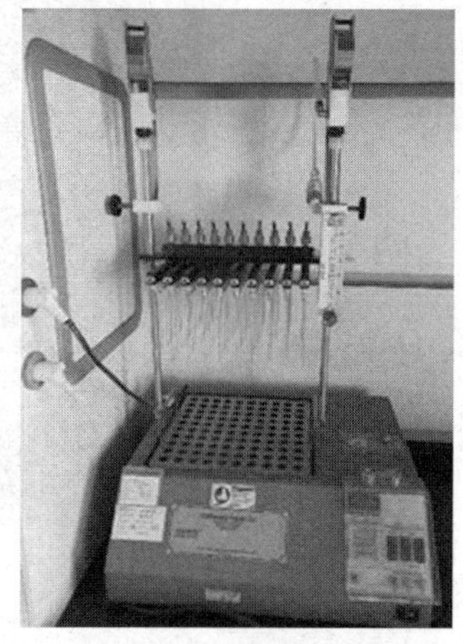

图 3-16　氮吹仪

虽然氮吹仪有很多优点，但也不能完全代替旋转蒸发仪。由于其设计原理的问题，氮吹仪有很多的应用局限性：它的溶剂量建议在 25mL 之内，以免时间过长耗气量增大；它的溶剂浓缩效率相对较慢，只适合低沸点的溶剂（沸点小于 100℃）浓缩；溶剂不能回收，成本较高而且不环保。

（2）影响氮吹仪工作的因素：

①氮气流压力对实验效果的影响。氮气流量改变是通过调节氮气进口压力而实现的，管径不变，流量与压力成正比。氮气流的压力越大，氮气流量就越大，氮气流撞到试管壁形成旋涡，溶剂接触表面积和旋涡剪切力越大，溶剂蒸发越快，同时不停吹氮气能够避免溶剂与氧气发生化学反应。

②水浴温度对氮气流的影响。浓缩试管通过水浴传热控制溶液温度。通常的水浴温度范围控制在 30～60℃，温度的设定是根据浓缩试管中的被分析物质性质和溶剂沸点而定；在设置水浴温度时应充分考虑溶剂的挥发性，温度高能缩短浓缩时间，避免待测物质与空气的长时间接触，减少目标物的挥发，但过高的温度也会导致溶剂沸腾，从而降低回收率；而水浴温度一般也要低于溶剂沸点的温度，否则蒸发速度过快，也会导致回收率降低，但温度设置得过低，会导致浓缩时间过长，长时间吹扫氮气也会导致目标物挥发，因此这点也是要充分考虑到的。

（3）氮吹仪的应用领域：氮吹仪主要应用于气相、液相、质谱分析等样品浓缩的前处理过程，如蔬菜、水果、植物及谷物等农残分析；地下水、污染水及饮用水等环境分析；血浆、血清、血液、尿液等生物分析；中药制药、药品筛选等制药检验；牛奶、酒类等食品检验等。

8. 旋转蒸发仪

（1）旋转蒸发仪的原理：旋转蒸发仪的基本原理就是减压蒸馏，即在减压情况下，对易挥发溶剂进行蒸发，同时将蒸馏烧瓶置于水浴中，一边旋转一边加热，这样可以增大蒸发面积，有利于瓶内的溶液更快地扩散蒸发。旋转蒸发仪主要用于分离液体混合物；蒸馏含有少量杂质的物质，进行提纯；回收溶剂或者蒸馏出部分溶剂以浓缩溶液，如用于色质谱分析时提取液和萃取液的浓缩等。

使用时应注意：玻璃零件应轻拿轻放，安装之前应洗净烘干；加热槽通电前必须加入蒸馏水，切忌无水干烧；蒸馏烧瓶中所放的液体，不能少于其容积的 1/3，也不能超过其容积的 2/3；加热的温度不能超过混合物当中沸点最高的物质的沸点（图 3-17）。

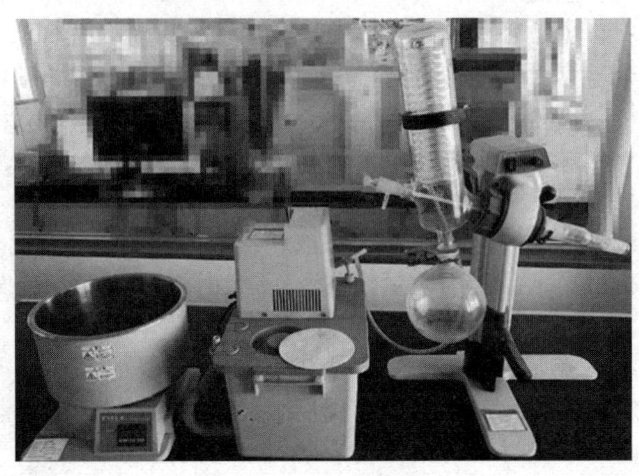

图 3-17 旋转蒸发仪

(2) 旋转蒸发仪的结构组成和优缺点：蒸馏烧瓶是一个带有标准磨砂接口的圆底烧瓶或者梨形瓶，将其固定好，并与回流蛇形冷凝管相连接，冷凝管的上端连接着减压泵，下端连接着磨口接收烧瓶，以用于接收被蒸发出的有机溶剂；在冷凝管和减压泵之间，有一个三通活塞用来控制装置，当系统与大气相连通时，可以取下蒸馏烧瓶和接收烧瓶以便转移溶剂；当系统与减压泵相连时，则处于减压的工作状态。

仪器使用时，应该先减压，然后再打开电动机，转动蒸馏烧瓶，结束时应先停机，再连通大气，这样可防止蒸馏烧瓶在转动中脱落。作为蒸馏的热源，还时常配备有相应的恒温水槽。

由于液体样品和蒸馏烧瓶之间的摩擦力和向心力作用，液体样品在蒸馏瓶的内表面形成了一层液体薄膜，受热面积比较大。样品由于旋转所产生的作用力能有效抑制样品的沸腾。多数旋转蒸发仪还安置了一个升降马达，该装置可以在断电的时候自动将烧瓶提升到加热锅以上的位置。基于以上特征和便利的特点，使旋转蒸发仪可用于快速并且温和地对绝大多数样品进行蒸馏，对于操作要求也少，对于没有操作经验的操作者也能完成。

虽然旋转蒸发仪有很多优点，但在应用中也有一些弊端，如操作中某些样品的沸腾，导致实验者收集样品的损失。操作时通常可以通过小心调节真空泵的工作强度或加热锅的温度来防止沸腾；或者可以通过向样品中加入瓷片等物品防止暴沸。对于很难蒸馏的样品，如易产生泡沫的样品，也可以为旋转蒸发仪的冷凝管进行特殊配置。

(3) 旋转蒸发仪的仪器保养：

①使用之前，先仔细检查仪器和玻璃瓶等是否有损坏，各个接口是否吻合，注意要轻拿轻放。

②用软布或纸巾擦拭各个接口，然后涂上少量真空脂或凡士林。

③各个接口不用拧得太紧，要定期活络松动，避免因为长期太紧而导致的接口咬死。

④先开电源开关，然后再让机器从慢到快的进行运转。

⑤各处的开关不能用力拧得太紧，否则容易使玻璃部件损坏。

⑥每次使用完毕，都必须使用软布或纸巾擦拭干净留在机器表面的污渍和油迹等物质，

保持机器洁净。

⑦停机后，拧松各个开关，长期静止在工作状态会使活塞变形。

⑧定期对密封圈进行清洁：取下密封圈，检查轴，如果轴上有污垢，要使用软布擦拭干净，然后涂少许真空脂或凡士林，再重新安装完好，保持密封垫与轴的润滑。

⑨电器部分千万不可以受潮进水。

9. 涡流振荡器 涡流振荡器主要适用于生物工程、化学、医药和医学研究领域，是生物实验室对于各种溶液、试剂和化学物质进行振荡、混匀处理的必备常规仪器。

涡流振荡器的特点是造型新颖、体积小巧、混合速度快、耗电省等。在设计上使用了坚固的构造和底座，高效的直流电机驱动，寿命长，无电磁干扰，且具有安全的转速来保护机器。

涡旋振荡器开机即可操作，把装有要混匀物质的容器放在混合器上，稍微用力按压，即可混匀。用力越大，混匀强度越大。混匀完毕，关闭开关，切断电源即可（图 3-18）。

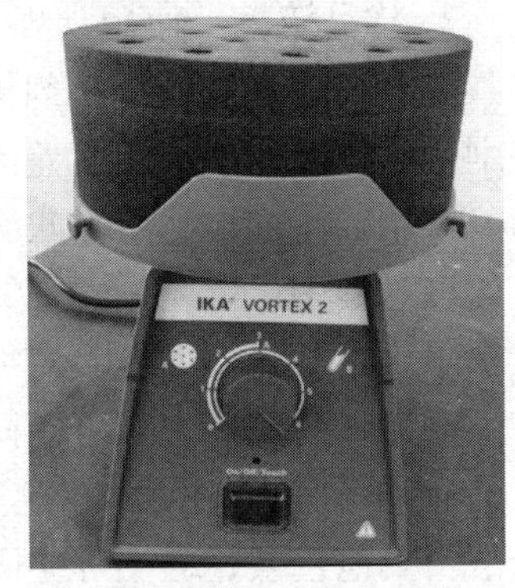

图 3-18 涡流振荡器

混匀过程中注意容器中的液体不能装太满，以防溅出。使用完毕后要清洁仪器，如有液体溅出，要用干布擦拭干净。在混匀样品时，稍微用力按压即可。带有海绵的涡旋振荡器，使用一定时间后，海绵会老化，这时需要更换。如果使用过程中，海绵被溶液污染，应立即停止使用，取出海绵洗净后脱水干燥，方可重新投入使用。连续使用时间不得大于 4h。如果需要更换熔断器，则应在完全断电的情况下进行。

第二节 样品前处理方法概述

农药残留分析样品中的农药残留量通常较低，而样品中的干扰物质多而复杂，因此为满足可靠的定性、定量分析需要，样品前处理往往包括提取、过滤或离心、浓缩、净化和溶剂转换等一系列操作过程，将农药从试样中提取出来，并达到进行仪器测定的要求。下面以含水量较多的果蔬及食用菌类、含水量较少的粮谷类等农产品以及水土气等环境样品为例，具体介绍有关的前处理技术。

一、果蔬与食用菌类

1. 样品提取 样品提取是用溶剂将农药从样品中提取出来的步骤，样品的提取过程实际上也起到了样品净化的目的。提取时应根据农药种类、试样类型、试样中的脂肪、水分含量和最终测定方法等来选择提取方法和提取溶剂，以尽可能完全地将农药从试样中提取出来，而尽量少地提取出干扰物质。

蔬菜、水果、食用菌等含水量高的样品在切碎后，加入与水相混溶的单种溶剂或混合溶剂，在组织捣碎机中高速捣碎，使溶剂与微细试样反复接触和萃取。常用的提取器有匀浆机等。

目前常用的提取溶剂主要有乙腈、丙酮、乙酸乙酯、石油醚或正己烷、甲醇和二氯甲烷等。一般根据提取效率选择溶剂，非极性农药如有机氯农药用非极性溶剂提取或反萃取，有机磷农药和一些除草剂等则使用较大极性的溶剂提取或反萃取。

水果蔬菜样品含水量很高，不能使用与水不相混溶的溶剂，一般先使用极性溶剂如丙酮、乙腈和甲醇等提取，再根据农药性质转溶至其他溶剂中。由于使用与水相混溶的提取溶剂，提取液中会含有大量水分，在进行浓缩前必须除去。两种溶剂混合使用提取效果往往较好，如非水溶性溶剂（正己烷、石油醚）和水相溶剂（丙酮、乙腈、异丙醇、甲醇、乙醚等）混合使用，可以提取极性范围更宽的农药，减少提取过程中乳化问题，又可提高农药提取效率。

2. 样品浓缩 使用常规方法得到的提取溶液，一般浓度很低，在净化或检测前，必须对其进行浓缩，以减少溶剂体积，利于进行净化。在浓缩过程中，应注意防止农药的损失，特别是蒸气压高、稳定性差的农药。

常用的浓缩方法有氮吹、旋转蒸发和 K-D 浓缩等。目前，在蔬菜、水果、食用菌检测前处理过程中广泛应用的是氮吹法。氮吹法适用于体积小、易挥发的提取液。氮吹仪装置，通常采用惰性气体如氮气对加热样液进行吹扫，也有使用空气的，使待处理样品迅速浓缩。该方法操作简便，尤其可以同时处理多个样品，大大缩短了检测时间。

3. 样品净化 使用有机溶剂提取样品中的农药时，样品中的油脂、蜡质、蛋白质、叶绿素及其他色素、糖类等会同农药一起被提取出来。提取液中既有农药又有许多干扰物质，会严重干扰残留量的测定，因此适宜的净化过程尤为重要。

样品净化是从待测样品提取液中将农药与杂质分离并除去的过程。净化过程在除去这些杂质的同时，常常会伴随待测农药的损失。因此，样品净化是农药残留分析中难度较大、也是最重要步骤之一。净化过程主要使用分离技术，基于混合物中各组分不同的理化性质，如挥发性、溶解性、电荷、分子大小、分子形状和极性，在两相间转移。常规净化方法有液-液分配法、固相萃取法、凝结剂沉淀法等。蔬菜水果食用菌的净化过程常用固相萃取法，固相萃取法是基于液固色谱理论，采用选择性吸附、选择性洗脱的方式对样品进行富集、分离和净化。主要操作有四步：活化、上样、淋洗、洗脱。

二、粮谷和油脂类

1. 样品提取 粮谷类样品的提取溶剂选择要考虑到基体和杂质的复杂性以及不同农药的理化性质等。常用于粮谷类食品的提取溶剂有：乙腈、丙酮、乙酸乙酯、正己烷，以及丙酮-正己烷或正己烷-乙酸乙酯等混合溶剂，其中以乙腈最为常用。粮谷类样品通常脂肪含量较高，如油料作物等，需以非极性或极性较小的溶剂提取。油脂常用的提取方法是加速溶剂萃取法，该法是在一定的温度（50～200℃）和压力（1 000～3 000 PSI）下用有机溶剂萃取固体或半固体的自动化方法。优点是有机溶剂用量少、快速、基质影响小、回收率高和重现性好。

2. 样品净化 提取液净化多用反相固相萃取法，待分析农药化合物多为中性到非极性化合物，洗脱时采用中等极性到非极性溶剂，主要除去提取液中的弱极性杂质，如油脂等。GB/T 23200.9—2016 中净化所用 Envi-18 柱，便是反相 SPE 类型。分析物中的碳氢键同填料发生吸附作用，使得溶液中弱极性有机物能保留在 SPE 填料上，以达到去除作用。

三、环境样品

1. 水中农药多残留测定的前处理

（1）提取：常见提取方法为液液萃取法。水样的液液萃取是利用待测组分在水和萃取溶剂中溶解度不同的原理，使得待测物质从一个水样内转移到萃取溶剂中，又称溶剂萃取。常见的萃取溶剂有二氯甲烷、正己烷等。

固相萃取法目前也是常用的水样提取方式。它是将适量待测水样（如 100～1 000mL）适当处理后，如 pH 调节，以 5～10mL/min 流速流经固相萃取柱，使得待测农药吸附到固相萃取柱上。流速不宜过快，否则吸附不充分；但也不宜过缓，否则处理时间过长。再经适当溶剂清洗固相萃取柱去除杂质后，用洗脱溶剂以 2～3mL/min 流速洗脱。注意：对于高浓度的废水和污水样品，应该根据待测物的浓度取适量水样，加水稀释后再进行提取处理。

固相萃取法优点在于提取、浓缩、初步净化同时进行，而液液萃取则需要在大量溶剂提取后利用氮吹、旋转蒸发等进行浓缩处理。

（2）净化：常用净化法有固相萃取/吸附柱净化法、层析柱净化法和硫酸净化法等。其中固相萃取/吸附柱法采用商品化的净化小柱，如弗罗里硅土柱（即硅酸镁柱），处理过程消耗溶剂相对较少，填料多为 0.5～2.0g，柱容量有限，适于相对干净样品的净化处理。而层析柱法则通常需要手动填充净化柱，如硅胶柱等，填料较多，如 10g，可以根据实际情况适当增减，柱容量大，适于较脏样品的净化处理，处理过程消耗溶剂相对较多。

硫酸净化法，即在提取液中加入少量浓硫酸，利用其强氧化性和强酸性去除杂质达到净化目的。但该净化法只适用于对酸类稳定的农药，如六六六、滴滴涕等有机氯农药，使用范围相对较窄。

2. 土壤中农药多残留测定的前处理

（1）提取：土壤中农药多残留测定的提取方法中最常用也最经典的是索氏抽提法，又名索式萃取法、连续提取法。利用溶剂回流和虹吸原理，使土壤中待测农残每一次都能被纯的溶剂所萃取，所以该法萃取效率较高。

萃取前应先将土壤磨细，以增加液体浸溶的面积。然后将土壤放在滤纸套内，置于提取管中，如图 3-19 安装仪器。当溶剂加热沸腾后，蒸气通过导气管上升，被冷凝为液体滴入提取管中。当液面超过虹吸管最高处时，即发生虹吸现象，溶液回流入烧瓶。就这样利用溶剂回流和虹吸作用，使土壤中的可溶物反复提取富集到烧瓶内。

近年来，随着加速/加压溶剂萃取仪的开发应用和推广，加速/加压流体萃取法也逐渐成为

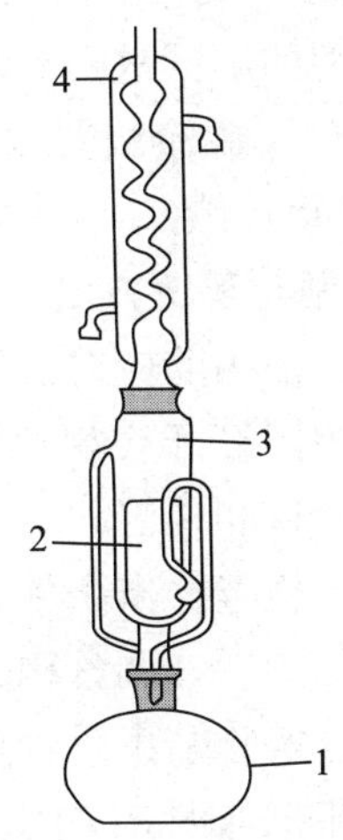

图 3-19　索氏抽提器

1. 接收瓶　2. 滤纸筒　3. 抽提管　4. 冷凝管

注：引自《食品分析》，中国轻工业出版社，2009。

土壤农药残留的重要提取方法之一。《土壤和沉积物 有机物的提取 加压溶剂萃取法》（HJ 783—2016）对其操作方法给予规定。加速溶剂萃取技术（ASE）是一种高温（50～200℃）高压（10～15MPa）条件下的固液萃取技术，同传统萃取仪器相比，具有节省溶剂、缩短萃取时间、提高萃取效率、自动化程度高等优点。

微波萃取技术在土壤样品有机氯等热稳定性农药检测中也有一定应用，如《土壤和沉积物 有机氯农药的测定 气相色谱》（HJ 921—2017）等。

此外，最简单的振荡提取法也是土壤样品检测农残早期常见的提取方法。它是将样品和适量溶剂一起加入具塞锥形瓶或离心管中，振荡、过滤或离心后，移取提取液进行净化的方法。该方法操作简便，并可同时对多个样品进行批量处理。

（2）净化：土壤中农药多残留测定的净化方法和水质类似，也多为固相萃取小柱法和层析柱法。

3. 大气中农药多残留测定的前处理 大气中农药多残留测定的前处理常用吸附法。吸附法是利用大气采样器将大气混合物中的待测组分浓集于滤膜或聚氨酯等多孔固体吸附剂表面的方法，它具有效率高、可回收、设备简单等优点。

其前处理过程通常为利用大气采样器经过一定时间和流量的提取，将大气中和颗粒中的农药采集吸附到滤膜或吸附剂上。然后取下滤膜或吸附剂，利用类似土壤样品的索氏抽提等方法进行提取；利用旋转蒸发、氮吹等方法浓缩；利用固相萃取小柱法、层析柱和硫酸酸化等进行净化。

第三节 实验方法与关键点

一、气相色谱法

（一）实验要点

1. 实验原理 气相色谱法是以气体为载气，通过各种物质在固定相中分配系数、吸附能力等亲和能力的不同进行分离，再通过不同的检测器，达到对农药残留定性定量的目的。常用的检测器有氮磷检测器（NPD）、火焰光度检测器（FPD）、电子捕获检测器（ECD）、质谱检测器（MS）。

2. 常见问题与解决方法

（1）开机：使用前应对气路、进样器、色谱柱、检测器、电脑等进行检查。开机时依次接通载气和电源，打开气相色谱仪和电脑电源开关，输入所需操作条件，先升高检测器温度，再升高进样口和柱温。

（2）使用：检查操作条件，待仪器稳定后，编辑进样方法和采集记录方式，之后开始进样；数据采集完毕后，调整积分事件，合理积分；之后调节相关参数，打印报告。

（3）关机：实验结束后，降低各热源温度，待温度降到指定温度后退出化学工作站，关闭计算机和打印机电源，关闭气相色谱仪电源，最后关闭载气，填写仪器使用记录。

（4）维护：仪器的维护十分重要，及时维护仪器可以保持仪器良好的状态，减少仪器发生故障概率，下面分类介绍仪器维护项目和周期。

①气路维护。见表 3-12。

表 3-12 气路维护内容和周期

项 目	一般维护时间	说 明
气体净化器	每 6～12 个月	更换时间取决于净化器的容量和气体纯度。一般每 6～12 个月更换一次无指示剂的捕集阱。或者当指示捕集阱改变颜色时进行更换。当指示剂失效时，更换指示剂捕集阱
分流出口捕集管	每 6 个月	更换
流量计校准	每 1～2 年	重新校正电子流量计

②GC 进样口维护。见表 3-13。

表 3-13 进样口维护内容和周期

项 目	一般维护时间	说 明
进样针	每 3 个月	出现下列情况时进行更换：当注射器中有明显的污染物；当这些污染物清洗不掉；当推杆难以抽动；当推杆被黏住；当隔垫穿刺出现异常；当针头被堵塞
衬管	每周	经常检查。当衬管内有可见的污物或色谱性能下降时进行就更换
衬管 O 形圈	每月	与衬管一起更换，或视磨损情况更换
进样口隔垫	每天	经常检查。发生以下异常现象时更换：裂口、进样口衬管内有碎屑、色谱性能下降、柱压降低等

③GC 色谱柱维护。见表 3-14。

表 3-14 GC 色谱柱维护内容和周期

项 目	一般维护时间	说 明
前端维护	每周至每月	当出现色谱性能问题（峰拖尾、灵敏度下降、保留时间改变等）时，从柱前端截去 0.5～1m。必要时，更换进样口衬管、隔垫，并清洁进样口。安装保护柱有助于延长色谱柱使用寿命
溶剂冲洗	按实际需要	当由于柱污染而色谱性能下降时，进行冲洗
更换	按实际需要	当切除和溶剂冲洗不能恢复色谱性能时
密封垫	按实际需要	当更换色谱柱和进样口/检测器部件时，更换色谱柱密封垫

④GC 检测器维护。见表 3-15。

表 3-15 GC 检测器维护内容和周期

项 目	一般维护时间	说 明
FID/NPD 喷嘴和收集极	按实际需要	当有沉积物时，进行清洗。当喷嘴出现划痕、收集极弯曲和损坏时，或当 FID 点火困难或点不着火时，进行更换
NPD 铷珠	按实际需要	当信号漂移或灵敏度突变时，进行更换
FID	每 6 个月	测量氢气、空气和尾吹气流量
TCD	按实际需要	当出现基线波动、噪音增大或响应改变时，通过“烘烤”进行热清除。当热清除不能解决问题时，进行更换
ECD	按实际需要	放射性测试，当出现基线噪音增大或输出值异常高时，通过“烘烤”进行热清除。当热清除不能解决问题时，进行更换
FPD	按实际需要	测量氢气、空气和尾吹气流量。当检测灵敏度下降时，清洗/更换 FPD 窗口和密封圈

（二）标准实例一——蔬菜和水果中有机磷农药多残留的测定（NY/T 761—2008 第1部分 方法一）

1. 原理及适用范围 试样中有机磷类农药经乙腈提取，提取溶液经净化、浓缩后，用丙酮定容，用双自动进样器同时注入气相色谱仪的两个进样口，农药组分经不同极性的两根毛细管柱分离，火焰光度检测器（FPD磷滤光片）检测。用双柱的保留时间定性、外标法定量；或采用单柱单检测器保留时间定性、外标法定量。

适用于蔬菜和水果中甲胺磷、甲拌磷、氧乐果、对硫磷、甲基对硫磷、毒死蜱、敌敌畏、敌百虫、乙酰甲胺磷、三唑磷、水胺硫磷、杀螟硫磷、马拉硫磷、伏杀硫磷、亚胺硫磷、特丁硫磷、倍硫磷、辛硫磷、丙溴磷、治螟磷、蝇毒磷、灭线磷、杀扑磷、乐果、异柳磷、二嗪磷、对氧磷、乙硫磷、喹硫磷、磷胺、甲基嘧啶磷、甲基毒死蜱、胺丙畏、久效磷、百治磷、苯硫磷、地虫硫磷、速灭磷、皮蝇磷、硫环磷、甲基硫环磷、益棉磷、保棉磷、地毒磷、灭菌磷、乙拌磷、除线磷、嘧啶磷、溴硫磷、乙基溴硫磷、二溴磷、吡菌磷、伐灭磷、杀虫畏等54种农药残留量的检测。

2. 试剂材料 除非另有说明，在分析中仅使用确认为分析纯的试剂和GB/T 6682中规定的至少二级水。

（1）乙腈：乙腈中加入0.1%的乙酸能对某些pH敏感性农药的提取效果更好。

（2）丙酮，重蒸：丙酮如用色谱纯可以直接使用。

3. 操作过程

（1）试料制备：按GB/T 8855抽取蔬菜、水果样品，取可食部分，经缩分后，将其切碎，充分混匀放入食品加工器粉碎，制成待测样，放入分装容器中，于－20～－16℃条件下保存，备用。样品如需要应先用干净纱布轻轻擦去样品表面的附着物，采用对角线分割法，取对角部分，将其切碎，充分混匀放入食品加工器粉碎。食品加工器应选用营养调理机，可以将样品粉碎完全，更有利于提取。

（2）提取：准确称取25.0g试样放入匀浆机中，加入50.0mL乙腈，在匀浆机中高速匀浆2min后用滤纸过滤，滤液收集到装有5～7g氯化钠的100mL具塞量筒中，收集滤液40～50mL，盖上塞子，剧烈震荡1min，在室温下静止30min，使乙腈相和水相分层。

（3）注意：

①称样量精确到0.1g，十分之一天平即可。称样前要保持样品的均匀状态，充分搅拌，多点取样。50.0mL可以用加液器或量筒加入。

②匀浆时应注意使样品的各个部分均被打碎（尤其是叶菜类更加注意），同一批次各个样品的匀浆时间应保持相同。

③滤液应从滤纸三层的一侧加入。

④震荡要充分，静止时间要足够。

⑤当遇到某些农药残留量特别高的样品时，可以加大提取溶剂量和增加提取次数，以保证尽可能完全把残留农药提取出来。

⑥部分样品震荡后可能出现乳化现象，此时可采用离心方法分离。

（4）净化：从具塞量筒中吸取10.00mL乙腈溶液，放入150mL烧杯中，将烧杯放在80℃水浴锅上加热，杯内缓缓通入氮气或空气流，蒸发近干，加入2.0mL丙酮，盖上铝箔，备用。

将上述备用液完全转移至 15mL 刻度离心管中，再用约 3mL 丙酮分 3 次冲洗烧杯，并转移至离心管，最后准确定容至 5.0mL，在旋涡混合器上混匀，分别移入两个 2mL 自动进样器样品瓶中，供色谱测定。如定容后的溶液过于混浊，应用 0.2μm 滤膜过滤后再进行测定。

（5）注意：

①“从具塞量筒中吸取 10.00mL 乙腈溶液”可见，标准对吸取乙腈体积要求十分精确，对结果有很大影响，吸取溶液应使用 10.00mL 移液管。标准中用 150mL 盛放 10.00mL 乙腈溶液，体积偏大，可以适当减小，如 50mL 烧杯。

②“将烧杯放在 80℃水浴锅上加热”这里温度一定要控制好，标准上的 80℃应该是最高温度，实际应控制在 60～70℃为好，否则会影响热不稳定性农药回收率。

③氮气或空气流要适中，应保持使液面有一个小的凹面即可。

④“蒸发近干”要求实验人员准确掌握蒸干的程度，要蒸干的时候观察频次要加大，要保持烧杯的底部始终处于湿润状态，要求近干的时候要经常晃动烧杯的底部，应在烧杯底部保持湿润且没有大量液体流动的状态下即可。

⑤加入丙酮应在蒸发近干后立即加入。冲洗烧杯要按照少量多次的原则，尽量把烧杯冲洗干净，尽可能把烧杯中的农药残留转移至移液管中。

⑥标准规定最后准确定容至 5.0mL。在保证清洗转移干净的前提下，可以通过减少定容体积以提高方法的灵敏度。

⑦为简化操作和节省成本，气相色谱待测液通常不需滤膜过滤，除非过于混浊，而混浊往往是由于溶解的氯化钠造成。

4. 色谱参考条件

（1）色谱柱：预柱：1.0m，0.53mm 内径，脱活石英毛细管柱。两根色谱柱分别为：

①50%聚苯基甲基硅氧烷（DB-17 或 HP-50⁺）柱，30m×0.53mm×1.0μm，或相当者。

②100%聚甲基硅氧烷（DB-1 或 HP-1）柱，30m×0.53mm×1.50μm，或相当者。

（2）注意：

①乐果、氧乐果、甲胺磷、乙酰甲胺磷对色谱柱要求较高，最好使用惰性衬管和色谱柱。

②柱效降低、分离度不佳，灵敏度下降时，可采用切取柱头、更换衬管等方式进行处理。

③标准第一法是双柱法，色谱柱均为 0.53mm，属于较粗口径色谱柱。目前市场上气相色谱仪器很多不适用该口径色谱柱，可以采用常见的 0.25mm 或 0.32mm 的色谱柱代替。其中 0.32mm 对个别农药如甲胺磷、氧乐果等出峰效果明显好于 0.25mm。可见，粗口径色谱柱对个别农药检测有利。

（3）温度。进样口温度，220℃；检测器温度，250℃；柱温，150℃（保持 2min），8℃/min→250℃（保持 12min）。

（4）注意：

①检测器温度可以依据仪器本身工作条件进行调整。

②程序升温也可以根据仪器状态进行适当调整。适当降低初始温度对提高分辨率和个别

农药的灵敏度有利。

（5）气体及流量：

①载气。氮气，纯度≥99.999%，流速为10mL/min。

②燃气。氢气，纯度≥99.999%，流速为75mL/min。

③助燃气。空气，流速为100mL/min。

（6）注意：

①在这里要保证氮气、氢气、空气的纯度，如使用气体发生器，要及时更换气体净化管。

②当使用0.25mm或0.32mm口径的色谱柱时，载气常用流速为1～2mL/min。

③氢气和空气的流速可以根据仪器本身工作条件调整。

（7）进样方式：不分流进样。样品溶液一式两份，由双塔自动进样器同时进样。

（8）色谱分析：由自动进样器分别吸取1.0μL标准混合溶液和净化后的样品溶液注入色谱仪中，以双柱保留时间定性，以A柱获得的样品溶液峰面积与标准溶液峰面积比较定量。

（9）注意：

①有机磷测定，个别农药如氧乐果、甲胺磷、乙酰甲胺磷等基质效应明显，故通常采用基质配制标样。

②有机磷农药多数属于中等极性农药，依据相似相溶原理，中等极性的A柱分离效果良好，故采用A柱获得的色谱图进行定量分析。

5. 结果分析与评价

（1）定性：双柱测得的样品溶液中未知组分的保留时间（RT）分别与标样溶液在同一色谱柱上的保留时间（RT）相比较，如果样品溶液中某组分的两组保留时间与标准溶液中某一农药的两组保留时间相差都在±0.05min内的可认定为该农药。

注：中等极性和非极性的双柱体系，使得定性的准确性有了较大提高。但必要时仍需采用质谱法进行进一步确认。

（2）定量结果计算：试样中被测农药残留量以质量分数 ω 计，单位以mg/kg表示，按公式（3-1）计算。

$$\omega=\frac{V_1\times A\times V_3}{V_2\times A_s\times m}\times\rho \tag{3-1}$$

式中：

ρ——标准溶液中农药的含量，单位为毫克/升（mg/L）；

A——样品中被测农药的峰面积；

A_s——农药标准溶液中被测农药的峰面积；

V_1——提取溶剂总体积，单位为毫升（mL）；

V_2——吸取出用于检测的提取溶液的体积，单位为毫升（mL）；

V_3——样品定容体积，单位为毫升（mL）；

m——试样的质量，单位为克（g）。

计算结果保留两位有效数字，当结果大于1mg/kg时保留三位有效数字。

（3）精密度：本标准精密度数据是按照GB/T 6379.2规定确定，获得重复性和再现性的值以 95%的可信度来计算。目前农业行业中，本方法的添加回收率在 70%～130%，变异系数小于 20%。

（4）检出限：方法的检出限在 0.01～0.3mg/kg。

注：以上为完全按照标准规定操作的检出限，当分取体积、定容体积有变化时，检出限也有相应变化。

（三）标准实例二——蔬菜和水果中有机氯类、拟除虫菊酯类农药多残留的测定（NY/T 761—2008　第二部分　方法一）

1. 原理及适用范围　试样中有机氯类、拟除虫菊酯类农药用乙腈提取，提取液经过滤、浓缩后，采用固相萃取柱分离、净化，淋洗液经浓缩后，用双塔自动进样器同时将样品溶液注入气相色谱仪的两个进样口，农药组分经不同极性的两根毛细管柱分离，电子捕获检测器（ECD）检测。用双柱的保留时间定性、外标法定量；或采用单柱单检测器保留时间定性、外标法定量。

适用于蔬菜和水果中 α-666、β-666、δ-666、o,p′-DDE、p,p′-DDE、o,p′-DDD、p,p′-DDD、o,p′-DDT、p,p′-DDT、七氯、艾氏剂、联苯菊酯、甲氰菊酯、氯菊酯、顺式氯菊酯、西玛津、莠去津、敌稗、硫丹、高效氯氟氰菊酯、六氯苯、腐霉利、丁草胺、狄氏剂、异狄氏剂、胺菊酯、乙酯杀螨醇、异菌脲、五氯硝基苯、林丹、乙烯菌核利、三氯杀螨醇、氟氯氰菊酯、氯硝胺、百菌清、三唑酮、氟胺氰菊酯、氟氰戊菊酯、氯氰菊酯、氰戊菊酯、溴氰菊酯等 41 种农药残留量的检测。

2. 试剂材料　除非另有说明，在分析中仅使用确认为分析纯的试剂和 GB/T 6682 中规定的至少二级水。

（1）乙腈。

（2）丙酮，重蒸。

（3）己烷，重蒸。

（4）氯化钠，140℃烘烤 4h。

（5）固相萃取柱，弗罗里硅土柱（Florisil®），容积 6mL，填充物 1 000mg。

（6）上述 41 种农药标准品。

3. 操作过程

（1）试料制备：同标准实例一。

（2）提取：同标准实例一。

（3）净化：从 100mL 具塞量筒中吸取 10.00mL 乙腈溶液，放入 150mL 烧杯中，将烧杯放在 80℃水浴锅上加热，杯内缓缓通入氮气或空气流，蒸发近干，加入 2.0mL 正己烷，盖上铝箔待检测。

将弗罗里硅土柱依次用 5.0mL 丙酮＋正己烷（10＋90）、5.0mL 正己烷预淋条件化，当溶剂液面到达柱吸附层表面时，立即倒入上述待净化溶液，用 15mL 刻度离心管接收洗脱液，用 5mL 丙酮＋正己烷（10＋90）冲洗烧杯后淋洗弗罗里硅土柱，并重复一次。

将盛有淋洗液的离心管置于氮吹仪上，在水浴温度 50℃条件下，氮吹蒸发至小于 5mL，用正己烷定容至 5.0mL，在旋涡混合器上混匀，分别移入两个 2mL 自动进样器样品瓶中，待测。

（4）注意：

①使用弗罗里硅土柱净化时应注意不要让溶剂液面低于吸附层表面，否则会产生隔空带，影响净化效果。

②淋洗液的主要成分是正己烷，沸点较低，故氮吹温度50℃。

③冲洗烧杯时要尽可能将烧杯冲洗干净。

④标准规定最后准确定容至5.0mL。如果想提高方法的灵敏度可以通过减少定容体积来实现。

⑤其他参见“标准实例之一”。

4. 测定

（1）色谱柱：预柱为1.00m，0.25mm内径、脱活石英毛细管柱。分析柱采用两根色谱柱，分别为：

A柱：100%聚甲基硅氧烷（DB-1或HP-1）柱，30m×0.25mm×0.25μm，或相当者。

B柱：50%聚苯基甲基硅氧烷（DB-17或HP-50^{+}）柱，30m×0.25mm×0.25μm，或相当者。

注意：和有机磷测试色谱柱0.53mm相比，此方法为0.25mm的细柱，且膜厚也较薄。预柱，即没有固定液的空毛细管柱，它的作用是保护分析柱，使得未气化的组分截留在预柱，不污染分析柱，延长分析柱寿命。

（2）温度：进样口温度为200℃。检测器温度为320℃。柱温为150℃（保持2min），6℃/min升至270℃（保持8min，测定溴氰菊酯保持23min）。

注意：有机磷测试相比，进样口温度有所下降，原因是有机氯和菊酯类农药极性相对较低，沸点下降。本标准中溴氰菊酯出峰最晚。日常检测中如果不测定溴氰菊酯，可以适当减少保持时间，提高分析效率。如发现基线异常升高可将检测器温度升至360℃，对其进行热清洗。

（3）气体及流量：①载气。氮气，纯度≥99.999%，流速为1mL/min。②辅助气。氮气，纯度≥99.999%，流速为60mL/min。

注意：氮气为高纯氮气。辅助气也叫尾吹气，流速要足够，一般不低于50mL/min。尾吹气是色谱峰峰形和ECD检测器清洁的重要保证，不应为省气而随意降低。

（4）进样方式：分流进样，分流比10∶1。样品溶液一式两份，由双塔自动进样器同时进样。

注意：分流进样可以降低对检测器的污染。但实际样品农残含量往往较低，故也可以采用无分流进样，提高检出能力。

（5）色谱分析由自动进样器分别吸取1.0μL标准混合溶液和净化后的样品溶液注入色谱仪中，以双柱保留时间定性，以A柱获得的样品溶液峰面积与标准溶液峰面积比较定量。

注意：以A柱，即DB-1或HP-1柱定量。氯氰菊酯、溴氰菊酯、氰戊菊酯、氟胺氰菊酯等拟除虫菊酯类农药为多峰，定量时以总面积进行定量。

5. 结果分析与评价

（1）定性：双柱测得的样品溶液中未知组分的保留时间（RT）分别与标样溶液在同一色谱柱上的保留时间（RT）相比较，如果样品溶液中某组分的两组保留时间与标准溶液中某一农药的两组保留时间相差都在±0.05min 内的可认定为该农药。

注意：中等极性和非极性的双柱体系，使得定性的准确性有了较大提高。但必要时仍需采用质谱法进行进一步确认。

（2）定量结果计算：试样中被测农药残留量以质量分数 ω 计，单位以 mg/kg 表示，按公式（3-2）计算。

$$\omega=\frac{V_1\times A\times V_3}{V_2\times A_s\times m}\times\rho \tag{3-2}$$

式中：

ρ——标准溶液中农药的含量，单位为毫克/升（mg/L）；

A——样品中被测农药的峰面积；

A_s——农药标准溶液中被测农药的峰面积；

V_1——提取溶剂总体积，单位为毫升（mL）；

V_2——吸取出用于检测的提取溶液的体积，单位为毫升（mL）；

V_3——样品定容体积，单位为毫升（mL）；

m——试样的质量，单位为克（g）。

计算结果保留两位有效数字，当结果大于 1mg/kg 时保留三位有效数字。

（3）精密度：本标准精密度数据是按照 GB/T 6379.2 规定确定，获得重复性和再现性的值以 95%的可信度来计算。

（4）检出限：方法的检出限在 0.000 1～0.01mg/kg。

注意：采用无分流进样、减少定容体积，均可以降低方法的检出限，提高方法的检出能力。

（四）标准实例三——土壤中六六六和滴滴涕的气相色谱法测定（GB/T 14550—2003）

1. 原理及适用范围　土壤样品中的六六六和滴滴涕农药残留分析采用有机溶剂提取，经液液分配及浓硫酸净化、层析净化除去干扰物质，用电子捕获检测器（ECD）检测。根据色谱峰的保留时间定性、外标法定量。

2. 试剂材料　除非另有说明，在分析中仅使用确认为分析纯的试剂和 GB/T 6682 中规定的至少二级水。

（1）农药标准品：α-666、β-666、γ-666、δ-666、p′-DDE、p，p′-DDD、o，p′-DDT、p,p′-DDT。

（2）异辛烷。

（3）正己烷：沸程 67～69℃，重蒸。

（4）石油醚：沸程 60～90℃，重蒸。

（5）丙酮：重蒸。

（6）苯：优级纯。

（7）浓硫酸：优级纯。

（8）无水硫酸钠：用前在 300℃灼烧 4h，储于干燥器中，冷却后备用。

注意：正己烷、石油醚、丙酮使用色谱纯，可以不必重蒸。

3. 操作过程

（1）提取：准确称取土壤样品 20g，置于小烧杯中，加入 2mL 蒸馏水和 4g 硅藻土充分混匀，将混合物无损的移至滤纸筒内，上面盖上一片滤纸，将滤纸筒放入索氏提取器中。加入石油醚：丙酮=1：1（体积比）的混合液100mL，取30mL浸泡土样12h后，在温度为75～95℃的恒温水浴锅中加热提取4h，每小时回流4～6次；待冷却后，将提取液移至300mL的分液漏斗中，用石油醚10mL分3次冲洗提取器和烧瓶后，将冲洗液也并入分液漏斗中。加入硫酸钠溶液100mL，振荡1min静置分层后，舍去下层丙酮水溶液，留石油醚提取液待净化。

（2）注意：

①由于六六六和滴滴涕在土壤中稳定存在，故本方法称取的土壤样品是风干样，不是鲜样。

②索氏提取时要考虑待测物组分的热稳定性，保证组分在长时间回流过程中不被分解。该方法操作简便，不需要转移样品，不受样品基质的影响，是一种彻底提取法。但是，该方法提取时间长，需耗用较多溶剂，需对提取液进行浓缩。在满足回收率的前提下，也可以使用加压溶剂萃取或者自动索氏提取等方法。

（3）净化：浓硫酸净化法，适用于生物样品和土壤样品。在分液漏斗中加入浓硫酸，体积为石油醚提取液的1/10，振摇1min，静置，分层后舍去硫酸层。注意，在使用浓硫酸的过程中，为了防止发热爆炸，加入浓硫酸后开始要慢慢振摇，不断放气，之后再较快振摇。按上述步骤重复几次后，直到加入的石油醚提取液分层的界面十分清晰透明，再向舍去硫酸层的石油醚提取液中加入硫酸钠溶液，体积为石油醚提取液的一半，振摇十几次，静置分层后舍去水层。如此重复2～4次直至提取液成为中性为止，石油醚提取液再经过装有少量无水硫酸钠的漏斗，脱水后滤入250mL的平底烧瓶中，使用旋转蒸发仪浓缩至5mL，定容至10mL，供气相色谱测定使用。

（4）液液萃取及净化常规操作过程和注意事项：

①选择容积较液体体积大一倍以上的分液漏斗（若是液体太多，可分几次萃取）。

②分液漏斗预先防漏和检漏。把活塞擦干、在活塞上均匀涂上一层润滑脂（切勿涂得太厚或使润滑脂进入活塞孔中，以免污染萃取液），塞好后再把活塞旋转几圈，使润滑脂均匀分布，看上去透明即可。顶塞不能涂润滑脂，用水检查分液漏斗的顶塞与活塞处是否渗漏，确认不漏水时方可使用。

③将待萃取净化液石油醚和萃取剂硫酸依次从上口倒入漏斗中，塞紧顶塞。

④取下分液漏斗，用右手手掌顶住漏斗顶塞并握住漏斗颈，左手握住漏斗活塞处，大拇指压紧活塞，把分液漏斗口略朝下倾斜振荡，开始时振荡要慢。

⑤振荡后，使漏斗口仍保持原倾斜状态，下部支管口指向无人处，左手仍握在活塞支管处，用拇指和食指旋开活塞，释放出漏斗内的蒸气或产生的气体，使内外压力平衡，即“放气”。如此重复至放气时只有很小压力后，再剧烈振荡2～3min后静置，上口塞子的小槽对准漏斗口颈上的通气孔。

⑥待两层液体完全分开后，打开顶塞，再将活塞缓缓旋开，下层液体自活塞放出。

⑦实际工作中当萃取剂的比重小于待萃取液比重时，下层液体（待萃取液）应尽可能放干净，有时两相间可能出现一些絮状物，也应同时放去。若需多次萃取，再将下层液体倒回分液漏斗中，再用新的萃取剂萃取。萃取次数一般为3～5次。

⑧将上层液体（石油醚）从分液漏斗的上口倒出，切不可从活塞放出，以免交叉污染。

4. 测定

（1）色谱柱：石英弹性毛细管柱（DB-17），30m×0.25mm×0.25μm 或相当者。

（2）温度：进样口温度 220℃。检测器温度 320℃。柱温 150℃（保持 1min），8℃/分钟升至 280℃（保持 8min）。

（3）气体及流量：载气为氮气，纯度≥99.999%，流速为 1.0mL/min。在这里要保证氮气的纯度，如使用气体发生器，要及时更换气体净化管，如发现基线异常升高可将温度升至 360℃对检测器进行热清洗。

（4）色谱分析：标准样品的进样体积与试样的进样体积相同，标准样品的响应值应接近试样的响应值。当一个标样连续注射进样两次，其峰高或峰面积相对偏差不大于 7%，即认为仪器处于稳定状态。在实际测定时标准样品和试样应交叉进样分析。

5. 结果分析与评价

（1）定性：吸取 1.0μL 标准混合溶液注入气相色谱仪中，记录色谱峰的保留时间和峰高或峰面积。再吸取 1.0μL 试样注入气相色谱仪中，记录色谱峰的保留时间和峰高或峰面积，根据色谱峰的保留时间和峰高或峰面积采用外标法定性和定量。

（2）定量结果计算：试样中被测农药残留量以质量分数 ω 计，单位以 mg/kg 表示，按公式（3-3）计算。

$$\omega=\frac{C_{is}\times V_{is}\times H_i\ (S_i)\ \times V}{V_i\times H_is\ (S_is)\ \times m} \qquad (3\text{-}3)$$

式中：

ω——样品中农药残留量，单位为毫克/千克（mg/kg）；

C_{is}——标准溶液中 i 组分农药浓度，单位为微克/毫升（μg/mL）；

V_{is}——标准溶液进样体积，单位为微升（μL）；

V——样品溶液最终定容体积，单位为毫升（mL）；

V_i——样品溶液进样体积，单位为微升（μL）；

H_is（S_is）——标准溶液中 i 组分农药峰高（或峰面积）；

H_i（S_i）——样品溶液中 i 组分农药峰高（或峰面积）；

m——试样的质量，单位为克（g）。

（3）精密度：变异系数在 2.08%～8.19%。

（4）准确度：加标回收率在 90.0%～99.2%。

（5）检出限：最小检测浓度在 0.000 049～0.004 87mg/kg。

二、气相色谱-质谱法

（一）实验要点

1. 开机　检查仪器各开关状态是否正常，气路正常情况下打开载气开关，相对于气相来说，三重串联四极杆气质联用仪用到的气体为两种：载气氦气和碰撞气氩气。开关通常也分多个部分，开机顺序依次为：主电源控制开关、气相色谱电源、质谱总电源。之后真空泵开始工作，约 2h 后质谱电子开关可以开启。打开计算机登陆操作系统进入工作站，观察真空状况，达到真空要求后进行下一步操作。

2. 参数设定　首先进入调谐界面，点击使仪器自动完成调谐过程。需要设定的主要分为色谱部分和质谱部分。色谱部分参数涉及：自动进样器、进样口、色谱柱和辅助配件。质谱参数需要根据扫描方式进行编辑。

（1）全扫描（full scan）：选择检测器，设定灯丝电流、离子源温度、扫描范围、扫描时间、采样点数等。

（2）选择离子扫描（SIM）：根据全扫描所得的质谱图输入检测离子，设定灯丝电流、离子源温度、扫描宽度和时间，根据实际需要进行分段扫描。

（3）选择反应扫描（SRM）：普通的气质联用仪GC-MS不具备此项功能，除了上述参数外，还要输入需搜索的母离子、子离子及碰撞能量。

参数设定后，待各条件稳定即可编辑样品序列，点击仪器自动进样，并完成数据采集。进入数据分析工作站，对采集数据进行分析，定性定量并打印。

3. 关机 先降低离子源温度至100℃以下，依次关闭色谱柱箱温度、进样口温度、传输线温度等，再依次关闭质谱电子开关、质谱电源、气相电源和主电源，最后关闭载气，填写使用记录。

4. 仪器维护 见表3-16。

表3-16 仪器维护项目及说明

项　目	一般维护时间	说　　明
MSD调谐	按实际需要	当灵敏度下降，质量轴偏移时，保证有足够的调谐液
更换前级泵油	每6个月	每周检查一次泵油，当泵油褪色时，更换泵油
清洗离子源	按实际需要	如果性能降低，清洗离子源，清除污染物，恢复离子源透镜系统的性能。更换有划痕的部件，以保持离子源处于最佳状态

（二）标准实例四——水果和蔬菜中500种农药及相关化学品残留量的测定　气相色谱-质谱法（GB 23200.8—2016）

1. 原理及适用范围 试样用乙腈匀浆提取，盐析离心后，取上清液，经固相萃取柱净化，用乙腈＋甲苯（3＋1）洗脱农药及相关化学品，溶剂交换后气相色谱-质谱仪检测。

本标准适用于苹果、柑橘、葡萄、甘蓝、芹菜、番茄中500种农药及相关化学品残留量的测定，其他蔬菜和水果可参照执行。

2. 试剂材料

（1）乙腈：色谱纯。乙腈中加入0.1%的乙酸能对某些pH敏感性农药的提取效果更好。

（2）氯化钠：优级纯。

（3）无水硫酸钠：分析纯。用前650℃灼烧4h，储于干燥器中，冷却后备用。

（4）甲苯：优级纯。

（5）丙酮：分析纯，重蒸馏。如用色谱纯可以直接使用。

（6）二氯甲烷：色谱纯。

（7）正己烷：分析纯，重蒸馏。如用色谱纯可以直接使用。

（8）Envi-18柱：12mL，2.0g或相当者。

（9）Envi-Carb活性炭柱：6mL，0.5g或相当者。

（10）Sep-Pak NH_2固相萃取柱：3mL，0.5g或相当者。

（11）500种农药标准品。

3. 操作过程

（1）试样制备：水果、蔬菜样品取样部位按 GB 2763—2016 附录 A 的规定执行，将样品切碎混匀均一化制成匀浆，制备好的试样均分成两份，装入洁净的盛样容器内，密封并标明标记。将试样于−18℃冷冻保存。

注意：①如需要样品应先用干净纱布轻轻擦去样品表面的附着物，但不能水洗。②采用对角线分割法，取对角部分，将其切碎，充分混匀放入食品加工器粉碎。食品加工器可选用营养调理机，可以将样品粉碎完全，更有利于提取。

（2）提取：称取 20g 试样（精确至 0.01g）于 80mL 离心管中，加入 40mL 乙腈，用均质器在 15 000r/min 匀浆 1min，加入 5g 氯化钠，再匀浆提取 1min，将离心管放入离心机，在 3 000r/min 离心 5min，取上清液 20mL（相当于 10g 试样量），待净化。

注意：①称样前要保持样品的均匀状态，充分混匀，多点取样，保证样品的代表性。②匀浆时应注意使样品的各个部分均被打碎（尤其是叶菜类更加注意），同一批次各个样品的匀浆时间应保持相同。③同一批次各个样品所使用的氯化钠量应相同。氯化钠主要是盐析作用，使乙腈与水分层。因此氯化钠不能开始就加入，而要在样品匀浆 1min 后再加入，以保证提取效果。④要保证匀浆和离心时间。5min 是指当转数达 3 000r/min 时离心 5min，提高转数离心效果会更好。⑤加入乙腈和分取上清液时体积要准确，且分取时要注意不要吸到底部试样。

（3）净化：

①将 Envi-18 柱放入固定架上，加样前先用 10mL 乙腈预洗柱，下接鸡心瓶，移入上述 20mL 提取液，并用 15mL 乙腈洗涤柱，将收集的提取液和洗涤液在 40℃水浴中旋转浓缩至约 1mL，备用。

②在 Envi-Carb 柱中加入约 2cm 高无水硫酸钠，将该柱连接在 Sep-Pak 氨丙基柱顶部，将串联柱下接鸡心瓶放在固定架上。加样前先用 4mL 乙腈＋甲苯（3＋1）预洗柱，当液面到达硫酸钠的顶部时，迅速将样品浓缩液转移至净化柱上，每次再用 2mL 乙腈＋甲苯（3＋1）3 次洗涤样液瓶，并将洗涤液移入柱中。

在串联柱上加上 50mL 贮液器，用 25mL 乙腈＋甲苯（3＋1）洗涤串联柱，收集所有流出物于鸡心瓶中，并在 40℃水浴中旋转浓缩至约 0.5mL。每次加入 5mL 正己烷在 40℃水浴中旋转蒸发，进行溶剂交换 2 次，最后使样液体积约为 1mL，加入 40μL 内标溶液，混匀，用于气相色谱-质谱测定。先前用的 10mL 乙腈预洗液是废弃不要的。旋转浓缩时要注意水温和真空度。进行溶剂交换是要把乙腈更换为正己烷，否则会损伤色谱柱，最后的样液体积应为加入 40μL 内标液后 1.0mL。

注意：Envi-18 柱作用主要是去除脂类等低极性物质。Carb 柱主要用于去除色素等，氨丙基柱又称氨基柱，主要去除糖类、甾醇等。目前已有商品化的 Carb 柱与氨丙基柱的串联柱，大大简化了处理过程。使用该串联柱后 25mL 洗脱体积可适当减少，通常 10～15mL 即足够。这样旋转蒸发可以改用氮吹代替。

③旋转蒸发浓度和溶剂交换切忌蒸干，否则将影响回收率。

④加入样品待测液和标样中的内标浓度要一致，便于仪器内标法自动定量。内标液的加入体积不宜过小，以免造成较大误差。

4. 测定

（1）仪器条件：

①色谱柱。DB-1701（30m×0.25mm×0.25μm）石英毛细管柱或相当者。

②色谱柱温度程序。40℃保持1min，然后以30℃/min程序升温至130℃，再以5℃/min升温至250℃，再以10℃/min升温至300℃，保持5min。

③载气。氦气，纯度≥99.999%，流速为1.2mL/min。

④进样口温度。290℃。

⑤进样量。1μL。

⑥进样方式。无分流进样，1.5min后打开分流阀和隔垫吹扫阀。

⑦电子轰击源。70 eV。

⑧离子源温度。230℃。

⑨GC-MS接口温度。280℃。

⑩选择离子监测。每种化合物分别选择一个定量离子，2～3个定性离子。每组所有需要检测的离子按照出峰顺序，分时段分别检测。

（2）注意：①仪器条件为参考条件，可以根据各实验室仪器条件进行相应调整。如温度程序，当只测定少数农药时可快速升温，以减少耗时，提高检测效率。②质谱条件还有溶剂延迟时间参数，通常设定为3min，如果待测组分出峰时间较晚，可以适当延长溶剂延迟时间。

常检农药GC-MS参数见表3-17。

表3-17　常检农药GC-MS参数表

农药名称	定量离子（比值）	定性离子1（比值）	定性离子2（比值）	定性离子3（比值）
甲胺磷	94（100）	95（112）	141（52）	
敌敌畏	109（100）	185（34）	220（7）	
灭线磷	158（100）	200（40）	242（23）	168（15）
治螟磷	322（100）	202（43）	238（27）	266（24）
甲拌磷	260（100）	121（160）	231（56）	153（3）
α-六六六	219（100）	183（98）	221（47）	254（6）
β-六六六	219（100）	217（78）	181（94）	254（12）
δ-六六六	219（100）	217（80）	181（99）	254（10）
γ-六六六	183（100）	219（93）	254（13）	221（40）
特丁硫磷	231（100）	153（25）	288（10）	186（13）
五氯硝基苯	295（100）	237（159）	249（114）	
嘧霉胺	198（100）	199（45）	200（5）	
二嗪磷	304（100）	179（192）	137（172）	
甲基对硫磷	263（100）	233（66）	246（8）	200（6）
乙烯菌核利	285（100）	212（109）	198（96）	
杀螟硫磷	277（100）	260（52）	247（60）	

（续）

农药名称	定量离子（比值）	定性离子 1（比值）	定性离子 2（比值）	定性离子 3（比值）
马拉硫磷	173（100）	158（36）	143（15）	
甲拌磷亚砜	199（100）	171（30）	215（11）	
倍硫磷	278（100）	169（16）	153（9）	
毒死蜱	314（100）	258（57）	286（42）	
对硫磷	291（100）	186（23）	235（35）	263（11）
三唑酮	208（100）	210（50）	181（74）	
水胺硫磷	136（100）	230（26）	289（22）	
杀扑磷	145（100）	157（2）	302（4）	
氟虫腈	367（100）	369（69）	351（15）	
腐霉利	283（100）	285（70）	255（15）	
丙溴磷	339（100）	374（39）	297（37）	
o,p′-DDE	246（100）	318（34）	176（26）	248（65）
p,p′-DDE	318（100）	316（80）	246（139）	248（70）
o,p′-DDD	235（100）	237（65）	165（39）	199（15）
p,p′-DDD	235（100）	237（64）	199（12）	165（46）
o,p′-DDT	235（100）	237（63）	165（37）	199（14）
p,p′-DDT	235（100）	237（65）	246（7）	165（34）
三唑磷	161（100）	172（47）	257（38）	
异菌脲	187（100）	244（65）	246（42）	
亚胺硫磷	160（100）	161（11）	317（4）	
联苯菊酯	181（100）	166（25）	165（23）	
三氯杀螨醇	139（100）	141（72）	250（23）	251（4）
甲氰菊酯	265（100）	181（237）	349（25）	
溴虫腈	247（100）	328（47）	408（42）	
伏杀硫磷	182（100）	367（30）	154（20）	
氯氟氰菊酯	181（100）	197（100）	141（20）	
哒螨灵	147（100）	117（11）	364（7）	
氯菊酯	183（100）	184（15）	255（2）	
蝇毒磷	362（100）	226（56）	364（39）	334（15）
氟氯氰菊酯	206（100）	199（63）	226（72）	

（续）

农药名称	定量离子（比值）	定性离子 1（比值）	定性离子 2（比值）	定性离子 3（比值）
氯氰菊酯	181（100）	152（23）	180（16）	
氟氰戊菊酯	199（100）	157（90）	451（22）	
氰戊菊酯	167（100）	225（53）	419（37）	181（41）
苯醚甲环唑	323（100）	325（66）	265（83）	
溴氰菊酯	181（100）	172（25）	174（25）	

常检农药 GC-MS/MS 参数见表 3-18。

表 3-18　常检农药 GC-MS/MS 参数表

农药名称	母离子	子离子 1（碰撞能量 V）	子离子 2（碰撞能量 V）	子离子 3（碰撞能量 V）
甲胺磷	141.00	80.01（10）	95.02（10）	126.01（5）
敌敌畏	184.95	108.97（15）	126.97（12）	
乙酰甲胺磷	136.01	42.00（10）	94.01（15）	112.01（10）
氧乐果	156.02	79.01（8）	110.01（10）	
灭线磷	158.04	114.03（10）	130.03（10）	
治螟磷	322.02	146.01（25）	202.01（15）	294.02（10）
甲拌磷	260.00	74.90（10）	231.01（8）	
乐果	229.01	87.03（5）	173.02（5）	
α-六六六	180.91	144.93（15）		
β-六六六	180.91	144.93（15）		
δ-六六六	180.91	144.93（15）		
γ-六六六	180.91	108.95（25）	144.93（15）	
特丁硫磷	231.04	175.03（15）	203.03（10）	
五氯硝基苯	292.84	234.87（15）	262.85（15）	
嘧霉胺	198.11	158.09（30）	183.10（15）	
二嗪磷	179.06	127.04（15）	137.05（15）	
百菌清	265.88	132.94（20）	169.92（20）	
甲基对硫磷	263.00	127.00（15）	153.00（1）	246.00（15）
乙烯菌核利	285.00	178.00（15）	212.00（10）	
氟甲腈	333.00	231.00（25）	280.90（25）	
杀螟硫磷	277.02	109.01（20）	109.01（8）	260.02（10）

（续）

农药名称	母离子	子离子1（碰撞能量V）	子离子2（碰撞能量V）	子离子3（碰撞能量V）
马拉硫磷	173.02	99.01（10）	127.01（10）	145.02（5）
甲拌磷亚砜	125.00	97.00（5）	143.00（10）	171.00（5）
倍硫磷	278.02	137.01（18）	169.01（20）	245.02（15）
毒死蜱	196.96	168.96（15）		
对硫磷	291.03	109.01（15）	137.02（10）	
三唑酮	208.07	127.04（15）	181.06（10）	
水胺硫磷	230.00	155.00（20）	212.00（10）	
杀扑磷	144.98	84.99（10）		
甲基异柳磷	199.06	121.04（15）		
氟虫腈硫醚	351.00	254.90（25）		
氟虫腈	366.95	212.97（25）	254.96（25）	
腐霉利	255.02	212.01（18）		
o,p′-DDE	245.95	175.97（25）		
p,p′-DDE	245.95	175.97（25）		
o,p′-DDD	234.97	164.98（20）		
p,p′-DDD	234.97	164.98（20）	198.97（18）	
o,p′-DDT	234.94	164.96（15）		
p,p′-DDT	234.94	164.96（20）	198.95（15）	
丙溴磷	336.94	266.95（20）	308.95（5）	
氟虫腈砜	255.00	227.90（20）		
溴虫腈	246.98	226.98（20）		
三唑磷	161.03	134.03（10）		
异菌脲	314.03	245.03（15）	271.03（10）	
亚胺硫磷	160.00	104.00（20）	133.00（15）	
联苯菊酯	181.00	165.00（15）	166.00（10）	
三氯杀螨醇	138.97	110.97（15）		
甲氰菊酯	265.13	89.04（10）	210.10（15）	
伏杀硫磷	181.99	111.00（15）	138.00（10）	
氯氟氰菊酯	181.04	152.03（23）		
哒螨灵	147.06	132.05（15）		
氯菊酯	183.04	153.03（15）		

（续）

农药名称	母离子	子离子1（碰撞能量V）	子离子2（碰撞能量V）	子离子3（碰撞能量V）
蝇毒磷	226.01	163.01（20）		
氟氯氰菊酯-1	163.02	91.01（12）		
氟氯氰菊酯-2	165.02	91.01（15）		
氯氰菊酯	163.03	127.02（10）		
氟氰戊菊酯	199.07	107.04（22）		
氰戊菊酯-2	167.05	125.04（10）		
氰戊菊酯-1	419.13	167.05（10）	225.07（10）	
苯醚甲环唑	323.05	265.04（15）		
溴氰菊酯	252.99	93.00（18）	173.99（18）	

5. 结果分析与评价

（1）定性测定：进行样品测定时，如果检出的色谱峰的保留时间与标准样品一致，并且在扣除背景后的样品质谱图中，所选择的离子均出现，而且所选择的离子丰度比与标准样品的离子丰度比相一致（相对丰度＞50%，允许±10%偏差；相对丰度20%～50%，允许±15%偏差；相对丰度10%～20%，允许±20%偏差；相对丰度≤10%，允许±50%偏差），则可判断样品中存在这种农药或相关化学品。

如果不能确证，应重新进样，以扫描方式（有足够灵敏度）或采用增加其他确证离子的方式或用其他灵敏度更高的分析仪器来确证。

质谱定性要满足三个条件：首先，试样峰与标样峰保留时间要一致；其次，试样与标样的特征离子要一致；最后，试样与标样特征离子的丰度比要一致。

（2）定量测定：本方法采用内标法单离子定量测定。内标物为环氧七氯。为减少基质的影响，定量用标准溶液应采用基质混合标准工作溶液。标准溶液的浓度应与待测化合物的浓度相近。

①注意。所谓内标法，即选择适宜的物质作为欲测组分的参比物，定量加到样品中去，依据欲测组分和参比物在检测器上的响应值（峰面积或峰高）之比和参比物加入的量进行定量分析的方法称为内标法。

②内标法关键。选择合适的内标物。内标物应是原样品中不存在的纯物质，该物质的性质应尽可能与欲测组分相近，不与被测样品起化学反应，同时要能完全溶于被测样品中。内标物的峰应尽可能接近欲测组分的峰，或位于几个欲测组分的峰中间，但必须与样品中的所有峰不重叠，要完全分开。内标物的加入量应与欲测组分相近。

③内标法的优点。进样量的变化，色谱条件的微小变化对内标法定量结果的影响不大，特别是在样品前处理（如浓缩、萃取、衍生化等）前加入内标物，然后再进行前处理时，可部分补偿欲测组分在样品前处理时的损失。

④内标法的缺点。选择合适的内标物比较困难，内标物的称量要准确，操作较麻烦。使用内标法定量时要测量欲测组分和内标物的两个峰的峰面积或峰高（图3-20）。

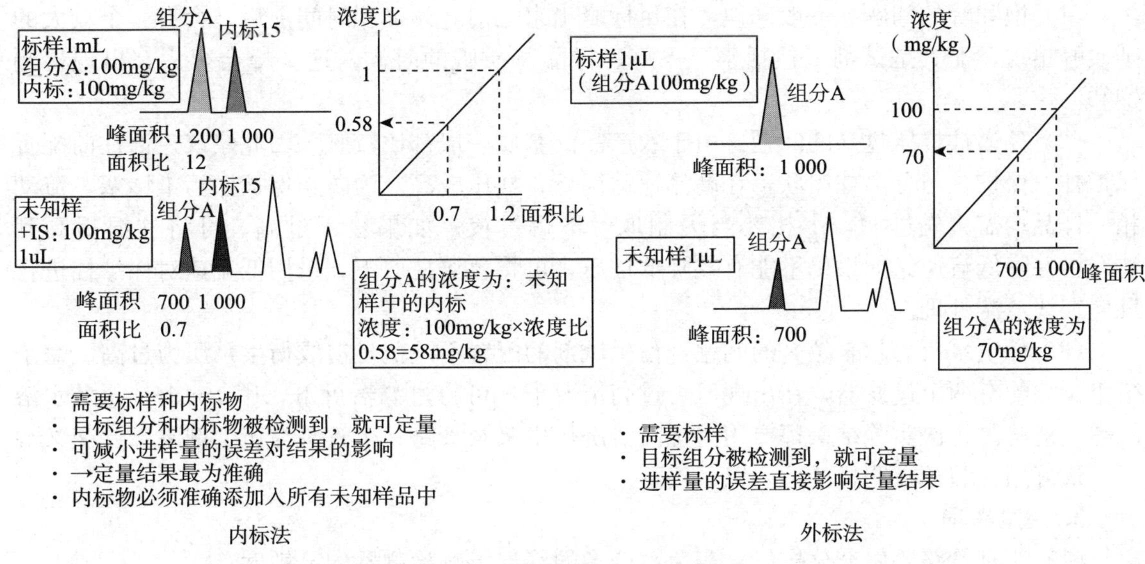

图 3-20　内标法与外标法的区别

（3）结果计算：气相色谱-质谱测定结果可由计算机按内标法自动计算，也可按式（3-4）计算：

$$X = C_s \times \frac{A}{A_s} \times \frac{C_i}{C_{si}} \times \frac{A_{si}}{A_i} \times \frac{V}{m} \times \frac{1000}{1000} \quad (3\text{-}4)$$

式中：

X——试样中被测物残留量，单位为毫克每千克（mg/kg）；

Cs——基质标准工作溶液中被测物的浓度，单位为微克每毫升（μg/mL）；

A——试样溶液中被测物的色谱峰面积；

A_s——基质标准工作溶液中被测物的色谱峰面积；

C_i——试样溶液中内标物的浓度，单位为微克每毫升（μg/mL）；

C_{si}——基质标准工作溶液中内标物的浓度，单位为微克每毫升（μg/mL）；

A_{si}——基质标准工作溶液中内标物的色谱峰面积；

A_i——试样溶液中内标物的色谱峰面积；

V——样液最终定容体积，单位为毫升（mL）；

m——试样溶液所代表试样的质量，单位为克（g）。

注意：计算结果应扣除空白值。

三、液相色谱法

（一）实验要点

1. 方法原理　液相色谱法是以液体为流动相，通过各种物质在流动相和固定相中分配系数、吸附能力等亲和能力的不同进行分离，再通过不同的检测器，达到对农药残留定性定量的目的。常用的检测器有紫外检测器（UV）或二极管阵列检测器（DAD）、荧光检测器（FLD）、质谱检测器（MS）。

2. 常见问题及方法解决

（1）饱和峰的问题：一般来说，在目标峰出来之前，死体积时间前后，会有一个较大的杂质峰出现，尤其是试剂（包括水）不好、样品基质脏的时候，这个峰会很大，出现检测饱和。

（2）色谱柱柱压过高的问题：由于农产品的基质一般都比较脏，因此建议色谱柱前配置保护柱。保护柱与分离柱串联，在高流速情况下，柱压较高。为防止保护柱污染堵塞，流动相、样品均需事先过滤，水相要当天制取，不得过夜；如果柱压过高，可将柱温提高到40℃，并降低流速。如果仍不能有效降低柱压，可将色谱柱取下，采用低流速对保护柱进行反向在线清洗处理。

（3）衍生泵压力越来越高的问题：衍生试剂的配置不规范易造成衍生泵压力过高。每个衍生泵均配有两个过滤器，在出现压力过高情况下，可将过滤器拆下，用1mol/L盐酸水溶液超声清洗。每次实验结束都要用清洗液清洗衍生泵及管路。水解泵与衍生剂泵不要交叉混用，最好用标签标在明显的位置以示提醒。

3. 注意事项

（1）所有管路要做充分排气，避免系统中的气泡影响检测器的灵敏度。

（2）荧光检测器流通池耐压很低，一定要保持检测器废液的出口通畅，避免荧光检测器的检测池受损。

（3）在进标准样前，要进甲醇空白或水空白，以获得好的基线重现性。

（4）无论是液相部分，还是衍生泵部分，流速要缓慢上升。关机前，也要缓慢降速，防止压力波动过大，损伤柱子和衍生泵。

（5）长时间关机后，再开机时应注意以下事项：

①首先用50∶50＝甲醇∶水，在0.3mL/min流速下运行1h，过渡整个系统（包括荧光检测器和反应池），防止残留的盐在纯有机相中沉积下来，堵塞系统和色谱柱。

②然后用纯甲醇，灌注整个系统（包括荧光检测器和反应池），液相泵流速设为1.0mL/min，每个衍生泵流速设为0.2mL/min，运行30min。

③液相部分（包括荧光检测器和反应池）采用50∶50＝甲醇∶水，流速为1.0mL/min（包括荧光检测器和反应池），每个衍生泵采用纯水，流速0.2mL/min，运行30min。

④用实验条件来平衡整个系统。

（6）关机前：

①液相部分（包括荧光检测器和反应池），采用30∶70＝甲醇∶水，流速0.2mL/min，衍生泵采用纯水，流速0.2mL/min，冲洗1～2h。

②液相部分（包括荧光检测器和反应池）采用纯甲醇，流速1.0mL/min冲洗1～2h。

（二）标准实例五——蔬菜和水果中氨基甲酸酯类农药多残留的测定（NY/T 761—2008 第三部分）

1. 原理及适用范围 试样中氨基甲酸酯类农药及其代谢物用乙腈提取，提取液经过滤、浓缩后，采用固相萃取技术分离、净化，淋洗液经浓缩后，使用带荧光检测器和柱后衍生系统的高效液相色谱进行检测，保留时间定性，外标法定量。

适用于蔬菜和水果中涕灭威砜、涕灭威亚砜、灭多威、3-羟基克百威、涕灭威、克百威、甲萘威、异丙威、速灭威、仲丁威10种农药及其代谢物残留量的检测。

2. 试剂材料　除非另有说明，在分析中仅使用确认为分析纯的试剂和 GB/T 6682 中规定的至少二级水。

（1）乙腈：乙腈中加入 0.1%的乙酸能对某些 pH 敏感性农药的提取效果更好。

（2）丙酮：重蒸，丙酮如用色谱纯可以直接使用。

（3）甲醇：色谱纯。

（4）氯化钠：140℃烘烤 4h。

（5）柱后衍生试剂

①0.05mol/L NaOH 溶液，Pickering®（cat. No CB130）。

②OPA 稀释溶液，Pickering®（cat. No CB910）。

③邻苯二甲醛（O-Phthaladehyde，OPA），Pickering®（cat. No 0120）。

④巯基乙醇（Thiofluor），Pickering®（cat. No 3700—2000）。

（6）固相萃取柱：氨基柱（Aminopropyl®），容积 6mL，填充物 500mg。

（7）滤膜：0.2μm，0.45μm。

（8）上述 10 种农药标准品。

3. 操作过程

（1）试料制备：同标准实例一。

（2）提取：同标准实例一。

（3）净化：从 100mL 具塞量筒中准确吸取 10.00mL 乙腈相溶液，放入 150mL 烧杯中，将烧杯放在 80℃水浴锅上加热，杯内缓缓通入氮气或空气流，将乙腈蒸发近干；加入 2.0mL 甲醇＋二氯甲烷（1＋99）溶解残渣，盖上铝箔待净化。

将氨基柱用 4.0mL 甲醇＋二氯甲烷（1＋99）预洗条件化，当溶剂液面到达柱吸附层表面时，立即加入上述待净化溶液，用 15mL 离心管收集洗脱液，用 2mL 甲醇＋二氯甲烷（1＋99）洗烧杯后过柱，并重复一次。将离心管置于氮吹仪上，水浴温度 50℃，氮吹蒸发至近干，用甲醇准确定容至 2.5mL。在混合器上混匀后，用 0.2μm 滤膜过滤，待测。

（4）注意：

①使用氨基柱净化时应注意不要让溶剂液面低于吸附层表面，否则会产生隔空带。冲洗烧杯时要尽可能将烧杯冲洗干净。

②定容后需要过用 0.2μm 滤膜，除去颗粒物，防止堵塞色谱柱。

③其他注意事项参见“标准实例之一”

4. 测定

（1）色谱柱：预柱为 C_{18} 预柱，4.6mm×4.5cm；分析柱为 C_{18}，4.6mm×25cm，5μm 或 C_{18}，4.6mm×25cm，5μm。

注意：预柱起到饱和流动相和过滤杂质的作用，保护分析柱。

（2）荧光检测器：λ_{ex}330nm，λ_{em}465nm。

（3）溶剂梯度与流速：见表 3-19。

表 3-19　溶剂梯度与流速

时间（min）	水（%）	甲醇（%）	流速（mL/min）
0.00	85	15	0.5

（续）

时间（min）	水（%）	甲醇（%）	流速（mL/min）
2.00	75	25	0.5
8.00	75	25	0.5
9.00	60	40	0.8
10.00	55	45	0.8
19.00	20	80	0.8
25.00	20	80	0.8
26.00	85	15	0.5

（4）柱后衍生：

①0.05mol/L 氢氧化钠溶液，流速 0.3mL/min；

②OPA 试剂，流速 0.3mL/min；

③反应器温度，水解温度为 100℃；衍生温度为室温。

5. 结果分析与评价

（1）定性测定：吸取 20.0μL 标准混合溶液（或净化后的样品）注入色谱仪中，以保留时间定性，以样品溶液峰面积与标准溶液峰面积比较定量。

（2）定量结果计算：试样中被测农药残留量以质量分数 ω 计，单位以 mg/kg 表示，按公式（3-5）计算。

$$\omega=\frac{V_1\times A\times V_3}{V_2\times A_s\times m}\times\rho \tag{3-5}$$

式中：

ρ——标准溶液中农药的含量，单位为毫克/升（mg/L）；

A——样品中被测农药的峰面积；

A_s——农药标准溶液中被测农药的峰面积；

V_1——提取溶剂总体积，单位为毫升（mL）；

V_2——吸取出用于检测的提取溶液的体积，单位为毫升（mL）；

V_3——样品定容体积，单位为毫升（mL）；

m——试样的质量，单位为克（g）。

计算结果保留两位有效数字，当结果大于 1mg/kg 时保留三位有效数字。

（3）精密度：本标准精密度数据是按照 GB/T 6379.2 规定确定，获得重复性和再现性的值以 95%的可信度来计算。

（4）检出限：方法的检出限在 0.008～0.02mg/kg。

四、液相色谱-质谱法

（一）实验要点

1. 方法原理 液相色谱法是以液体为流动相，通过各种物质在流动相和固定相中分配系数、吸附能力等亲和能力的不同进行分离，再通过质谱检测器根据带电粒子在磁场或电场中的运动规律，按其质荷比（质量电荷比，m/z）测定离子质量和强度，达到对农药残留定性定量的目的。

2. 常见问题及方法解决

（1）开机：检查线路是否连接完好，检查流动相是否充足，不足则根据要求添加；有机流动相必须是进口色谱纯，水相可使用纯水机制备或市售纯净水，流动相中添加的酸或胺类物质必须为色谱纯，其中水相需每天更换以保持新鲜；标样和样品在使用前必须用 0.2μm 的滤膜过滤；在上机之前，需将样品采用不含盐或酸的流动相清洗进样系统及管路。

开机时首先打开质谱主电源，然后打开真空开关；在真空开关开启约 2h 之后，打开氮气和氩气阀门，让两个气体压力在允许操作范围；打开质谱电子开关；用密封垫或放电针堵上离子传输毛细管；打开数据处理系统和操作程序；查看质谱的仪器状态，确认正常可以操作；打开液相部分的液相泵、自动进样器和检测器开关等模块的电源，最后打开控制电脑电源。

（2）关机：分析结束后，将电压设置为 0，流动相接入条件下扫描 15～20min，然后将流动相切换为 waste 状态继续扫描 15～20min 后再停止扫描；根据所进样品选择流动相冲洗色谱柱，最后用甲醇冲洗 20min 以上，质谱进样结束后应用甲醇冲洗使离子强度降低至流动相强度；关闭软件及电脑，关闭液相色谱面板的各种电源开关，质谱开关一般不用关闭，实验结束后用放电针堵住离子传输口，并及时登记仪器使用记录，包括异常情况的详细信息；卸下使用的分析柱后使用指定两通接连管路，避免流动相管路暴露在空气中。

（3）注意事项：

①打开液相色谱主机时，只需打开仪器面板的电子开关即可。

②更换气体时，请先用钢瓶内的气体吹扫钢瓶口，再将钢瓶接入管路。

③每次开液相都先清洗流动相管路及自动进样器机械手以防气泡进入系统。

④所有需戴手套进行的，包括样品的前处理和流动相过滤等操作，都必须使用无尘手套，因为其他手套中的粉末会堵塞管路和色谱柱，从而造成严重损失；擦拭仪器管路和其他部件时也必须使用无尘纸。

⑤样品瓶盖为一次使用，以免密封垫片的碎屑堵塞进样针及液相色谱系统。

⑥质谱加热传输毛细管温度未升到设定值时，流动相绝对不能进入质谱。

⑦注意废液瓶中废液的液位，废液倒在指定的废液桶，为保持室内空气清洁，其他废液请带离质谱房间，并每天倾倒垃圾。

⑧保持室内清洁，不要接触任何与液质无关的电源开关，请勿关闭空调，离开实验室请锁门。

（4）维护与保养：仪器维护时一定要严格按照仪器说明书中的维护要求进行，禁止在仪器开机或连接电源时进行检修。仪器设备的正常运行是开展检测工作最为基本的保证和要求，仪器设备维护工作必须贯穿于任何一次检测工作的前后以及检测过程当中，以确保仪器性能和检测数据的可靠性。正确和良好的仪器维护能保证仪器处于很好的状态，随时可以投入工作，保证检测工作的开展。

在任何一次检测工作的前后及检测过程当中，操作人员应按维护规程对仪器进行检查，保证每次开机时仪器处于正常工作状态；如当月开机时间过短，则每月应对仪器进行一次日常维护；仪器维护时除根据“维护规程”外，应严格按照仪器说明书中的维护要求进行。每日检查泵压和柱螺帽的松紧有无泄漏；每两天应更换溶剂瓶中的溶剂；每周检查真空泵；每月应进行检漏，检查所有的接头，进样针和针底座更换与清洗，溶剂入口过滤器；每月清洗质谱防尘海绵并检查真空泵油位，需要时进行补充；每半年清洗检测器及进样池；每年更换内部和外部的阻尼器及过滤器；工作半年至1年左右更换真空泵油；根据实际需要对检测器进行维护、更换灯、样品池及清洗离子传输毛细管等。

维护主要包括对保险丝、柱温箱硬件、色谱柱、溶剂过滤头、泄露传感器、样品池、泵、自动进样器和检测器等。维护时仪器工作环境温度为5～35℃，相对湿度20%～85%，仪器各标志与指示清晰完整无误；检查仪器放置是否稳定，电源连接是否稳固良好，特别是调节器、开关和按键是否能正常工作，打开仪器电源、让仪器自动运行，当仪器通过自检后表明仪器各部分工作正常；泵系统的维护包括更换密封件、活塞、聚四氟乙烯滤芯、主动入口阀上的滤芯、清洗出口球阀和更换溶剂滤芯，当泵在完全打开状态时，柱压应低于10bar，否则应对泵进行维护；自动进样器的维护包括检查、清洗和更换转子密封件、定子、注射器、针底座、指盖、计量单元密封件、活塞溶剂废液管路和泄露传感器，进行压力测试；当工作量大时，应每3个月更换或清洗溶剂入口过滤器，注意：清洗溶剂入口过滤器不能使用超声清洗；当色谱出现峰拖尾、灵敏度下降、保留时间改变等问题时，应检查色谱柱、过滤器和溶剂；一周内不用的色谱柱应拆下，并把柱子两端用螺帽封好，以保护色谱柱，正相和反相色谱柱的使用和保管是有差异的，应特别注意。

每次工作完成后，应再次检查一遍仪器，检查全部通过，可以确定仪器正常，并在“仪器使用记录表”内填写“正常”，并填写维护记录；当仪器工作不正常时，应填写仪器维护单，经负责人签字后报修，维修后必须经计量检定机构检定合格后，才能投入使用。

（二）标准实例六——水果和蔬菜中450种农药及相关化学品残留量的测定　液相色谱-串联质谱法（GB/T 20769—2008）

1. 原理及适用范围　试样用乙腈匀浆提取，盐析离心，Sep-Pak Vac柱净化，用乙腈＋甲苯（3＋1）洗脱农药及相关化学品，液相色谱-串联质谱仪测定，外标法定量。

适用于苹果、橙子、洋白菜、芹菜、番茄中450种农药及相关化学品残留的定性鉴别，381种农药及相关化学品残留量的定量测定。

2. 试剂材料　水为GB/T 6682中规定的一级水。

（1）乙腈：色谱纯。

（2）正己烷：色谱纯。

（3）异辛烷：色谱纯。

（4）甲苯：优级纯。

（5）丙酮：色谱纯。

（6）二氯甲烷：色谱纯。

（7）甲醇：色谱纯。

（8）微孔过滤膜（尼龙）：13mm×0.2μm。

（9）Sep-Pak Vac氨基固相萃取柱：1g，6mL或相当者。

（10）乙腈＋甲苯（3＋1，体积比）。

（11）乙腈＋水（3＋2，体积比）。

（12）0.05%甲酸溶液（体积分数）。

（13）5mmol/L乙酸铵溶液：称取0.375g乙酸铵加水稀释至1 000mL。

（14）无水硫酸钠：分析纯。用前在650℃灼烧4h，储于干燥器中，冷却后备用。

（15）氯化钠：优级纯。

（16）农药及相关化学品标准溶液。

3. 操作过程

（1）试料制备：按GB/T 8855的规定抽取蔬菜、水果样品取可食部分切碎，混匀，密封，作为试样，标明标记。于4℃冷藏保存。样品如需要应先用干净纱布轻轻擦去样品表面的附着物，采用对角线分割法，取对角部分，将其切碎，充分混匀放入食品加工器粉碎。食品加工器应选用营养调理机，可以将样品粉碎完全，更有利于提取。

（2）提取：称取20g试样（精确至0.01g）于80mL离心管中，加入40mL乙腈，用均质器在15 000r/min匀浆1min，加入5g氯化钠，再匀浆提取1min，将离心管放入离心机，在3 800r/min离心5min，取上清液20mL（相当于10g试样量），在40℃水浴中旋转浓缩至约1mL，待净化。

注意：该提取过程基本同GB 23200.8—2016，故注意事项参见标准实例四。

（3）净化：

①在Sep-Pak Vac柱中加入约2cm高无水硫酸钠，并放入下接鸡心瓶的固定架上。加样前先用4mL乙腈＋甲苯（3＋1）预洗柱，当液面到达硫酸钠的顶部时，迅速将样品浓缩液转移至净化柱上，并更换新鸡心瓶接收。再每次用2mL乙腈＋甲苯（3＋1）洗涤样液瓶3次，并将洗涤液移入柱中。在柱上加上50mL贮液器，用25mL乙腈＋甲苯（3＋1）洗涤农药及相关化学品，合并于鸡心瓶中，并在40℃水浴中旋转浓缩至约0.5mL。将浓缩液置于氮气吹干仪上吹干，迅速加入1mL的乙腈＋水（3＋2），混匀，经0.2μm滤膜过滤后进行液相色谱-串联质谱测定。

②注意。

a. 无水硫酸钠作用是除去残留水分。

b. 旋转浓缩时要注意控制水温和真空度。选择乙腈＋甲苯（3＋1）因为这两种溶剂在此比例和此溶剂量的洗脱效率最高，且对杂质的洗脱量也相对较少。考虑到仪器的流动相，选择用乙腈＋水（3＋2）混合液定容，出峰效果最好，最大限度减少溶剂效应。

c. 浓缩液吹干后要求迅速加入定容溶液，避免长时间暴露在空气中。

d. 无论液相还是液质测定，上机溶液都需要过滤膜，除去颗粒物杂质，防止堵塞色谱柱，造成柱压升高。

4. 测定

（1）仪器条件A：

①色谱柱。Atlantis T3，3μm，150mm×2.1mm（内径）或相当者。

②流动相及梯度洗脱条件见表3-20。

表3-20　仪器条件A使用流动相和梯度洗脱条件

时间（min）	流速（μL/min）	流动相A（0.05%甲酸水）（%）	流动相B（乙腈）（%）
0.00	200	90.0	10.0
4.00	200	50.0	50.0
15.00	200	40.0	60.0

（续）

时间（min）	流速（μL/min）	流动相A（0.05%甲酸水）（%）	流动相B（乙腈）（%）
23.00	200	20.0	80.0
30.00	200	5.0	95.0
35.00	200	5.0	95.0
35.01	200	90.0	10.0
50.00	200	90.0	10.0

③柱温。40℃。

④进样量。20μL。

⑤离子源。ESI。

⑥扫描方式。正离子扫描。

⑦检测方式。多反应监测。

⑧电喷雾电压。5 000V。

⑨雾化气压力。0.483MPa。

⑩气帘气压力。0.138MPa。

⑪辅助加热气。0.379MPa。

⑫离子源温度。725℃。

（2）仪器条件B：

①色谱柱。Inertsil C8，5μm，150mm×2.1mm（内径）或相当者。

②流动相及梯度洗脱条件见表3-21。

表3-21　仪器条件B使用流动相及梯度洗脱条件

时间（min）	流速（μL/min）	流动相A（0.05%甲酸水）（%）	流动相B（乙腈）（%）
0.00	200	90.0	10.0
4.00	200	50.0	50.0
15.00	200	40.0	60.0
20.00	200	20.0	80.0
25.00	200	5.0	95.0
32.00	200	5.0	95.0
32.01	200	90.0	10.0
40.00	200	90.0	10.0

③柱温。40℃。

④进样量。20μL。

⑤离子源。ESI。

⑥扫描方式。负离子扫描。

⑦检测方式。多反应监测。

⑧电喷雾电压。－4 200V。

⑨雾化气压力。0.42MPa。

⑩气帘气压力。0.32MPa。

⑪辅助加热气。0.35MPa。

⑫离子源温度。700℃。

农业常检农药 LC-MS/MS 参数见表 3-22。

表 3-22　农业常检农药 LC-MS/MS 参数表

农药名称	母离子	子离子 1（碰撞能量，V）	子离子 2（碰撞能量，V）	子离子 3（碰撞能量，V）	锥孔电压（V）
甲胺磷	142.006	93.957（13）	124.935（13）	—	85
灭多威	163.048	87.963（8）	105.973（9）	121.961（4）	105
乙酰甲胺磷	184.018	94.903（20）	124.948（16）	142.946（8）	98
多菌灵	192.072	105.000（35）	131.999（28）	159.998（16）	97
嘧霉胺	200.105	106.982（23）	167.990（29）	183.044（23）	95
甲萘威	202.081	117.011（22）	126.993（27）	145.013（9）	92
涕灭威亚砜	207.073	88.980（15）	131.976（5）	—	94
涕灭威	208.098	88.989（15）	115.998（6）	—	85
氧乐果	214.022	124.916（21）	154.932（14）	182.938（10）	97
克百威	222.097	122.975（19）	165.038（10）	—	92
啶虫脒	223.075	98.928（35）	125.947（20）	166.046（10）	102
乐果	230.001	124.910（20）	170.908（14）	198.924（8）	100
三羟基克百威	238.087	106.961（29）	163.019（12）	181.040（8）	100
涕灭威砜	240.094	86.008（18）	147.961（12）	223.000（6）	91
吡虫啉	256.083	175.055（19）	208.987（18）	—	92
二甲戊灵	282.090	119.070（25）	194.110（18）	212.000（11）	95
噻虫嗪	292.150	132.050（24）	181.400（22）	211.100（14）	105
辛硫磷	299.055	76.982（33）	96.885（20）	128.952（10）	106
灭幼脲	307.005	125.915（31）	153.878（15）	—	136
除虫脲	309.019	92.893（62）	155.915（13）	289.001（11）	116
哒螨灵	365.125	132.014（44）	147.045（23）	309.070（10）	105
咪鲜胺	378.000	267.900（16）	309.900（11）	—	106
烯酰吗啉	388.140	165.000（34）	301.000（22）	—	106
嘧菌酯	404.120	329.110（32）	344.100（23）	372.140（14）	105
苯醚甲环唑	406.078	187.998（45）	250.948（23）	337.048（13）	104
氟啶脲	539.700	357.000（24）	383.000（20）	519.800（17）	135
甲维盐	886.700	158.000（33）	302.000（20）	—	145
阿维菌素	890.546	144.970（32）	305.161（23）	567.511（11）	147

5. 结果分析与评价

（1）定性测定：在相同实验条件下进行样品测定时，如果检出的色谱峰的保留时间与标准样品一致，并且在扣除背景后的样品质谱图中，所选择的离子均出现，而且所选择的离子丰度比与标准样品的离子丰度比相一致（相对丰度＞50％，允许±10％偏差；相对丰度＞20％～50％，允许±15％偏差；相对丰度＞10％～20％，允许±20％偏差；相对丰度≤10％，允许±50％偏差），则可判断样品中存在这种农药或相关化学品。质谱定性要满足三个条件。首先，试样峰与标样峰保留时间要一致；其次，试样与标样的特征离子要一致；最后，试样与标样特征离子的丰度比要一致。

（2）定量测定：本标准中液相色谱-串联质谱采用外标-校准曲线法定量测定，为减少基质对定量测定的影响，定量用标准溶液应采用基质混合标准工作溶液绘制标准曲线，并且保证所测样品中农药及相关化学品的响应值均在仪器的线性范围内。标准曲线的设定量要合理，应充分考虑到不同农药的检出限和限量限。

（3）结果计算：液相色谱-串联质谱测定采用标准曲线法定量，标准曲线法定量结果按式（3-6）计算：

$$X_i = C_i \times \frac{V}{m} \times \frac{1\ 000}{1\ 000} \tag{3-6}$$

式中：

X_i——试样中被测组分含量，单位为毫克每千克（mg/kg）；

C_i——从标准工作曲线得到的试样溶液中被测组分的浓度，单位为微克每毫升（μg/mL）；

V——试样溶液定容体积，单位为毫升（mL）；

m——样品溶液所代表试样的质量，单位为克（g）。

注：计算结果应扣除空白值。

（4）精密度：本标准精密度数据是按照 GB/T 6379.1 和 GB/T 6379.2 规定确定，获得重复性和再现性的值以 95％的可信度来计算。

（5）检出限：方法的检出限在 0.01μg/kg 至 0.606mg/kg。

（三）标准实例七——粮谷中 486 种农药及相关化学品残留量的测定液相色谱-串联质谱法（GB/T 20770—2008）

1. 原理及适用范围 用乙腈均质法提取试样中的农药及相关化学品，凝胶渗透色谱净化，液相色谱-串联质谱仪测定，外标法定量。

适用于大麦、小麦、燕麦、大米、玉米中 486 种农药及相关化学品残留的定性鉴别，376 种农药及相关化学品残留量的定量测定。

2. 试剂材料 水为 GB/T 6682 中规定的一级水。

（1）乙腈：色谱纯。

（2）甲醇：色谱纯。

（3）环己烷：色谱纯。

（4）乙酸乙酯：色谱纯。

（5）正己烷：色谱纯。

（6）甲苯：优级纯。

（7）丙酮：色谱纯。

（8）异辛烷：色谱纯。

（9）乙腈＋甲苯（3＋1，体积比）。

（10）乙腈＋水（3＋2，体积比）。

（11）0.01％甲酸溶液（体积分数）。

（12）5mmol/L 乙酸铵溶液：称取 0.375g 乙酸铵加水稀释至 1 000mL。

（13）无水硫酸钠：分析纯。用前在 650℃灼烧 4h，储于干燥器中，冷却后备用。

（14）乙酸乙酯＋环己烷（1＋1，体积比）。

（15）微孔过滤膜（尼龙）：13mm×0.2μm 和 13mm×0.45μm。

（16）农药及相关化学品标准溶液：乙腈中加入 0.1％的乙酸能对某些 pH 敏感性农药的提取效果更好。

3. 操作过程

（1）试料制备：按 GB 5491 扦取的粮谷样品经粉碎机粉碎，过 20 目筛，混匀，密封，作为试样，标明标记。于常温下保存。

（2）提取：称取 10g 试样（精确至 0.01g），放入盛有 15g 无水硫酸钠的具塞离心管中，加入 35mL 乙腈，均质提取 1min，3 800r/min 离心 5min，上清液通过装有无水硫酸钠的筒形漏斗，收集于梨形瓶中，残渣再用 30mL 乙腈提取一次，合并提取液，将提取液用旋转蒸发器于 40℃水浴中旋转浓缩至约 0.5mL，加入 5mL 乙酸乙酯＋环己烷（1＋1）进行溶剂交换，重复两次，最后使样液体积约为 5mL，待净化。

粮谷样品水分含量很少，提取难度较大，要保证均质时间，最好之前要充分浸泡，如通过方法学的准确度和精密度等试验的验证，也可以用加速溶剂萃取或超声波震荡方法。

（3）凝胶渗透色谱净化：

①条件。

a. 净化柱。400mm×25mm（内径），内装 BIO-Bead S-X3 填料或相当者。

b. 检测波长。254nm。

c. 流动相。乙酸乙酯＋环己烷（1＋1，体积比）。

d. 流速。5mL/min。

e. 进样量。5mL。

f. 开始收集时间。22min。

g. 结束收集时间。40min。

②净化。将上述提取液转移至 10mL 容量瓶中，用 5mL 乙酸乙酯＋环己烷（1＋1）分两次洗涤梨形瓶，并转移至上述 10mL 容量瓶中，定容至刻度，摇匀。将样液过 0.45μm 微孔滤膜滤入 10mL 试管中，供凝胶渗透色谱仪净化，收集 22～40min 的馏分于 200mL 梨形瓶中，并在 40℃水浴中旋转浓缩至约 0.5mL。将浓缩液置于氮气吹干仪上吹干，迅速加入 1mL 的乙腈＋水（3＋2），混匀，经 0.2μm 滤膜过滤后进行液相色谱-串联质谱测定。选择乙酸乙酯＋环己烷（1＋1），因为这两种溶剂在此比例的洗脱效率最高，且对杂质的洗脱量也相对较少。考虑到仪器的流动相，选择用乙腈＋水（3＋2）混合液定容，出峰效果最好，最大限度减少溶剂效应。

4. 测定

（1）仪器条件 A：

①色谱柱。ZORBOX SB-C_{18}，3.5μm，100mm×2.1mm（内径）或相当者。

②流动相及梯度洗脱条件见表 3-23。

表 3-23 仪器条件 A 使用的流动相和梯度洗脱条件

时间（min）	流速（μL/min）	流动相 A（0.1%甲酸水）（%）	流动相 B（乙腈）（%）
0.00	400	99.0	1.0
3.00	400	70.0	30.0
6.00	400	60.0	40.0
9.00	400	60.0	40.0
15.00	400	40.0	60.0
19.00	400	1.0	99.0
23.0	400	1.0	99.0
23.01	400	99.0	1.0

③柱温。40℃。

④进样量。10μL。

⑤电离源模式。电喷雾离子化。

⑥电离源极性。正模式。

⑦雾化气。氮气。

⑧雾化气压力。0.28MPa。

⑨离子喷雾电压。4 000V。

⑩干燥气温度。350℃。

⑪干燥气流速。10L/min。

（2）仪器条件 B：

①色谱柱。ZORBOX SB-C_{18}，3.5μm，100mm×2.1mm（内径）或相当者。

②流动相及梯度洗脱条件见表 3-24。

表 3-24 仪器条件 B 的流动相和梯度洗脱条件

时间（min）	流速（μL/min）	流动相 A（5mmol/L 乙酸铵水）（%）	流动相 B（乙腈）（%）
0.00	400	99.0	1.0
3.00	400	70.0	30.0
6.00	400	60.0	40.0
9.00	400	60.0	40.0
15.00	400	40.0	60.0
19.00	400	1.0	99.0
23.0	400	1.0	99.0
23.01	400	99.0	1.0

③柱温。40℃。

④进样量。10μL。

⑤电离源模式。电喷雾离子化。

⑥电离源极性。负模式。

⑦雾化气。氮气。

⑧雾化气压力。0.28MPa。

⑨离子喷雾电压。4 000V。

⑩干燥气温度。350℃。

⑪干燥气流速。10L/min。

5. 结果分析与评价

（1）定性测定：在相同实验条件下进行样品测定时，如果检出的色谱峰的保留时间与标准样品一致，并且在扣除背景后的样品质谱图中，所选择的离子均出现，而且所选择的离子丰度比与标准样品的离子丰度比相一致（相对丰度＞50%，允许±10%偏差；相对丰度20%～50%，允许±15%偏差；相对丰度 10%～20%，允许±20%偏差；相对丰度≤10%，允许±50%偏差），则可判断样品中存在这种农药或相关化学品。

质谱定性要满足三个条件：首先，试样峰与标样峰保留时间要一致；其次，试样与标样的特征离子要一致；最后，试样与标样特征离子的丰度比要一致。

（2）定量测定：本标准中液相色谱-串联质谱采用外标-校准曲线法定量测定，为减少基质对定量测定的影响，需用空白样品提取液来配制所使用的一系列基质标准工作溶液，用基质标准工作溶液分别进样来绘制标准曲线，并且保证所测样品中农药及相关化学品的响应值均在仪器的线性范围内。标准曲线的设定量要合理，应充分考虑到不同农药的检出限和限量限。

液相色谱-串联质谱测定采用标准曲线法定量，标准曲线法定量结果按式（3-7）计算：

$$X_i=C_i\times\frac{V}{m}\times\frac{1000}{1000} \qquad (3\text{-}7)$$

式中：

X_i——试样中被测组分含量，单位为毫克每千克（mg/kg）；

C_i——从标准工作曲线得到的试样溶液中被测组分的浓度，单位为微克每毫升（μg/mL）；

V——试样溶液定容体积，单位为毫升（mL）；

m——样品溶液所代表试样的质量，单位为克（g）。

注：计算结果应扣除空白值。

（3）精密度：本标准精密度数据是按照 GB/T 6379.1 和 GB/T 6379.2 规定确定，获得重复性和再现性的值以 95%的可信度来计算。

（4）检出限：方法的检出限在 0.02μg/kg 至 0.96mg/kg。

（四）标准实例八——水果和蔬菜中多农药残留量的测定［QuEChERS-LC/MS/MS（GC/MS/MS）法］

QuEChERS 由美国农业部于 2003 年开发，代表食品分析中样品制备过程的快速、简便、廉价、高效、耐用和安全。这项技术非常简单，操作步骤少，对于复杂样品的净化非常有效。QuEChERS 技术最初用来分析水果和蔬菜中的多类别、多残留农药，也用来分析如鱼和肉等非蔬菜类物质中的痕量污染物。关于各种水果、蔬菜、肉和坚果类物质的分析方法已有很多报道。欧洲的标准方法已经施行，同时全球范围内技术标准化推广也正在进行。

近年来，在我国 QuEChERS 方法快速处理农药残留样品被大量使用，该方法是 Quick

（快速）、Easy（容易）、Cheap（廉价）、Effective（有效）、Rugged（耐用）、Safe（安全）英文单词的缩写，其原理主要是基质固相分散萃取技术，测定结果具有回收率高、精确度和准确度高、样品处理快速、溶剂使用量少等优点。色谱法分析农药残留存在着复杂基质蔬菜干扰多，检测器大多是选择性检测器等问题；单级质谱仪分析农药残留存在着灵敏度不足，干扰离子存在影响定量准确性等问题。而三重四级杆串联质谱仪（MS/MS）的多反应监测模式分析农药具有灵敏度比一级质谱（MS）高1～2个数量级，且可消除样品中的基质干扰，因而可以简化样品的提取净化过程，特别适合QuEChERS前处理方法，分析各种类型基质蔬菜中的农药残留，如葱蒜等含硫蔬菜。其在分析痕量物质在定性定量方面的优势使其在农药残留分析中得到大量应用。

1. 原理及适用范围 通过用含缓冲盐的乙腈（1%醋酸）提取，然后用无水$MgSO_4$从样品中析出水分，达到液-液分层。从有机液层中取出一份，采用分散固相萃取步骤进行进一步净化，结合使用伯仲胺（PSA）以从其他组分中除去脂肪酸，并用无水硫酸镁减少萃取物中的残留水量。经混合、离心后取上清液进行分析。

2. 试剂材料 水为GB/T 6682中规定的一级水。

（1）乙腈：色谱纯。

（2）甲醇：色谱纯。

（3）正己烷：色谱纯。

（4）QuEChERS提取管。

（5）QuEChERS净化管。

（6）农药及相关化学品标准溶液。

3. 操作过程

（1）试料制备：按GB/T 8855的规定抽取蔬菜、水果样品取可食部分切碎，混匀，密封，作为试样，标明标记。于4℃冷藏保存。

（2）提取：准确称取10g蔬菜样品至QuEChERS提取管中，向提取管中加入20mL 1%醋酸的乙腈溶液，匀浆1min。加入萃取盐包（4g无水硫酸镁、1g氯化钠），震摇离心管，使溶剂和粉末混匀，3 700r/min离心5min（表3-25）。

表3-25 QuEChERs方法与国家标准方法和农业行业标准方法处理过程比较

比较项目	NY/T 761—2008方法	GB/T 20769—2008 （或GB 23200.8—2016）方法	QuEChERS方法
试剂消耗	50mL乙腈 7g氯化钠 10mL丙酮 15mL正己烷 10mL二氯甲烷	115mL乙腈 5g氯化钠 10mL正己烷 25mL甲苯	20mL乙腈 6g硫酸镁 1g醋酸钠
净化过程	1 000mg弗罗里硅土柱 500mg氨基柱	2 000mg Envi-18柱 500mg Envi-Carb柱 500mg Sep-Pak氨丙基柱	100mg PSA 50mg C18 50mg GCB

（续）

比较项目	NY/T 761—2008 方法	GB/T 20769—2008 （或 GB 23200.8—2016）方法	QuEChERS 方法
所需设备	匀浆机 氮吹仪 旋转蒸发仪 水浴锅	匀浆机 离心机 氮吹仪 旋转蒸发仪 水浴锅	匀浆机 离心机
花费时间	约 3h	约 2h	约 20min
所需费用	约 60 元	约 100 元	约 20 元

（3）净化：转移少量上清液至合适的 QuEChERS 净化管中，根据蔬菜色素的多少选择不同的净化管。2mL 净化管（150mg 无水硫酸镁，50mg PSA，50mg 石墨化碳）或 2mL 净化管（150mg 无水硫酸镁，50mg PSA），涡旋震摇 1min，3 700r/min 离心 5min。分取 0.5mL 上清液用纯水定容至 1.0mL，经 0.2μm 滤膜过滤后供 LC-MS/MS 分析；分取 0.5mL 上清液，氮气吹干，加入 1.0mL 正己烷供 GC-MS/MS 分析。

注：萃取盐包和净化管填料可以依据具体实验证实结果进行进一步优化和调整。

（4）测定：GC/MS/MS 同标准实例四。LC/MS/MS 同标准实例六。GC/MS/MS 同标准实例四。LC/MS/MS 同标准实例六。

4. 结果分析与评价　GC/MS/MS 同标准实例四。LC/MS/MS 同标准实例六。

五、速测法

（一）实验要点

1. 方法原理　速测法是指能够简化实验准备步骤，样品经简化处理后即可测定的简单、快速、准确的农药残留分析方法。酶抑制法是相对成熟的一种部分农药速测法，它是根据可特异性地抑制昆虫中枢和周围神经系统中乙酰胆碱酯酶的活性，破坏神经的正常传导，使昆虫中毒致死这一毒理学原理，将乙酰胆碱酯酶与样品反应，根据乙酰胆碱酯酶活性受到抑制的情况，可判断出样品中是否含有有机磷与氨基甲酸酯类农药。

2. 常见问题及解决方法

（1）试剂保存与配制试剂的使用关系到测量准确度，因此，试剂使用前一定要仔细看清说明要求。同时试剂的使用正确与否也关系到检测的消费成本。

①试剂的保存。注意按照使用说明的要求，需要冷藏保存的酶试剂和底物要求在 0～4℃环境下的冷藏保存（如果酶是冻干的粉剂，应该 0℃以下急冻保存）。需要常温保存的缓冲液和显色剂可在室温下保存。需要冷藏保存的试剂如在室温环境下保存可能会导致试剂提前失效。

②试剂的配制。严格按照使用说明配制，缓冲液粉剂和显色剂用蒸馏水稀释，冻干酶粉和底物用缓冲液进行稀释。稀释时必须注意各种试剂对应稀释用液，同时注意稀释液的用量，一旦加错将造成试剂失效。

③试剂的使用。

a. 试剂切勿冷冻至结冰（冻干酶粉剂除外），使用前摇匀。使用时根据用量适量称取，要防止其他物质的污染，以免溶液失效，未用完的试剂可放在清洗干净的西林瓶中密封，按说明书要求的环境保存。西林瓶可用去污粉刷洗，再用蒸馏水冲洗干净，不要用酸性洗液清洗，也不建议用洗洁精清洗。

b. 防止试剂被污染的有效方法为保持试剂“只出不进”原则：每次测试时，从试剂瓶吸出的试剂不管是否使用都不能放回试剂瓶中，以免污染试剂造成误差。

c. 使用器具的专用原则：所有用于转移试剂或样品的器具（如微量移液枪等）都要专用并贴上标签，以免造成交叉污染。

（2）培养的温度和时间：依据《蔬菜中有机磷和氨基甲酸酯类农药残留量的快速检测》（GB/T 5009.199—2003），对照溶液和样品溶液加入酶后，需要在37℃恒温培养15min以上（《蔬菜上有机磷和氨基甲酸酯类农药残毒快速检测方法》（NY/T 448—2001）则需要培养30min以上）。但是目前国内不同厂家生产的酶因灵敏度和稳定性不同，说明书要求有的需要37℃恒温培养，有的因灵敏度和稳定性提高，则不需要，另外培养时间也不同。因此，使用时注意说明书要求。在关于培养温度和时间的问题，关键是要做到样品测试与对照测试保持相同的条件，这样结果才有可比性。

（3）样品处理：对葱、蒜、萝卜、韭菜、芹菜、香菜、茭白、蘑菇及番茄汁液中，含有对酶有影响的植物次生物，容易产生假阳性。处理这类样品时，采用整株浸提或采用表面测定法。对一些含叶绿素较高的蔬菜，也可采取整株（体）蔬菜浸提的方法，减少色素的干扰。其他菜类切碎注意切成1cm见方，太大太小都会影响提取。

另外，由于同一株待测样品，不同部位农药含量也不一样，因此，进行重复性检测时，最好为同一个待测液的不同次数测定，否则可能会出现因取样不同出现重现性不好的情况。

（4）提取：对样品提取震摇时，有条件的，最好使用振荡器，达到均匀和彻底效果，如果手动震摇，尽量注意幅度不要太大，以免溅出，影响结果。

（5）仪器操作：注意每次检测前，按100%进行调零，然后再放入比色皿，开始检测，切记先调零再放入比色皿，千万不可放入比色皿再调零。另外，在检测过程中，操作的速度尽量快，因为，酶抑制法检测的关键就是与反应时间的关系，酶抑制法测试农药残留的过程中，预反应完成以后，再加入底物进行显色反应。测试依据体系中颜色的变化情况来决定抑制率的大小。所以在测试一批样品时，加入底物和上机测试的时间一定要快，且底物的量要一致，否则也会带来误差。

（6）结果判断：样品的抑制率在40%～50%为可疑农药残留超标样，抑制率>50%为超标样；抑制率≥40%的样品需要重复检验2次以上，抑制率>50%的超标样品应用气相或液相色谱仪进行精确检测确认。

（二）标准实例九——蔬菜上有机磷和氨基甲酸酯类农药残毒快速检测方法（NY/T 448—2001）

1. 原理及适用范围 有机磷和氨基甲酸酯类农药能抑制昆虫中枢和周围神经系统中乙酰胆碱酯酶的活性，造成神经传导介质乙酰胆碱的积累，影响正常传导，使昆虫中毒致死，根据这一昆虫毒理学原理，用在对农药残留的检测中。加入反应试剂后，用分光光度计测定吸光值随时间的变化值，计算出抑制率，判断蔬菜中含有有机磷或氨基甲酸酯类农药的残毒情况（图 3-21）。

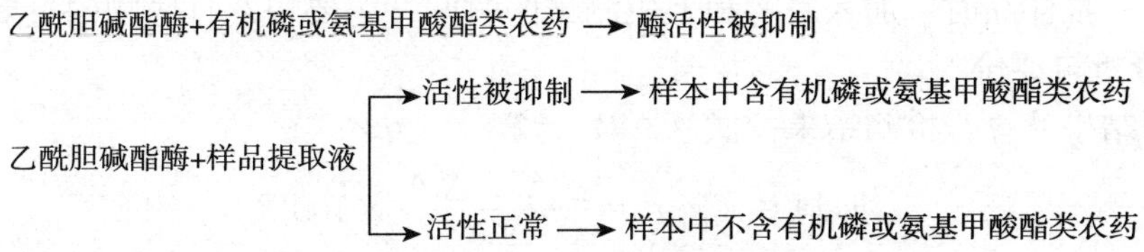

乙酰胆碱酯酶+有机磷或氨基甲酸酯类农药 → 酶活性被抑制

乙酰胆碱酯酶+样品提取液
- → 活性被抑制 → 样本中含有机磷或氨基甲酸酯类农药
- → 活性正常 → 样本中不含有机磷或氨基甲酸酯类农药

图 3-21　有机磷和氨基甲酸酯类农药快速检测原理

如以乙酰硫代胆碱（AsCh）为底物，在乙酰胆碱酯酶（AChE）的作用下乙酰硫代胆碱（AsCh）水解成硫代胆碱和乙酸，硫代胆碱和二硫双对硝基苯甲酸（DTNB）产生显色反应，使反应液呈黄色，在分光光度计 410nm 处有最大吸收峰，用分光光度计可测得酶活性被抑制程度（用抑制率表示）。

适用于叶菜类（除韭菜）、果菜类、豆菜类、瓜菜类、根菜类（除胡萝卜、茭白等）中甲胺磷、甲拌磷、氧乐果、对硫磷、倍硫磷、杀扑磷、久效磷、敌敌畏、克百威、涕灭威、灭多威、抗蚜威、丁硫克百威、甲萘威、丙硫克百威、速灭威、残杀威、异丙威等的农药残毒快速检测。

2. 试剂材料

（1）pH8 磷酸缓冲液。

（2）丁酰胆碱酯酶：根据酶活性情况按要求用缓冲溶液，ΔA 值控制在 0.4～0.8。酶试剂和底物要求在 0～4℃环境下的冷藏保存。

（3）底物：碘化硫代丁酰胆碱，用缓冲液溶解。

（4）显色剂：二硫代二硝基苯甲酸（DTNB），用缓冲液溶解。

缓冲液粉剂和显色剂用蒸馏水稀释，冻干酶粉和底物用缓冲液进行稀释。稀释时必须注意各种试剂对应稀释用液，同时注意稀释液的用量。

3. 操作过程

（1）试料制备：用不锈钢管取样器取来自不同植株叶片（至少 8 片叶子）的样本，果菜从表皮至果肉 1～1.5cm 处取样。

（2）检测过程：取 2.0g 切碎的样本（非叶菜类取 4g），放入提取瓶内，加入 20mL 缓冲液，震荡 1～2min，倒出提取液，静止 3～5min；于小试管内分别加入 50μL 酶，3mL 样本提取液，50μL 显色剂，于 37～38℃下放置 30min 后再分别加入试样，放入 50μL 底物，倒入比色杯中，用仪器进行测定。

（3）注意：

①处理芹菜、香菜、蘑菇、番茄等样品时，采用整株浸提或采用表面测定法，以减少次生植物的影响。对一些含叶绿素较高的蔬菜，也可采取整株（体）蔬菜浸提的方法，叶菜类切碎要切成 1cm 见方，太大太小都会影响提取。

②从试剂瓶吸出的试剂不管是否使用都不能放回试剂瓶中，以免污染试剂造成误差。

③培养温度和时间必须要做到样品测试与对照测试保持相同的条件，这样结果才有可比性。

④对样品的提取震摇时，有条件的，最好使用振荡器，达到均匀和彻底效果，如果手动震摇，尽量注意幅度不要太大，以免溅出，影响结果。

⑤在测试一批样品时，加入底物和上机测试的时间一定要快，且底物的量要一致。

4. 结果分析与评价

（1）检测结果计算：检测结果按式（3-8）计算：

$$抑制率（\%）=\frac{\Delta A_c-\Delta A_s}{\Delta A_c}\times 100 \tag{3-8}$$

式中：

ΔA_c——对照组 3min 后与 3min 前吸光值之差；

ΔA_s——样本 3min 后与 3min 前吸光值之差。

抑制率≥70%时，蔬菜中含有某种有机磷或氨基甲酸酯类农药残毒。此时样本要有 2 次以上重复检测，几次重复检测的重现性应在 80%以上。样品的抑制率在 40%～50%为可疑农药残留超标样。大于 50%为超标样，抑制率≥40%的样品需要重复检验两次以上。超过 50%的超标样品应用气相或液相色谱仪进行精确检测确认。

（2）最低检出浓度：本方法的最低检出浓度见表 3-26。

表 3-26　有机磷和氨基甲酸酯类农药快速检测法最低检出浓度

农药名	英文通用名	毒性	最低检出浓度（溶液）(mg/L)	最低检出浓度（蔬菜）(mg/kg)
甲胺磷	methamidaphos	高毒	1～2	3～5
甲拌磷	phorate	高毒	0.3～0.7	1～2
氧化乐果	omethoate	高毒	0.7～2	2～5
对硫磷	parathion	高毒	0.7～1.5	2～4
倍硫磷	fenthion	高毒	2～2.5	6～7
杀扑磷	methidathion	高毒	2～2.5	6～7
久效磷	monocroto-phos	高毒	0.3～0.7	1～2
敌敌畏	dichlorovos	中毒	0.1	0.3
克百威	carbofuran	高毒	0.3～0.7	1～2
涕灭威	aldicarb	高毒	0.3～0.7	1～2
灭多威	methomyl	高毒	0.3～0.7	1～2
抗蚜威	pirimicarb	高毒	0.5～1	1.5～3
丁硫可威	carbosulfan	中毒	0.7～1	2～3
甲萘威	carbaryl	中毒	0.3～0.7	1～2
丙硫克百威	benfuracarb	中毒	0.3～0.7	1～2
速灭威	MTMC	中毒	0.5～0.8	1.5～2.5
残杀威	propoxur	中毒	0.3～0.8	1.5～2.5
异丙威	isoprocarb	中毒	0.5～0.8	1.5～2.5

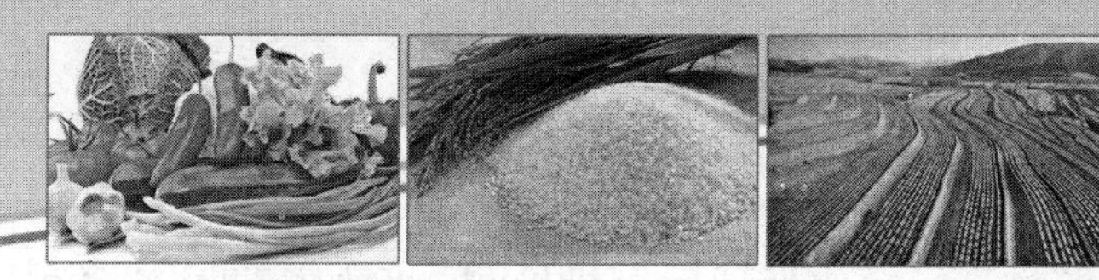

第四章 兽药残留检测技术

典型的兽药是指用于预防和治疗畜禽疾病的药物。但随着集约化养殖生产的开展，一些化学类和生物类的药用成分被开发成具有某些功效的动物保健品或饲料添加剂，也属于兽药的范畴。

21世纪以来，随着畜牧业的迅猛发展，兽药在畜牧业中的应用日益广泛。兽药的不科学使用会导致动物体内药物残留、富集，进而进入生态系统。兽药残留是指用药后蓄积、储存或以其他形式残留在畜禽体内或产品（鸡蛋、奶制品、肉品等）中的原型及其代谢产品，是动物性食品最重要的污染源之一。对兽药残留的监控已成为国内外兽药研究、开发、使用和管理中的重要内容。

兽药种类很多，残留毒理学意义较重要的药物主要分为禁用药物和允许使用药物中毒性较大、休药期长的药物两大类。禁用药物是指禁止用作饲料药物添加剂和禁用于食品动物的药物，主要包括β-兴奋剂（克伦特罗等）、甲状腺抑制剂（丙硫氧嘧啶等）、二苯乙烯类及其衍生物（己烯雌酚、己烷雌酚等）、性激素与同化激素（甲基睾酮、雌二醇等）、镇静剂（氯丙嗪、安定等）、呋喃它酮、氯霉素、硝基咪唑类（甲硝唑等）和皮质激素类（地塞米松等）等。这类药物残留的危害最大，是国内外兽药残留监控的重点。毒性较大、休药期长的药物主要包括呋喃唑酮、磺胺类（磺胺二甲嘧啶等）、喹噁啉类（卡巴氧等）、二氨基嘧啶类（甲氧苄啶等）、四环素类（土霉素等）、苯并咪唑类（阿苯唑等）、左旋咪唑、阿维菌素类（伊维菌素等）、氯羟吡啶和杀虫剂（双甲脒等）等。这类药物的毒性相对较大，在动物体内消除缓慢、残留时间较长。

第一节　兽药残留检测常用仪器

一、分析仪器

（一）液相色谱仪

高效液相色谱仪作为兽药检验中必备的精密仪器设备之一，因其可信度强、精确度高，在兽药的定性和定量分析中应用越来越广泛。随着新药典的颁布，很多种兽药的检验项目，如鉴别、含量等都更多应用高效液相色谱仪。对于多组分残留分析，大都采用流动相梯度洗脱，常用的检测器为紫外检测器、二极管阵列检测器、荧光检测器等。由于兽药残留的基质复杂、干扰物质多，液相色谱前处理过程越来越成为兽药残留分析中的关键。目前常采用

SPE 及 QuEChERS 等技术对待测样品提取物进行净化处理后上机检测。例如，四环素类兽药（包括金霉素、土霉素、四环素）的前处理采用 HLB 固相萃取柱进行净化，采用液相色谱方法进行检测。另外，流动相 pH 对兽药检测也具有一定的作用，例如，磺胺类结构中带氨基，有弱碱性，其中性分子和离子形式在有机相与水相中的分配性质不同，有机溶剂和 pH 对磺胺的保留有着重要影响。因此在反相液相色谱的情况下，以含水相为流动相时，调节含水相的 pH，即用酸性流动相来抑制弱碱的解离将导致保留行为的改变，达到组分分离的目的。

（二）液质联用仪

在各种动物源性产品养殖过程中需要使用兽药来提高产品的质量和产量。所用兽药的种类较为复杂，除了消毒剂、防腐剂，还有杀虫、驱虫类、抗生素类、磺胺类、呋喃类和喹诺酮类抗菌药等，个别情况下还会使用某些激素类兽药。液相色谱-质谱联用技术综合了液相色谱的高分离能力和质谱的高选择性、高灵敏度以及能够准确提供化合物的相对分子质量和结构信息等优点，具有分析时间短，对高沸点、难挥发和热不稳定化合物的分析能力强等优势，在兽药残留检测领域的应用也较为广泛。随着检测技术的发展，LC-MS/MS 逐渐应用到实际检测中。此类技术选择待测物准分子离子作为母离子，进行二次碰撞解离后，待测物的二级质谱图和杂质的二级质谱图有了本质区别，有利于提高灵敏度和选择性。例如，β-内酰胺类抗生素、大环内酯类抗生素、硝基呋喃类及代谢物等兽药的检测均采用液质联用技术。

（三）气相色谱仪

气相色谱法（简称 GC）有许多高灵敏、通用性或专一性强的检测器供选用，具有分离效率高，检测灵敏度高，分析速度快，样品用量少，适用范围广，操作简单，费用低等优点。由于大多数兽药的极性或沸点偏高，需要经过衍生化后才能采用气相色谱法进行检测。例如，氯霉素类药物结构中含有吸电子的卤素，用 GC-ECD 测定能得到很高的灵敏度，但氯霉素和甲砜霉素不易挥发，需要采用 BSTFA 进行衍生化处理后再采用 ECD 进行测定。又如磺胺类药物通过提取和净化后，需要进行重氮甲烷甲基化以增加挥发性，减少极性，方能应用气相色谱质谱法进行检测。

（四）气质联用仪

兽药品种复杂，难以在同一色谱条件下检测，传统气相色谱的各种检测器，只能对某一类药物进行分析，且仅依靠保留时间定性不适合多组分分析。而采用 GC-MS 可同时测定多种成分，通过提取离子色谱、选择离子检测和选择反应监测模式，可分离尚未分离的色谱峰，并可提供丰富的碎片信息进行定性分析。目前，瘦肉精及 β-兴奋剂类等均可采用气质联用技术进行测定。

（五）兽药速测仪（卡）

兽药残留检测仪（卡）能对肉类产品进行抗生素残留、激素残留以及动物疫病的快速分析。此类速测仪通常采用 ELISA 方法，即酶联免疫法，可快速定量检测阿莫西林、孔雀石绿、磺胺类、恩诺沙星、环丙沙星、红霉素、氯霉素、土霉素、四环素、磺胺类（总量）、喹乙醇等多种兽药残留。药物残留快速检测仪目前广泛应用于养殖场、屠宰场、肉产品深加工企业、检验检疫单位。

由于该方法灵敏度高、特异性强、设备简单、成本低、快速简便，成为兽药残留较理想的检测技术之一。

兽药残留速测卡同样由于其简便、快速、便于携带等优点，常用于大量样品的快速筛选和现场检测，其检测原理目前多采用胶体金技术。胶体金技术即免疫金标记技术，以胶体金为标记物，利用特异性抗原抗体反应，通过带颜色的胶体金颗粒来放大免疫反应系统，使反应结果在固相载体上直接显示出来，从而达到用于检测待测样品中的抗原或抗体的目的。该技术作为一种新的检测方法，具有敏感性高、特异性强、稳定性好等特点，在兽药残留快速检测领域发展迅速。但以上速测方法均易产生假阳性，仅用于快速筛选。国际上通行的做法是按照一定的规范对待测样品进行快速检验，这种快速筛选的方法一般是在非实验条件下对现场样品进行筛检。若检验结果为阳性则还应采用仪器方法进行确证。

二、辅助仪器

兽药残留检测中使用的辅助仪器与农药残留类似，主要有匀浆机、高速离心机、固相萃取仪、涡流振荡器等，用于兽药残留的提取和净化过程。

1. 匀浆机　匀浆机广泛用于动物组织、生物样品、食品、药品、化妆品、农产品、固体、半固体、非水溶性样品的匀浆处理。兽药残留检测中常见的样品为动物肌肉和组织样品，这类固体及半固体样品在前处理过程中均需采用匀浆机均匀化，即将待测样品打散并研磨成均匀的糊状物，用于待测组分的提取。

2. 高速离心机　离心机是利用离心力，分离液体与固体颗粒或液体与液体的混合物中各组分的机械。速度的划分线为10 000r/min，转速≥10 000r/min的称为高速离心机。兽药残留检测的样品中动物组织以及奶类样品加入溶剂提取后的混悬液难以过滤，且采用低速离心机不能达到良好的分离效果，常需采用高速离心机分离移取上清液再进行后续操作。

3. 固相萃取仪　固相萃取仪将固相萃取的各个步骤有效的集成于一个平台，可完全实现整个固相萃取过程（活化、上样、淋洗、干燥、洗脱）的全自动操作，大大提高了样品前处理的效率，将分析工作者从烦琐的前处理工作中解脱出来，使样品前处理更快捷、高效。固相萃取可用于净化、浓缩或富集，所以已成为目前兽药残留分析样品前处理中的主流技术。兽药检测常用的固相萃取柱有HLB柱、阴离子固相萃取柱、阳离子固相萃取柱及中性氧化铝柱等。

4. 涡流振荡器　涡流振荡器是实验室对于各种溶液、试剂等进行振荡、混匀处理的必备常规仪器。对于血浆、奶、尿液等样品，可置于涡流振荡器上充分混匀，以免造成测定误差。

第二节　样品前处理方法概述

动物源性食品中常含有蛋白质、脂肪、糖类、水分等化合物，这些基质会影响目标物的提取净化效率，检测结果会产生误差，同时仪器设备中色谱柱等会被堵塞污染，仪器设备的维护成本会增加，仪器的使用寿命也会降低，直接影响检测结果的准确性和精密度。因此，前处理所采用的方法是整个兽药残留分析方法的重要组成部分，是富集浓缩痕量目标成分、提高方法灵敏度及去除干扰物质的重要手段。

兽药残留的特点是残留物分析水平低、基质复杂、干扰大，通常需要对样品进行提取净化后才能进行仪器分析。大多数样品需要根据样品基质和分析物的性质来确定其前处理步骤。样品前处理步骤主要包括制样、样品分解及提取、样品分离富集，最后进行样品分析。

动物源性食品中的药物残留主要以游离态和结合态两种形式存在于样品组织中。游离态药物残留是指自由存在于组织样品的母体药物和残留代谢物，可通过有机溶剂、水溶液或缓冲溶液提取。不同的基质样品中兽药残留的存在形式有很大的差别，由于动物的新陈代谢作用，有些目标分析物不仅仅是母体药物，而是母体药物及其代谢物的总和。另外，有些兽药残留物是以共轭状态存在的，需要经过酶解反应或者水解反应才能提取出来。例如，喹诺酮类、四环素类和孔雀石绿类药物等的提取需要在一定优化条件（pH、温度、时间）下才能确保目标分析物从样品组织中有效被提取出来。结合态药物残留是通过弱的相互作用力结合的残留物，可以通过透析、蛋白质水解或蛋白质变性作用，经高温或酸处理后被提取出来。结合态药物残留的分析物质比较少，常见的有硝基呋喃类、氟苯尼考等。

一、样品制备

在制样过程中，需要考虑某些组织或者器官内药物残留的变化，如某些药物残留在肾的髓质和大脑皮质会发生变化，因此，在制备固体样品时，需根据分析物质的性质取有代表性的样品部分。为了得到分布均一的样品，需要使用搅拌机使样品均质化，均质过程中可能会导致某些分析物质的降解而导致结果的不准确。

兽药残留分析的样品主要包括各种动物组织（肌肉、内脏、脂肪等）、蛋、奶、动物血液、尿液等生物样品。尿样在采集过程中容易受细菌污染而发生酸败，所以，尿样采集后应立即4℃冷藏，最好及时处理和测定，必要时加入氯仿或甲苯进行防腐。血浆或血清均应在采血后马上分离，全血样品不能久置或冷冻，以免发生溶血而影响血浆或血清分离和测定。生物样品（如肌肉、组织、血浆和奶）中含有各种酶，能不断地降解样品中的待测物，将采集的样品立即－20℃冷冻是避免待测物组分被降解的最常用、最有效的方法。

二、分解及提取

提取是指用物理或化学的手段破坏待测物组分与样品成分间的结合力，将待测物组分从固态样品中转移到易于净化和分析的溶液状态。提取过程通常可除去大部分的样品杂质。在整个样品处理过程中，提取过程应首先保证将待测物最大限度地从样品中释放出来，保证最高的回收率，其次是减少样品基质成分的混入。

提取溶剂的选择应遵循“相似相溶”规则并满足下列要求：待测组分溶解度大；干扰杂质溶解度小；样本基质较好的相溶性；有效释放药物；有脱蛋白或脱脂能力；其他如沸点适中（40～80℃）、黏度小、毒性低。尽量少用卤代试剂。

根据上述原则和大量的实践，残留分析中广泛采用乙腈、甲醇、丙酮等水溶性溶剂作为提取剂。水溶性溶剂的提取效果好，适用范围广，特别是多残留中效果更明显，但往往提取出来的杂质较多，进一步萃取时乳化较严重。在一些脂溶性的残留物的分析中，常采用非水溶性的极性溶剂，如乙酸乙酯、二氯甲烷、氯仿、乙醚等进行提取。

兽残样品的分解及提取已经形成了完整的各类分解体系，包括酸分解、碱分解、热分解、酶分解等。根据目标分析物质的性质及测试方法采用不同的提取方式。兽药残留检测中常见提取方法如下：

1. 组织匀浆法 匀浆提取法是兽药残留分析中常用的提取方法。具体方法是将样品

（固体样品预先粉碎）和3～5倍样品体积的提取溶剂一起加入匀浆杯中，高速匀浆1～3min，溶剂与样品基质紧密接触，充分混合，使待测物组分从样品中快速溶出，过滤或离心后移取上清液，残渣重复提取1～2次，合并上清液进行净化。该法不需要加热（必要时应对匀浆杯实施冷却），速度快，提取效果较好。液体样品的药物残留是均匀分散在液体中，只要选择合适的溶剂，分析物质就能得到有效的提取。

2. 振荡法　振荡法是将样品（固体样品应预先匀浆）和适量溶剂一起加入具塞锥形瓶或离心管中，振荡，过滤或离心后移取提取液进行净化。用振荡法提取时，常加入无水硫酸钠或氯化钠以提高回收率。该方法操作简便，可同时对多个样品进行批量提取。

3. 索氏抽提法　索氏抽提是使用索氏抽提器进行提取。采用索氏抽提法要考虑待测物组分的热稳定性，保证组分在长时间回流过程中不被分解。该方法操作简便，不需要转移样品，不受样品基质的影响，是一种彻底提取法。但是，该方法提取时间长，需耗用较多溶剂，并需对提取液进行浓缩。

4. 超声波辅助提取　超声波辅助提取的原理是通过空化作用使分子运动加快，同时将超声波的能量传递给样品，使组分加快溶解。该方法操作简单，提取时间短、速度快、效率高，但需耗用大量溶剂。

三、净化

净化是指将提取液中的待测物组分与提取过程中一起引入的与待测物组分溶解性相似的杂质分离的过程。一般提取过程可除去绝大多数样品基质，剩下与待测物组分共存的主要是干扰物质。这些物质可干扰光谱检测或色谱分离过程，增加基线噪声，降低柱效，污染色谱柱和检测器。为保证分析方法定量和定性的准确性，必须通过净化过程除去杂质。兽药残留检测中常见样品净化方法如下：

1. 液-液萃取　液-液萃取是经典的净化方法，但操作比较费时，需要大量的高纯溶剂，并常会发生样品乳化。乳化现象是液-液萃取净化生物样品时普遍存在的问题，致使萃取时间延长、回收率下降。因此，液-液萃取难以实现自动化。一般与其他净化方法结合使用。常用的液-液萃取方法有分液漏斗振荡萃取法、离心管涡旋萃取法、逆流萃取法和特殊容器萃取法等。

2. 固相萃取　固相萃取的主要分离模式与液相色谱相同，但固相萃取柱专用于样品净化，装有各种色谱填料，是供一次性使用的可弃小柱。

固相萃取柱由柱体、固定相、滤板三部分组成。柱体一般采用聚丙烯或聚四氟乙烯材料，内装有吸附剂。小柱下端有一孔径为20μm的烧结滤板，用于支撑吸附剂。固相萃取柱可连接注射器或各种固相萃取真空装置。固相萃取可以避免液-液萃取的主要问题，可以净化很小体积的样品，溶剂用量小、选择性好、速度快，可实现自动化，不会发生乳化，净化中引入的杂质少。不同的待测物可以采用不同的填料。目前已商品化的色谱填料和固相萃取小柱种类丰富，基本能满足各种组分的净化需求，使固相萃取净化技术得到了广泛应用。

固相萃取可分为正向、反相和离子交换固相萃取。正向固相萃取所用的吸附剂都是极性的（如硅胶、氧化铝等），用来萃取极性物质；反相固相萃取所用的吸附剂通常是非极性的或极性较弱的（如硅胶键合固定相的苯基和C_{18}小柱等），所萃取的是中等极性到非极性物质；离子交换固相萃取所用的吸附剂是带电荷的离子交换树脂（如丙磺酸柱等），所萃取的是带有电荷的化合物。固相萃取的一般操作程序有以下三步：

（1）活化吸附剂：在萃取样品之前要用适当的溶剂淋洗固相萃取小柱，以使吸附剂保持湿润，可以吸附待测物或干扰物。活化的目的是为了创造一定的溶剂环境和除去柱内杂质。在活化过程中和上样之前不要让柱内液体流干或空气进入，以免柱床出现裂隙，影响净化效果。

（2）上样：将液态样品或提取液加入活化后的固相萃取小柱上面，然后利用抽真空或加压的方法使样品进入吸附剂。

（3）洗涤和洗脱：待测物组分被吸附后，可先洗涤杂质，再改变溶剂条件将待测物组分洗脱下来；或者选择对待测物组分吸附力很弱或不吸附的吸附剂，先让待测物组分淋洗下来，而使干扰物留在吸附剂上。

3. 凝胶渗透色谱 凝胶渗透色谱又称分子排阻色谱，主要依据组分的分子质量大小进行分离。其原理是固定相为凝胶颗粒，具有三维网状的多孔结构，不带电荷，随着流动相的移动，分子质量较大的组分沿凝胶颗粒间的孔隙移动，迁移路线较短，先流出色谱柱，分子质量较小的组分由于扩散进入凝胶多孔内，迁移路径长，后流出色谱柱。近年来，此技术在兽药残留样品处理中应用日趋广泛。

4. 免疫亲和色谱 免疫亲和色谱是一种将免疫反应与色谱分析方法相结合的分析方法。它是利用抗体与其相应抗原的作用具有高度的特异性和高度结合力的特点，用适当的方法将抗原或抗体结合到层析载体上，便可有效分离和纯化各自互补的免疫物质。当含有待测物组分的样品通过免疫亲和柱时，抗体选择性地结合待测物，其他不被抗体识别的样本杂质则不受阻碍地流出免疫亲和柱，经过洗涤除去杂质后，用适当洗脱剂将待测物-抗体复合物解离，并洗脱待测物进行分析测定。免疫亲和色谱是残留分析中最有效的净化方法之一，可用于多种药物残留的测定。

5. 膜分离技术 膜分离是利用溶质分子的大小、性状和性质等差异，对膜表现不同的通透性而达到分离或纯化目的。膜分离主要有透析法、超滤法和反渗透法等。在药物残留净化中，膜分离技术主要用于除去样品溶液中的蛋白质、酶等大分子物质。

6. 基质固相分散技术 基质固相分散的基本操作过程是将样品直接与适量涂渍有 C_{18} 等多种聚合物的担体固相萃取材料一起混合和研磨，使样品被均匀分散于固定相颗粒表面，制成半干状态混合物（固定相）装柱，然后采用类似固相萃取的操作方法，用不同淋洗剂洗脱。这种技术处理样品速度快（约 30min），溶剂用量少（约 20mL），但由于样品用量少，因此要求检测方法具有较高的灵敏度。

7. 固相微萃取 固相微萃取是在固相萃取基础上发展起来的一种新的萃取分离技术，属于非溶剂型选择性萃取法。其操作过程是将一根涂敷有吸附剂的熔融石英纤维（直径 0.05～1mm，长约 1cm）固定在注射器推进杆的不锈钢棒上，当推进注射器时，纤维就插入样品中进行萃取。萃取时间 2～30min，以达到待测物吸附平衡为准，最后再把注射器推进杆拉回。用于 GC 分析时，可直接用注射器进样，用于 HPLC 分析时，将固相微萃取针管插入 SPME（固相微萃取）/HPLC 接口解吸池，然后利用 HPLC 流动相通过解吸池洗脱待测物组分，并带入色谱柱。

8. 分子印迹技术 分子印迹技术是利用高分子合成手段制备出能选择性吸附待测物的功能高分子材料，将此种分子印迹聚合物作为固定相，利用色谱柱技术制备出分离纯化柱用于药残检测样品的纯化。与生物抗体相比，分子印迹聚合物兼具了免疫吸附材料的高度选择性和常规理化分离材料的理化稳定性，制备简便省时，易于实现工业化生产。分子印迹技术既可以用于单个药物残留分析，也可以建立和实现生物样品中药物的多残留分析，具有广阔的发展前景。

9. 其他　其他净化方法还有如超临界流体萃取，吹扫-捕集、蒸馏、低温冷冻和凝结剂沉淀等。

四、浓缩与富集

在残留分析中，经提取和净化后的待测物组分的存在状态常不能满足仪器检测的要求，无法直接测定。如待测物浓度太低或待测物的溶剂与流动相不兼容等，必须对组分进行浓缩、富集，使供测定样品达到仪器能够检测的浓度，或进行溶剂转换。浓缩是指通过减少样品溶液中的溶剂或水分而使组分的浓度升高。富集是指浓缩待测物组分。常见的浓缩和富集方式有旋转蒸发器浓缩、气流吹蒸（如氮吹）和真空离心浓缩等。

旋转蒸发器是残留分析中最常见的浓缩装置，该方法的浓缩速度快，而且溶剂可以回收。气流吹蒸法是利用空气或氮气流将溶剂带出样品，一般在加热条件下进行。该方法多用于少量液体的浓缩。浓缩过程中，稳定性差、蒸气压高或极性高的待测物损失较明显。蒸发温度不宜过高，吹蒸速度不宜过快。

使用任何一种浓缩方法均不要将样品直接蒸干，因此时蒸气压高的组分易被溶剂或气流带出，极性高组分可能与样品基质或玻璃器皿紧密结合，使回收率下降。当必须干燥时，应在最后缓缓吹入氮气或空气，或自然风干。

五、衍生化

衍生化技术是指通过化学反应将样品中难于分析检测的待测物组分定量地转化成另一种易分析检测的化合物，通过对后者的分析检测可以对待测物组分进行定性和定量分析。衍生可以是柱前衍生，也可以是柱后衍生。

多数药物及其代谢产物极性较高，热稳定性差，一般不能直接用气相色谱（GC）进行分离，通过衍生化反应可以将其转化成可气化的或热稳定的衍生物，就可用 GC 进行分析。GC 衍生化通常为柱前衍生化，衍生方法有硅烷化、酰化和酯化。硅烷化是最常用的 GC 衍生化方法，凡结构中含有活泼氢的化合物均可被硅烷化，形成极性低、挥发性和热稳定性高的硅烷醚或硅烷烯醇醚衍生物。应用最广泛的试剂为三甲基硅烷化试剂，若使用 ECD 检测时，可选用氟代三甲基硅烷化试剂，能获得更高的灵敏度或选择性。

在液相色谱分析中，由于很多药物分子结构中不含紫外吸收基团（或不含强紫外吸收基团）或荧光基团，无法用残留分析中常用的 HPLC-UVD 和 HPLC-FLD 进行分析。这种情况下，在待测物结构上连接或构建强的紫外可见吸收基团或荧光基团，再用 HPLC 进行分析，可以大大提高灵敏度或选择性。

HPLC 衍生化可以是柱前也可以是柱后衍生化。柱前衍生化是将待测物组分与衍生化试剂反应后，再进行 HPLC 分离和检测。柱后衍生化是组分经 HPLC 分离后，与从旁路泵入的衍生化试剂混合、反应，产物由流动相带入检测器进行检测。

HPLC-FLD 衍生方法主要有胺和氨基酸类衍生化、羧酸衍生化、羟基化合物衍生化和羰基化合物衍生化。常用的衍生化试剂为：邻苯二甲醛、荧光胺、荧光素异硫氰酸酯、丹酰氯、吡哆醛、二苯基二氢茚酮磺酰氯、4-溴甲基-7-甲氧基香豆素、9-蒽基重氮甲烷、1-溴乙酰芘、丹酰肼等。

第三节　实验方法与关键点

一、液相色谱-紫外法/荧光法

（一）实验要点

1. 方法原理　兽药残留检验常用的液相色谱法是反向键合液相色谱法，其操作方法：将具有一定极性的单一溶剂或不同比例的混合溶液作为流动相，用泵将流动相注入装有填充剂的色谱柱，注入的待测物被流动相带入色谱柱内进行分离后，各成分先后进入检测器，用计算机数据处理系统记录色谱图，然后进行数据分析，便可得到测定结果。

兽药残留的分析测定特别是多残留组分的测定，常用的色谱柱填充剂有：①硅胶。用于正向色谱。②化学键和固定相。根据键合的基团不同可用于反向或正向色谱，其中最常见的是十八烷基硅烷（又称 ODS）键合硅胶，可用于反相色谱或离子对色谱。③离子交换填料。用于离子交换色谱。

高效液相色谱仪在兽药残留检测领域应用最多的是紫外-可见检测器、二极管阵列检测器和荧光检测器，其他检测器有示差折光检测器、电化学检测器等。目前色谱信息的收集和处理常用计算机色谱工作站进行。

2. 问题及方法解决

（1）流动相的制备：用高纯度的试剂配制流动相，必要时应按照紫外分光光度法进行溶剂检查，应符合要求；水应为新鲜制备的高纯水，可用超级纯水器制得或用纯化水经过再次蒸馏而制备。凡规定 pH 的流动相，应使用精密 pH 计进行调节。制备好的流动相应通过具有 0.45μm 滤膜的全玻璃过滤漏斗，使用前进行脱气，应一次性配制足量的流动相随时待用。

（2）上机检测：定量测定时，待测样品溶液在注入色谱仪前，一般应经适宜的 0.22μm 或 0.45μm 滤膜过滤，以免对色谱系统产生污染或对色谱分析产生干扰。同时，建议色谱柱前加装预柱给予保护。

（3）检查上次使用记录和仪器状态：检查色谱柱和检测器是否适用于本次实验，色谱柱进出口位置是否与流动相的流向一致，原保存溶剂与现用流动相能否互溶，流动相的 pH 与该色谱柱是否相适应，仪器是否完好，仪器的各开关位置是否处于关闭状态等。

3. 注意事项

（1）色谱柱与进样器及其出口端与检测器之间应为无死体积连接，以免试液扩散影响分离。

（2）新柱或被污染柱用适当的溶剂冲洗时，应将其出口端与检测器脱开，以避免污染，清洗液应直接流入废液瓶。被污染的色谱柱一般溶剂冲洗不净时，可以考虑用四氢呋喃进行冲洗；被蛋白类药物污染的色谱柱一般溶剂冲洗不净时，可以考虑用二甲基亚砜进行冲洗。

（3）使用的流动相应与仪器系统的原保存溶剂能互溶，如不互溶，则应先用适当的可以互溶的溶剂冲洗过渡，过渡完毕后，再换上本次使用的流动相。使用水或含水的缓冲盐做流动相必须新鲜配制，放置几日后容易长菌，不得继续使用。

（4）无压力显示或压力波动不能分析时，应检查流动相管路中的气泡是否已排除，各连接处有无漏液，清洗阀是否关闭，故障排除后方能进行操作，如压力升高或自动停泵，应检查柱端有无污染，可先将流速设置成0，然后小心卸下色谱柱进出口的peek接头，用适当溶剂清洗后，仔细安装好。若预柱芯被严重污染，更换预柱芯后再进行操作。

（5）发现记录基线波动、出现“毛刺”现象，首先应检查检测器流通池中是否有气泡或被污染，待仪器稳定后方能进行操作。

（6）进样前，色谱柱应用流动相充分冲洗平衡，如系统适应性不符合规定，或填充剂已损坏，则应更换同类色谱柱进行分析。若依然达不到预定分离时，可适当调整流动相的组成比例。

（7）各个色谱柱的使用应及时予以登记，包括本次测试样品及柱中的保存溶剂。

（8）色谱流路系统，包括泵、比例阀、色谱柱、进样器到检测器流通池，在分析完毕后应按照规定的溶剂和顺序充分冲洗。

（二）标准实例十——水产品中孔雀石绿和结晶紫残留量的测定　高效液相色谱荧光检测法（GB/T 20361—2006）

1. 原理及适用范围　样品中残留的孔雀石绿或结晶紫用硼氢化钾还原为其相应的代谢物隐色孔雀石绿或隐色结晶紫，用乙腈-乙酸铵混合液提取，经二氯甲烷反萃取，固相萃取柱净化，反向色谱柱分离，荧光检测器检测，外标法定量。

适用于水产品可食部分中孔雀石绿和结晶紫残留的测定。

2. 试剂材料

（1）试剂与标准品：水为GB/T 6682中规定的一级水；乙腈为色谱纯；二氯甲烷、酸性氧化铝（粒度0.071～0.150mm）、二甘醇、硼氢化钾、无水乙酸铵、冰醋酸、氨水为分析纯；孔雀石绿和结晶紫标准品，纯度＞98%。

（2）溶液的配制：硼氢化钾溶液（0.03mol/L）：称取0.405g硼氢化钾于烧杯中，加250mL水溶解，需现用现配；硼氢化钾溶液（0.2mol/L）：称取0.54g硼氢化钾于烧杯中，加50mL水溶解，因该溶液不稳定需现用现配；20%盐酸羟胺溶液：溶解12.5g盐酸羟胺在50mL水中；对-甲苯磺酸溶液（0.05mol/L）：称取0.95g对-甲苯磺酸，用水稀释至100mL；乙酸铵缓冲溶液（0.1mol/L）：称取7.71g无水乙酸铵溶解于1 000mL水中，氨水调pH到10.0；乙酸铵缓冲溶液（0.125mol/L）：称取9.64g无水乙酸铵溶解于1 000mL水中，冰醋酸调pH到4.5。

（3）材料：酸性氧化铝固相萃取柱：500mg，3mL，使用前用5mL乙腈活化；Varian PRS柱或相当者：500mg，3mL，使用前用5mL乙腈活化；标准储备溶液：准确称取适量的孔雀石绿、结晶紫标准品，用乙腈分别配制成100μg/mL的标准贮备液；混合标准中间液（1μg/mL）：分别准确吸取1.00mL孔雀石绿和结晶紫的标准储备溶液至100mL容量瓶中，用乙腈稀释至刻度，配制成1μg/mL的混合标准溶液，−18℃避光保存；混合标准工作溶液：根据需要，临用时准确吸取一定量的混合标准中间液，加入硼氢化钾溶液（0.03mol/L）0.40mL，用乙腈准确稀释至2.00mL，配制适当浓度的混合标准工作液。

3. 操作过程

（1）取样：鱼去鳞、去皮，沿背脊取肌肉部分；虾去头、壳、肠腺，取肌肉部分；蟹、甲鱼等取可食部分。样品切为不大于0.5cm×0.5cm×0.5cm的小块后混合，匀浆。

将匀浆后的样品置于洁净自封口塑料袋中，放置−20℃冰柜中冷冻储存备用。注意每次用过的刀具、砧板、匀浆杯、匀浆刀头必须彻底清洗后才能用于切割、匀浆下一个样品。

（2）提取：将样品解冻，称取样品5.00g于50mL离心管中，加入10mL乙腈、10 000r/min匀浆提取30s，加入5.0g酸性氧化铝，振荡2min，以除去大分子脂肪，4 000r/min离心10min，上清液转移至125mL分液漏斗中，在分液漏斗中加入2mL二甘醇，3mL硼氢化钾溶液（0.2mol/L），振摇2min。使孔雀石绿充分还原为其代谢产物隐色孔雀石绿、结晶紫还原为隐色结晶紫。

另取50mL离心管加入10mL乙腈，洗涤匀浆机刀头10s，洗涤液移入前一离心管中，加入3mL硼氢化钾溶液（0.2mol/L），用玻璃棒捣散离心管中的沉淀并搅匀，涡旋混合器上振荡1min，静置20min，4 000r/min离心10min，上清液并入125mL分液漏斗中。

在50mL离心管中继续加入1.5mL盐酸羟胺溶液（20%）（因孔雀石绿尤其是隐色孔雀石绿对光、热和氧气较为敏感，加入盐酸羟胺溶液可防止待测物降解）、2.5mL对-甲苯磺酸溶液（0.05mol/L）（对甲苯磺酸有利于孔雀石绿形成离子对，增加提取效率）、5.0mL乙酸铵缓冲溶液（0.125mol/L）振荡2min（乙酸铵缓冲液可确保样品基质和提取液保持在弱酸性条件下，有利于待测物的提取），再加入10mL乙腈，继续振荡2min，4 000r/min离心10min，上清液并入125mL分液漏斗中，重复上述操作一遍。

在分液漏斗中加入20mL二氯甲烷，加盖剧烈振摇2min，静置分层，将下层溶液转移至100mL鸡心瓶中，继续在分液漏斗中加入5mL乙腈，10mL二氯甲烷，振摇2min，把全部溶液转移至50mL离心管中，4 000r/min离心10min，下层溶液合并至100mL鸡心瓶中，45℃旋转蒸发至近干，用2.5mL乙腈溶解残渣。二氯甲烷萃取待测物可除去水溶性杂质。提取液旋转蒸发时，不可完全蒸干，否则，由于部分组分逸失而致回收率偏低。

（3）净化：将PRS柱安装在固相萃取装置上，上端连接酸性氧化铝固相萃取柱，用5mL乙腈活化，转移提取液到柱上，注意过柱速度不可过快，再用乙腈洗鸡心瓶两次，每次2.5mL，依次过柱，弃去酸性氧化铝柱，吹PRS柱至近干，在不抽真空情况下，加入3mL等体积混合的乙腈和乙酸铵混合液（0.1mol/L），收集洗脱液，乙腈定容至3mL，过0.45μm滤膜，供液相色谱测定。

（4）测定：

①色谱条件。

a. 色谱柱。ODS-C_{18}柱，250mm×4.6mm（内径），粒度5μm。

b. 流动相。乙腈＋乙酸铵缓冲溶液（0.125mol/L，pH 4.5）（80＋20，$V+V$）。

流动相的比例和流速可以根据具体情况而调整，以保证出峰时间在5min以后，以避开杂质峰。流动相的pH对出峰时间和峰形有一定影响。

c. 流速。1.3mL/min。

d. 柱温。35℃。

e. 激发波长 265nm；发射波长 360nm。

f. 进样量。20μL。

②色谱分析。待仪器基线平稳后，以低浓度的混合标准工作液进样，继续探索并验证色谱条件的可行性，否则，适当进行调整。色谱条件确定后，分别注入 20μL 混合标准工作溶液及样品提取液于液相色谱仪中，按上述条件进行色谱分析，记录峰面积，响应值均应在仪器检测的线性范围之内，根据标准品保留时间定性，外标法定量。

4. 结果分析与评价

（1）计算：样品中孔雀石绿和结晶紫的残留量按式（4-1）计算。

$$X=\frac{A\times C_s\times V}{A_s\times m} \tag{4-1}$$

式中：

X——样品中待测组分残留量，单位为毫克每千克（mg/kg）；

C_s——待测组分标准工作液的浓度，单位为微克每毫升（μg/mL）；

A——样品中待测组分峰面积；

A_s——待测组分标准工作液的峰面积；

V——样液最终定容体积，单位为毫升（mL）；

M——样品质量，单位为克（g）。

注意计算结果应扣除空白。

（2）结果判断：

①线性范围。孔雀石绿和结晶紫混合标准溶液的线性范围在 0.1～600ng/mL。计算回归方程，其相关数应不小于 0.999 5。

②检出限。孔雀石绿和结晶紫的检出限均为 0.5μg/kg。

③回收率。在样品中添加 0.4～100μg/kg 孔雀石绿时，回收率为 70%～110%。在样品中添加 0.4～100μg/kg 结晶紫时，回收率为 70%～110%。

④重复性。本方法的批内相对标准偏差≤10%，批间相对标准偏差≤15%。

若经过方法学考察，检测结果符合上述规定时，若供试组织中药物残留量之和小于检出限时，则判定为未检出；若供试组织中药物残留量之和小于最高残留量时，则判定为符合规定；若供试组织中药物残留量之和大于最高残留量时，则判定为不符合规定。

检验完成后，按仪器操作规程，正确冲洗色谱柱及其他部件。正确关闭仪器和附属电源。

二、液相色谱-串联质谱法

（一）实验要点

1. 方法原理　液相色谱-串联质谱法是兽药残留检验常用的检测方法，LC-MS/MS 是以高效液相色谱（HPLC 或 UPLC）为分离手段，以串联质谱（MS/MS）为鉴定和测定手段，通过适当的接口将二者连接成完整仪器，实现定性、定量分析。

样品的 LC-MS/MS 分析过程为：经 LC 分离的液体样品经过大气压喷雾接口在离子源内完成电离，由于真空和电场作用带电离子经离子传输透镜进入第一分析器进行质量选择，被选择离子再进入碰撞解离室产生新的产物离子，产物离子再在第二质量分析器内完成解离，最后被光电检测器捕捉放大形成质谱。

2. 常见问题及方法解决

（1）液相色谱的应用及条件优化：

①流动相的选择。常用的流动相为甲醇、乙腈、水及其不同比例的混合物以及一些易挥发盐的缓冲液，如甲酸铵、乙酸铵等，还可以加入易挥发酸碱如甲酸、乙酸和氨水等调节 pH。

严格避免不挥发的缓冲液进入 LC-MS/MS 接口，也避免含磷和氯的缓冲液、离子对试剂、无机酸以及表面活性剂进入接口，含钠和钾的成分浓度必须＜1mmol/L，盐分太高会抑制离子源的信号和堵塞喷雾针并污染仪器，挥发性电解质的浓度也不能太高，如含甲酸（或乙酸）＜2%，含三氟乙酸≤0.5%，含醋酸铵＜5mmol/L。

②流量及色谱柱的选择。ESI 接口的流速适应范围是 1～250μL/min，常使用 2.1mm 内径、50mm 柱长的超高压液相色谱短柱进行分析。APCI 的最佳流速 0.2～2mL/min，常规的内径 4.6mm 柱最合适，也可以使用 2.1mm 内径的色谱柱进行分析。

③溶剂纯度的选择。试样前处理所用的溶剂纯度以分析纯即可，仪器流动相使用的溶剂纯度应为色谱纯，甲醇、乙腈、水和其他所用试剂上机前都要过 0.22μm 滤膜。流动相最好现用现配并过滤和脱气，长期不用的流动相必须弃掉，以避免其中细菌滋生堵塞色谱柱。

④分离条件优化。根据所检化合物的组成和性质，设置合理洗脱梯度、流速、柱温、进样量等参数，避开杂质峰的同时，保证在适宜时间内完成分离任务。

（2）串联质谱的应用及条件优化：

①真空度要求。开机抽真空和关机卸真空是质谱分析前后都要进行的必备步骤，只有达到真空度的要求才能工作，也只有先卸掉真空后，才能关闭仪器。

②接口的选择。LC-ESI-MS/MS 适合于分析中等极性到强极性的化合物分子，特别是那些在溶液中能预先形成离子的化合物和可以获得多个质子的大分子（如蛋白质）；APCI 不适合分析可带多个电荷的大分子，适合于弱极性或中等极性的小分子。

③正、负离子模式选择的一般原则。

a. 正离子模式。适合于碱性样品，可用甲酸或乙酸对样品进行酸化。样品中含有仲胺或叔胺时可优先考虑使用正离子模式。

b. 负离子模式。适合于酸性样品和含有较多强电负性基团的物质，可用氨水或三乙胺对样品进行碱化。样品中含有较多的强电负性基团，如含氯、含溴和多个羟基时可尝试使用负离子模式。

④辅助气体流量和温度的选择。雾化气对流出液形成喷雾有影响，干燥气影响喷雾去溶剂效果，碰撞气影响二级质谱的产生。检验操作中温度的选择和优化主要是针对接口的干燥气体而言，一般情况下选择温度高于待分析物的沸点 20℃左右即可。对热不稳定性化合物，要选用更低的温度以避免其分解。

选用干燥气温度和流量大小时还要考虑流动相的组成，有机溶剂比例高时，可采用适当低的温度和小一点的流量。同时使用的色谱柱内径越大干燥气的流量越大，去溶剂温度也越高。

⑤调谐窗口的参数设置。

a. 电离电压（capillary voltage）。分为正负两种模式。对于 ESI，正离子时设定范围2～4kV，负离子时设定范围 2～3kV。对于 ACPI，电晕放电针的电流正离子时设定范围0～

10μA，负离子时设定范围 0～5μA。

b. 锥孔电压的选择（cone voltage）。一般在 10～100V 范围内调节，以达到最大的离子碎片强度为准。

c. 离子源温度（source temp）。与液体流速有关，一般在 80～150℃范围内调节。通常 APCI 较 ESI 高 30℃。

d. 干燥气温度（desolvation temp）。与液体流速有关，ESI 一般设定 100～300℃，APCI一般设定 300～600℃。

e. 碰撞电压的选择（collision voltage）。一般在 2～100 eV 范围内调节，以达到最大的碎片离子强度。

f. 去溶剂气体流量（desolvation）。一般在 300～1 000L/h 优化，与流动相流速大小、流动相含水比例高低、是否容易气化有关。

（3）扫描方式的选择：

①全扫描（full scan）。全扫描是在给定的时间范围内对给定的质荷比范围进行无间断的扫描，可获得样品中每一个组分（或某一时间段）的全部质谱。此种模式下可以得到化合物的准分子离子，从而可判断出化合物的分子量，用于鉴别是否有未知物，并确认一些判断不清的化合物，如合成化合物的质量及结构。

②选择离子监测（SIM）。SIM 是对一个或一组特定离子进行检测的技术。用于检测已知或目标化合物，比全扫描方式获得更高的灵敏度。这种数据采集的方式一般用于定量目标化合物之前，而且需要知道已知化合物的性质。

③多反应监测（MRM）。多反应监测是串联质谱特有的检测模式，即在同一个通道或多通道内监测一个或多个特定的离子反应。适用于对混合物中痕量物质的快速鉴别和定量分析，选择性高，灵敏度高。

④MS/MS 扫描。包括母离子扫描、子离子扫描和中性丢失扫描。

子离子扫描常用于 MRM 方法开发，寻找最强碎片离子，并确定其最佳碰撞能量和相关质谱参数。

母离子扫描、中性丢失扫描可以用来研究结构相似化合物（如具有相同结构碎片或相同结构基团的化合物），也可用来鉴定和确认类型已知的化合物。

3. 注意事项

（1）液相作为质谱的进样系统，与串接质谱匹配时，一般使用较短的色谱柱和较低的流速，以便进入离子源的样品能更好地电离。

（2）对流动相的要求，严禁使用不挥发的磷酸盐、硼酸盐、会抑制离子化过程的表面活性剂、清洁剂和离子对试剂，盐酸、硫酸等无机酸也不能用。

（3）对于基质复杂的生物样品，色谱柱和质谱连接管路容易堵塞，在使用 0.2μm 的滤膜过滤样品的同时需要经常检查流路、过滤器、单向阀、保护预柱。使用后的液相系统要充分使用超纯水清洗流路，并用甲醇封存管路，长期不用时将色谱柱取下保存。

（二）标准实例十一——动物源性食品中多种β-受体激动剂残留量的测定　液相色谱串联质谱法（GB/T 22286—2008）

1. 原理及适用范围　试样中的残留药物经酶解，用高氯酸调 pH 后高速离心沉淀蛋白，上清液用异丙醇-乙酸乙酯提取，再用 MCX 阳离子交换柱净化，液相色谱-串联质谱法测定，内标法定量。

适用于猪肝、猪肉中特布他林、沙丁胺醇、塞曼特罗、塞布特罗、莱克多巴胺、克仑特罗、溴布特罗、苯氧丙酚胺、马布特罗、马贲特罗、溴代克伦特罗残留量的检验。

2. 试剂材料

（1）试剂与标准品：水为 GB/T 6682 中规定的一级水；乙酸乙酯、异丙醇为分析纯；甲醇为色谱纯；β-盐酸葡萄糖醛苷酶/芳基硫酸酯酶：10 000U/mg；特布他林、沙丁胺醇、塞曼特罗、塞布特罗、莱克多巴胺、克仑特罗、溴布特罗、苯氧丙酚胺、马布特罗、马贲特罗、溴代克伦特罗标准品：纯度均大于 98.0%；同位素内标物克伦特罗-D9、沙丁胺醇-D3：纯度均大于 98.0%。

（2）溶液：乙酸钠缓冲液（0.2mol/L）：称取 13.6g 乙酸钠，溶解于 500mL 水中，用适量乙酸调 pH 至 5.2；高氯酸溶液（0.1mol/L）；氢氧化钠溶液（10mol/L）；2%甲酸水溶液；饱和氯化钠溶液；5%氨水甲醇溶液；0.1%甲酸水溶液-甲醇溶液（95+5，*V/V*）；异丙醇-乙酸乙酯（6+4，*V/V*）。

（3）标准溶液的配制：标准储备液（100μg/mL），准确称取适量的特布他林、沙丁胺醇、塞曼特罗、塞不特罗、莱克多巴胺、克仑特罗、溴布特罗、苯氧丙酚胺、马布特罗、马贲特罗、溴代克伦特罗标准品，用甲醇分别配制成 100μg/mL 的标准储备液，−18℃避光保存，有效期为 12 个月；混合标准储备液（1μg/mL）：分别准确吸取 1.00mL 的上述标准储备液至 100mL 容量瓶中，用甲醇稀释至刻度，−18℃避光保存；同位素内标储备溶液（100μg/mL）：准确称取适量克伦特罗-D9、沙丁胺醇-D3，用甲醇配制成 100μg/mL 标准储备液，−18℃避光保存，有效期 12 个月；同位素内标工作溶液（10ng/mL）：将上述同位素内标储备溶液用甲醇进行适当稀释。

3. 操作过程

（1）试料的制备：取均质的供试料品，作为供试试料。取均质的空白样品，作为空白试料。添加适宜浓度的标准工作液，作为空白添加试料。

（2）酶解：准确称取 2g（精确到 0.01g）测试样品于 50mL 离心管内，加入 0.2mol/L 乙酸钠溶液（pH=5.2）8.0mL，再加入 β-盐酸葡萄糖醛苷酶/芳基硫酸酯酶 50μL，涡旋混匀，于 37℃下避光水浴水解 12h。β-受体激动剂在生物体内的代谢以轭合态存在，其残留检测必须经过水解过程。常用的水解方法主要有酸解、碱解和酶解等。酶解常采用 β-盐酸葡萄糖醛苷酶/芳基硫酸酯酶进行，该酶在 pH5.2 及 37℃时活性最好，需严格控制。加入乙酸铵溶液为提取液可保证溶液的酸碱度。

（3）提取：添加 100mL 10ng/mL 内标工作液于待测样品中。加盖，水平振荡 15min，5 000r/min 离心 10min，取 4mL 上清液加入 0.1mol/L 高氯酸 5mL，混合均匀，用高氯酸调节 pH 到 1±0.3，以除去蛋白等大分子物质。5 000r/min 离心 10min 后，将全部上清液转移至 50mL 离心管内。β-受体激动剂多为中等极性的疏水性物质，呈弱碱性或酸碱两性，用 10mol/L NaOH 溶液调 pH 至 11，使药物呈游离状态。

加入 10mL 饱和氯化钠溶液和 10mL 异丙醇-乙酸乙酯，涡旋混匀，5 000r/min 离心 10min。

转移上层有机质相，于 40℃水浴氮气吹近干，用 5mL 乙酸钠溶液溶解，备用。注意提取、涡旋过程中不可有洒漏，离心时需要保持低温。

(4) 净化：将 MCX 阳离子交换柱（60mg，3mL）连接到真空过柱装置。将上述备用液上柱，依次用水、2%甲酸溶液、甲醇各 2mL 洗柱子并彻底抽干。洗脱采用 2mL 5%氨水甲醇溶液，流速控制在 0.5mL/min。洗脱液在 40℃下水浴氮气吹近干。通过阳离子交换柱的洗脱液要全部收集于容器中；提取液在氮吹时，不可完全吹干，否则，由于部分组分逸失而致回收率偏低。

残余物用 200μL 0.1%甲酸水溶液-甲醇溶液（95+5，*V/V*）超声溶解混匀，转移到 1.5mL 离心管中，15 000r/min 离心 10min，取上清液适量，供测定。

(5) 测定：

①液相色谱参考条件。

a. 色谱柱。ATLANTICS C_{18}柱（150mm×2.1mm，5μm），或相当者。

b. 流动相。A 相：0.1%甲酸乙腈溶液；B 相：0.1%甲酸水溶液。

c. 梯度洗脱。0～2min，维持 4%A 相；2～8min，4%A 相线性变化至 80%A 相；8～21min，80%A 相线性变化至 23%A 相；21～22min，23%A 相线性变化至 95%A 相；22～25min，维持 95%A 相；25～25.5min，95%A 相线性变化至 4%A 相；25.5～28min，维持 4%A 相。

洗脱程序可根据实际出峰情况稍调整，以确保出峰时间和峰形。

d. 流速。0.2mL/min。

e. 柱温。30℃。

f. 进样量。20μL。

②质谱参考条件。

a. 离子源。电喷雾离子源。

b. 扫描方式。正离子扫描。

c. 检测方式。多反应监测。

d. 电离电压。3.2kV。

e. 源温。110℃。

f. 雾化温度。350℃。

g. 锥孔气流速。50L/h。

h. 雾化气流速。650L/h。

药物保留时间、定性定量离子对锥孔电压、碰撞能量见表 4-1。

表 4-1　11 种β-受体激动剂保留时间、定性、定量离子对及内标物

药　　物	保留时间（min）	定性离子对（*m/z*）	定量离子对（*m/z*）	内标物
沙丁胺醇	6.16	240>148 240>222	240>148	沙丁胺醇-D3
莱克多巴胺	14.65	302>164 302>284	302>164	沙丁胺醇-D3
特布他林	6.24	226>152 226>125	226>152	沙丁胺醇-D3

（续）

药　　物	保留时间（min）	定性离子对（m/z）	定量离子对（m/z）	内标物
塞曼特罗	7.01	202>160 202>143	202>160	克伦特罗-D9
溴代克伦特罗	16.52	323>249 323>168	323>249	克伦特罗-D9
苯氧丙酚胺	18.72	302>150 302>284	302>150	克伦特罗-D9
马贲特罗	23.11	325>237 325>217	325>237	克伦特罗-D9
塞布特罗	11.07	234>160 234>143	234>160	克伦特罗-D9
克伦特罗	15.66	277>203 277>259	277>203	克伦特罗-D9
溴布特罗	17.47	367>293 367>349	367>293	克伦特罗-D9
马布特罗	18.77	311>237 311>293	311>237	克伦特罗-D9
沙丁胺醇-D3	15.60	243>151	243>151	—
克伦特罗-D9	6.10	286>204	286>204	—

③定性、定量。取试料溶液和混合标准工作溶液，内标法计算。试料溶液和各标准溶液的峰面积均应在仪器检测的线性范围之内。试料溶液中的离子相对丰度与标准溶液中的离子相对丰度相比，应符合表 4-2 的要求。

表 4-2　试料溶液中的离子相对丰度的允许偏差范围

离子相对丰度（%）	允许相对偏差（%）
>50	±20
>20～50	±25
>10～20	±30
≤10	±50

（6）空白试验：取空白试料，采取完全相同的测定步骤进行平行操作。

4. 结果分析与评价

（1）计算：按式（4-2）计算样品中 11 种 β-受体激动剂残留量。沙丁胺醇-D3 是沙丁胺醇、特布他林和莱克多巴胺的内标物，克伦特罗-D9 是其他 8 种 β-受体激动剂的内标物。

$$X=\frac{c \times c_i \times A \times A_{si} \times V}{c_{si} \times A_i \times A_s \times m} \tag{4-2}$$

式中：

X——样品中β-受体激动剂残留量，单位为微克每千克（μg/kg）；

c——各种β-受体激动剂标准工作溶液的浓度，单位为微克每升（μg/L）；

c_{si}——标准工作溶液中内标物的浓度，单位为微克每升（μg/L）；

c_i——样液中内标物的浓度，单位为微克每升（μg/L）；

A_s——每种β-受体激动剂标准工作溶液的峰面积；

A——样液中每种β-受体激动剂的峰面积；

A_{si}——标准工作溶液中内标物的峰面积；

A_i——样液中内标物的峰面积；

V——样品定容体积，单位为毫升（mL）；

m——样品称样量，单位为克（g）。

计算结果需扣除空白值，测定结果采用平行测定的算术平均值表示。计算结果小于方法检出限 0.5μg/kg 时，视为未检出。

（2）检出限和精密度：在正式检验工作开始前，需经过方法学研究考察，直至检测结果符合规定。

①检出限。特布他林、沙丁胺醇、塞曼特罗、塞布特罗、莱克多巴胺、克仑特罗、溴布特罗、苯氧丙酚胺、马布特罗、马贲特罗、溴代克伦特罗在猪肝、猪肉中的检出限为 0.5μg/kg。

②精密度。在重复性条件下获得的两次独立测定结果的绝对差值不得超过算术平均值的 30%。

检测完成后，按仪器操作规程，正确清洗色谱柱及其他附属配件，关闭仪器与附属电源，编写原始记录并附谱图。

（三）标准实例十二——猪肉、牛肉、鸡肉、猪肝和水产品中硝基呋喃类代谢物残留量的测定　液相色谱串联质谱法（GB/T 20752—2006）

1. 原理及适用范围　硝基呋喃类抗菌药物包括呋喃唑酮、呋喃西林、呋喃它酮、呋喃妥因，这类化合物对光敏感，在动物体内及其产品中代谢较快，但其代谢物以蛋白结合物的形式存在时间较长，因此各国均将硝基呋喃类代谢物作为指示硝基呋喃类药物残留的标示物。硝基呋喃类药物经胃酸分解成代谢物，代谢物中的—NH_2基团会通过共价键结合样品组织的某些基团。要使硝基呋喃类代谢物从样品组织中被提取出来需要在酸性条件下经过衍生才能提高方法的灵敏度。

样品中硝基呋喃类代谢物在酸性条件下水解，用 2-硝基苯甲醛（2-NBA）衍生化，经 HLB 固相萃取柱净化，液相色谱-串联质谱仪测定，外标法或同位素内标法定量。

2. 试剂材料

（1）试剂与标准品：实验用水符合 GB/T 6682 一级水的标准；甲醇、乙腈、乙酸乙酯、正己烷、甲酸为色谱纯；浓盐酸、氢氧化钠、二甲亚砜、磷酸氢二钾、乙酸为分析纯；2-NBA 含量大于 99%；标准物质呋喃唑酮的代谢物 3-氨基-2-噁唑烷基酮（AOZ）、呋喃它酮的代谢物 5-甲基吗啉-3 氨基-2-噁唑烷基酮（AMOZ）、呋喃西林的代谢物氨基脲（SEM）的盐酸盐和呋喃妥因的代谢物 1-氨基-2-内酰脲（AHD）的盐酸盐标准品，纯度均≥99%；四种硝基呋喃类代谢物内标标准物质 $AMOZ\text{-}D_5$、$SEM\text{-}^{13}C\text{-}^{15}N_2$、$AHD\text{-}^{13}C_3$、$AOZ\text{-}D_4$，纯度均≥99%。

（2）溶液：盐酸溶液（0.2mol/L），准确量取浓盐酸17mL，用水定容至1L；氢氧化钠溶液（1mol/L），准确称取40g氢氧化钠，用水溶解并定容至1L；2-NBA溶液（0.05mol/L），准确称取2-NBA0.075g，二甲亚砜溶解并定容至10mL，该溶液不稳定，需现用现配；磷酸氢二钾溶液（0.1mol/L），称取17.4g磷酸氢二钾，溶于1 000mL水中；样品定容溶液：10mL乙腈，0.3mL乙酸，用水稀释至100mL。

（3）内标溶液的配制：同位素内标储备液（1.0mg/mL），准确称取AOZ-D_4、AMOZ-D_5、SEM-^{13}C-^{15}N和AHD-$^{13}C_3$适量，分别用甲醇溶解定容，−18℃冷冻避光保存，有效期6个月；混合内标标准溶液（0.1μg/mL），准确吸取适量各储备液于容量瓶中，甲醇定容，−18℃冷冻避光保存，有效期3个月。

（4）标准溶液的配制：AOZ标准储备液（1.0mg/mL），准确称取（10.0±0.1）mg AOZ，用甲醇溶解并定容于10mL棕色容量瓶中，−18℃冷冻避光保存，有效期6个月；AMOZ标准储备液（1.0mg/mL），准确称取（10.0±0.1）mg AMOZ，用甲醇溶解并定容于10mL棕色容量瓶中，−18℃冷冻避光保存，有效期6个月；SEM标准储备液（1.0mg/mL），准确称取（14.9±0.1）mg SEM-HCl，用甲醇溶解并定容于10mL棕色容量瓶中，−18℃冷冻避光保存，有效期6个月；AHD标准储备液（1.0mg/mL），准确称取（13.2±0.1）mg AHD-HCl，用甲醇溶解并定容于10mL棕色容量瓶中，−18℃冷冻避光保存，有效期6个月；混合标准溶液（0.1μg/mL），准确吸取AOZ、AMOZ、SEM和AHD标准储备液适量，用甲醇稀释并定容，−18℃冷冻避光保存，有效期3个月。

3. 操作过程　样品前处理以水产品为例，定量方式采取同位素内标法。

（1）样品预处理：鱼去鳞、去皮、沿背脊取肌肉；虾去头、壳、附肢，取可食肌肉部分；蟹、中华鳖等取可食肌肉部分；样品切成0.5cm×0.5cm×0.5cm的小块后，匀浆。

将匀浆后的样品置于洁净自封口塑料袋中，放置−18℃冰柜中冷冻储存备用。每次用过的刀具、砧板、匀浆杯、匀浆刀头必须彻底清洗后才能用于切割、匀浆下一个样品。

（2）称取和脱脂：称取样品2g（精确到0.01g），于50mL离心管中，加入10mL甲醇-水混合溶液（2+1），均质1min，再用5mL甲醇-水混合溶液（2+1）洗涤均质器刀头，二者合并4 000r/min离心5min，吸取上清液弃掉。加入200mL混合内标工作溶液，涡旋混合1min，使得四种内标物最终测定浓度均为2.0μg/mL。

（3）水解和衍生化：在上述离心管中再加入10mL盐酸溶液（0.2mol/L）均质1min，10mL盐酸溶液洗涤均质器刀头，二者合并后加入0.3mL 2-NBA溶液（0.05mol/L），涡旋混匀1min后，置于恒温水浴振荡器中37℃避光振荡反应16h。

硝基呋喃类药物在动物体内以代谢物的形式存在，其中绝大部分以结合态的形式与蛋白结合，要准确检测，首先要将其水解，使硝基呋喃类代谢物游离出来。与其他一些在动物体内也呈各种结合态的药物残留物（如莱克多巴胺等）不同，在稀酸条件下硝基呋喃类代谢物就可以水解游离，不需要酶解。而硝基呋喃类代谢物均为小分子化合物，不利于在质谱仪中产生特征性离子碎片，对定量特别是定性分析造成困难。对代谢物的自由氨基团进行衍生化，可以形成具有较好特性的化合物，目前多数采用2-NBA进行柱前衍生，代谢物AOZ、AHD、AMOZ、SEM衍生后衍生物的相对分子质量分别达到248、235、334、208，较代谢物本身增大了许多，同时使代谢物衍生物在适当的碰撞电压下可产生不少于两个特征离子的碎片峰以满足检测要求。

硝基呋喃类代谢物的水解、衍生化同时进行，水解出来的游离态代谢物及时与 2-NBA 发生反应生成代谢物衍生物。这个反应需要在 37℃条件下衍生 16h。为了确保反应完全，反应时间要保证，同时保持振荡模式，不能静置反应。有研究表明，生物体内许多细胞大分子也含有可与 2-NBA 反应的氨基，需要加入足量的衍生化试剂，以确保由蛋白结合态的硝基呋喃类残留物释放出的游离代谢物全部衍生化。

（4）净化：取出离心管放置至室温，加入 5mL 磷酸氢二钾溶液（0.1mol/L），用氢氧化钠溶液（1mol/L）调节 pH 约为 7.4，调 pH 时要尽量保证精确，否则影响回收率。4 000 r/min 离心 10min。上清液以小于 2mL/min 流速通过 Oasis HLB（60mg/3mL，使用前分别用 5mL 甲醇、10mL 水预处理），10mL 水洗涤萃取柱，并抽干 15min。5mL 乙酸乙酯洗脱，棕色离心管收集洗脱液，40℃水浴氮气吹近干，加入样品定容溶液溶解并定容至 1.0mL，过 0.22μm 滤膜，测定。

硝基呋喃类代谢物衍生物在反相 C_{18} 固相萃取柱上有很好的吸附性，调节 pH 约为 7.4，样品水解液上柱后，通过水淋洗除去部分干扰物，然后乙酸乙酯作为洗脱剂将目标化合物洗脱下来。而对于某些脂肪含量较高的样品，为提高固相萃取柱的净化效果，在样品水解液调节酸度后，需要在上清液中加入 5mL 正己烷，振荡 2min，4 000r/min 离心 10min，去除脂肪后过 HLB 固相萃取柱。

（5）混合基质标准溶液的制备：称取 5 个阴性样品 2g（精确到 0.01g），分别于 50mL 离心管中，加入 10mL 甲醇-水混合溶液（2＋1），均质 1min，再用 5mL 甲醇-水混合溶液（2＋1）洗涤均质器刀头，二者合并 4 000r/min 离心 5min，吸取上清液弃掉。向 5 个离心管里分别加入硝基呋喃类代谢物混合标准溶液，使得最终测定浓度分别为 0.5ng/mL、1.0ng/mL、2.0ng/mL、4.0ng/mL、10.0ng/mL。再向每个离心管加入适量混合内标标准溶液，使得内标物最终测定浓度为 2.0ng/mL。接下来，按照“水解和衍生化”与“净化”步骤操作。

（6）测定：

①色谱条件。

a. 色谱柱。C_{18} 柱，150mm×2.1mm（内径），5μm，或其他性能相当者。

b. 柱温。35℃。

c. 进样量。40μL。

d. 流动相 A：0.3%乙酸水溶液；流动相 B：0.3%乙酸乙腈溶液。采用梯度洗脱程序见表 4-3，平衡时间为 5min。

表 4-3　梯度洗脱程序

时间（min）	流动相 A（%）	流动相 B（%）	流速（μL/min）
0.00	80	20	200
3.00	50	50	200
8.00	50	50	200
8.01	80	20	200
16.00	80	20	200

在测定过程中，待仪器基线平稳后，以低浓度的混合标准工作溶液进样，探索并验证色谱条件的可行性，否则适当调整流动相比例和流速。同时梯度洗脱的时间设置可根据实际仪器的测试具体情况进行调整和优化。

②质谱条件。

a. 离子化模式。大气压电喷雾离子源（ESI），正离子模式。

b. 喷雾电压。3 000V。

c. 蒸气温度。400℃。

d. 离子传输毛细管温度。320℃。

e. 碰撞气压力。氩气，0.1995Pa。

f. 扫描模式。选择反应监测（SRM），选择反应监测母离子、子离子和碰撞能量见表 4-4。

表 4-4　四种硝基呋喃类代谢物及内标物的定性离子对、定量离子对和碰撞能量

目标化合物	定性离子对（m/z）	定量离子对（m/z）	碰撞能量（V）
AOZ	236>192	236>134	19
	236>134		22
AOZ-D_4	240>134	240>134	14
AHD	249>178	249>134	22
	249>134		14
AHD-$^{13}C_3$	252>134	252>134	14
SEM	209>166	209>166	11
	209>192		13
SEM-^{13}C-^{15}N	212>168	212>168	11
AMOZ	335>128	335>291	19
	335>291		12
AMOZ-D_5	340>296	340>296	12

③定性依据。每种被测组分选择 1 个母离子、2 个以上子离子，在相同测试条件下，样品中待测物质和内标物的保留时间之比，与混合基质标准溶液中对应的相对保留时间偏差在±2.5%以内，且样品中各组分定性离子的相对丰度与浓度相当的混合标准溶液中对应的定性离子对相对丰度偏差不超过表 4-5 规定的范围，则可判定为样品中存在对应的待测物。

表 4-5　定性确证时相对离子丰度的最大允许偏差

离子相对丰度（%）	允许相对偏差（%）
>50	±20
>20～50	±25
>10～20	±30
≤10	±50

④定量测定。按上述设定仪器条件，待仪器稳定后，将混合标准工作液和样品制备液等体积进样测定，内标法定量。

4. 结果分析与评价

(1) 结果计算：样品中硝基呋喃类代谢物残留量按式 (4-3) 计算。计算结果需扣除空白值。

$$X=\frac{R\times c\times V}{R_s\times m} \tag{4-3}$$

式中：

X——样品中硝基呋喃类代谢物的含量，单位为微克/千克 (μg/kg)；

R——样液中硝基呋喃类代谢物与内标物峰面积比值；

c——混合基质标准溶液中分析物的浓度，单位为纳克/升 (ng/L)；

V——样液最终定容体积，单位为毫升 (mL)；

R_s——混合基质标准溶液中硝基呋喃类代谢物与内标物峰面积比值；

m——样品质量，单位为克 (g)。

(2) 方法检出限：四种硝基呋喃类代谢物的检出限均为 0.5 微克/千克 (μg/kg)。

(3) 方法精密度：本方法精密度数据按 GB/T 6379.1 和 GB/T 6379.2 的规定确定的，重复性和再现性的值以 95%可信度来计算。

在重复性条件下，获得的两次独立测试结果的绝对差值不超过重复性限 r。如果差值超过重复性限，应舍弃试验结果并重新完成两次单个试验的测定。在再现性条件下，获得的两次独立测试结果的绝对差值不超过再现性限 R。四种代谢物的含量范围及重复性和再现性方程具体参见 GB/T 20752—2006。

三、气相色谱-质谱法

(一) 实验要点

1. 方法原理　将样品分子置于高真空的离子源中，使其受到高速电子流或强电场等作用，失去外层电子而生成分子离子，或化学键断裂生成各种碎片离子，经加速电场的作用形成离子束，进入质量分析器获得质谱图。质谱提供丰富的信息可进行定性、定量分析。

2. 常见问题和方法解决

(1) 提取净化：兽药残留检测中氯霉素、甲砜霉素以及盐酸克伦特罗一般采用气相色谱-质谱法测定，乙酸乙酯广泛地用在气质联用的样品前处理环节。由于兽药检测基质中一般含有大量油脂，故常需加入正己烷或甲醇进行液-液萃取。同时为了避免乳化现象的产生，需同时加入少量氯化钠或加入极性较大的水溶液进行反萃取，以达到去脂的效果。

脱脂后的提取液需采用固相萃取进一步净化，常用的固相萃取小柱有 MCX、C_{18} 及 PRS 固相萃取柱等，用以去除样品中的干扰基质，否则进样口与色谱柱容易受到污染，而降低色谱性能。

(2) 衍生：多数的兽药沸点或极性较高，需经过适当的衍生化才可用于气相色谱质谱法的检测。例如氯霉素、甲砜霉素及克伦特罗等均需采用硅烷化试剂进行柱前衍生化。

(3) 色谱柱的选择：气-质联用检测时所用色谱柱的选择需遵循相似相溶原理，即选择与目标物极性相似的色谱柱，使待测物保留时间长、后出峰；杂质保留时间短、先出峰。

（4）气化室温度的选择：考虑待测物的沸点，设定气化室温度使待测物瞬间气化后被载气带入柱中。在保证样品不分解的情况下，适当提高气化室温度对分离和定量有利，尤其在进样量大时更是如此。一般选择气化室温度比柱温高 30～70℃。

（5）程序升温条件：程序升温条件是影响样品分离度的最主要因素。程序升温慢可改善分离度，但会增加分析时间；升温快会使载气携带组分过快流出，导致保留值相近的组分难以完全分离。柱温过高会使各组分的挥发集中，不利于分离；而柱温过低则组分在两相间扩散速度慢，分配不能迅速达到平衡，峰形变宽，柱效下降，并延长了分析时间。故升温程序需综合考虑。

在确保最难分离的组分能够良好地分离的情况下，尽可能采取较低的柱温，但以保留时间合适，峰形良好为度。对于高沸点的混合物（300～400℃），建议选择柱温低于沸点100～200℃；对于沸点不太高的混合物（200～300℃），可在中等柱温下操作，柱温比其平均沸点低 100℃；对于沸点在 100～200℃的混合物，柱温可选在其平均沸点的 2/3 左右。

（6）谱图分析：气质联用法的定性分析方法主要是库检索。定量分析方法主要有归一化法、外标法、内标法 3 种，其中外标法及内标法为兽药残留检测中常用的分析方法。

3. 注意事项

（1）样品要求溶解于有机溶剂中，溶剂应具有较低的沸点，从而易与样品分离。尽量避免使用水、二氯甲烷和甲醇做溶剂，以免缩短色谱柱的使用寿命。此外，在使用毛细管柱分析时，应注意样品的浓度不要过高，以免造成柱超载，通常样品的浓度为 μg/mL 级或更低。

（2）需要衍生的样品要合理选择衍生化方法。

（3）良好的分流比可以防止柱内某些成分含量过高，导致柱超载形成拖尾峰而影响分离效果。如果进样量过大，溶剂会膨胀为很大的体积，导致进样口衬管过载。其结果必然导致样品从吹扫出口流出而造成样品损失，同时也会造成载气输入管路的污染。

（4）数据采集时，为限制采集的峰数，可以根据本底噪声的信号水平设置一个阈值，计算机采集数据时，只有强度大于或等于阈值的信号才会被保留下来。

（5）使用库检索时被检索的质谱图应为纯化合物的质谱图，扣除背景干扰对检索是否正确十分重要。而匹配度最高的化合物不一定就是所检索的化合物，还要考虑其他信息。

（二）标准实例十三——NY/T 468—2006 动物组织中盐酸克伦特罗的测定 气相色谱-质谱法

1. 原理及适用范围

样品在碱化条件下用乙酸乙酯提取，合并提取液后，利用盐酸克伦特罗易溶于酸性溶液的特点，用稀盐酸反萃取。萃取的试样 pH 调至 5.2 后用 SCX 固相萃取小柱净化，分离的药物残留经过双三甲基硅烷三氟乙酰胺（BSTFA）衍生后测定。

本方法适用于动物肝组织中盐酸克伦特罗的测定。

2. 试剂材料

（1）试剂：甲醇、乙酸乙酯、甲苯为分析纯；双三甲基硅烷三氟乙酰胺，BSTFA。

（2）溶液：30mmol/L 盐酸，用蒸馏水稀释 30mL 1mol/L 盐酸溶液至 1L 即可；实际工作中按照实际需要量进行缩放，避免浪费。4%氨化甲醇，用甲醇稀释 4mL 氨水溶液（比重 0.88g/mL）至 100mL。10%碳酸钠溶液，称取 10g 无水碳酸钠溶解于 90mL 蒸馏水中。

（3）材料：SCX 小柱：supelclean，LC-SCX Sep Pak 小柱 500mg，3mL。

（4）标准溶液的配制：储备液，精确称取适量的盐酸克伦特罗标准品，用甲醇配成浓度约为 1mg/mL 的标准储备液，储于冰箱中，有效期 3 个月；工作液，将储备液用甲醇稀释成浓度为 10～2 000μg/L 的克伦特罗标准溶液，存放于冰箱中备用。

3. 操作过程

（1）提取：称取（5±0.05）g 动物肝组织样品于带盖的聚四氟乙烯离心管中，加入 15mL 乙酸乙酯，再加入 3mL 10%碳酸钠溶液，然后以 10 000r/min 以上的速度匀质 60s，确保匀质完全，盖上盖子以 5 000r/min 的速度离心 2min，吸取上层有机溶剂于离心管中，在残渣中再加入 10mL 乙酸乙酯在涡旋混合器上混合 1min，离心后吸取有机溶剂并合并提取液。依据盐酸克伦特罗易溶于稀酸的特性，采用稀盐酸反萃取，即在收集的有机溶剂中加入 5mL 0.10mol/L 的盐酸溶液，涡旋混合 30s，以 5 000r/min 的速度离心 2min，吸取下层溶液，同样步骤重复萃取一次，合并两次萃取液，有效除去提取液中的脂肪和非极性杂质，并用 2.5mol/L 氢氧化钠溶液调节 pH 至 5.2。

（2）净化：在酸性条件下，盐酸克伦特罗呈正离子态，能被阳离子交换剂吸附，因此采用 SCX 小柱依次用 5mL 甲醇、5mL 水和 5mL 30mmol/L 盐酸活化，然后将萃取液上样至固相萃取小柱中，依次用 5mL 水和 5mL 甲醇淋洗柱子，在溶剂流过固相萃取柱后，抽干 SCX 小柱。在碱性条件下，盐酸克伦特罗可与阳离子交换剂脱附，故采用 5mL 4%氨化甲醇溶液洗脱，收集洗脱液。

注意在使用 SCX 小柱净化前需对柱子进行活化，上样前注意保持柱子湿润。上样流出速度不可过快，否则待测物保留不完全，易流失。

（3）测定：

①衍生化。在 50℃水浴中用氮气吹干上述洗脱液，加入 100μL 甲苯和 100μL BSTFA，试管加盖后涡旋混合器上振荡 30s，在 80℃的烘箱中加热衍生 1h（盖住盖子），同时吸取 0.5mL 标准工作液加入 4.5mL 4%氨化甲醇溶液中，用氮气吹干后同样品操作，待衍生结束冷却后加入 0.3mL 甲苯转入进样小瓶中，进行气相色谱/质谱分析。

②GC/MS 测定参数设定。

a. 色谱柱。HP-5MS 5%苯基甲基聚硅氧烷，30m×0.25mm（内径）×0.25μm（膜厚）。

b. 进样口。220℃。

c. 进样方式。不分流。

d. 进样体积，1μL。

e. 柱温。70℃（保持 0.6min），以 25℃/min 升温至 220℃（保持 6min），以 25℃/min 升温至 280℃（保持 5min）。

f. 载气。氦气。

g. 流速。0.9mL/min（恒流）。

h. GC/MS 传输线温度。280℃。

i. 溶剂延迟。8min。

j. EM 电压。高于调谐电压 200V。

k. 离子源（EI）温度。200℃。

l. 四级杆温度。160℃。

m. 选择离子检测。m/z 为 86、212、262、277。

4. 结果分析与评价

(1) 定性：在对盐酸克伦特罗采用硅烷化试剂衍生后进行气质分析时，往往选择 86、243、262、277 等选择离子进行定性定量分析。但 243 离子往往会有一定的背景干扰从而导致实际样品检测时离子丰度会超出允许范围，造成样品定性困难。故选择 262、277、212、86 离子可大大消除干扰。

(2) 定量方法：因质荷比为 86 的离子碎片峰响应最高，故选择试样峰（m/z 86）的峰面积进行单点或多点校准定量。当单点校准定量时根据样品液中盐酸克伦特罗含量情况，选择峰面积相近的标准工作溶液进行定量，同时标准工作溶液和样品液中盐酸克伦特罗响应值均应在仪器检测线性范围内。

(3) 结果计算：试样中盐酸克伦特罗的含量按式（4-4）计算：

$$X=\frac{A\times C_s\times V}{A_s\times m} \tag{4-4}$$

式中：

X——试样中克伦特罗残留含量，单位为微克/千克（μg/kg）；

A——样液中经衍生化盐酸克伦特罗的峰面积；

A_s——标准工作液中经衍生化盐酸克伦特罗的峰面积；

C_s——标准工作液中盐酸克伦特罗的浓度，单位为微克/升（μg/L）；

V——样液最终定容体积，单位为毫升（mL）；

m——最终样液所代表的试样量，单位为克（g）。

注意：因测定盐酸克伦特罗时常有一定的基质效应，应在定量分析时扣除样品空白值。

(4) 检出限：2.0μg/kg。

(5) 精密度：在重复性条件下获得的两次独立测定结果的绝对差值不得超过算数平均值的 30%。

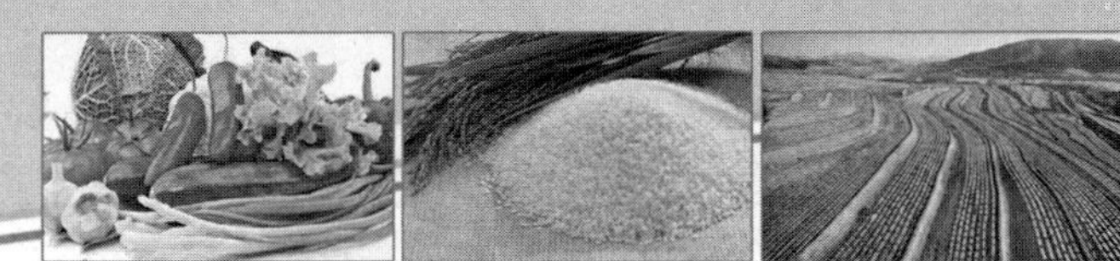

第五章 重金属检测技术

第一节　重金属检测常用仪器

一、分析仪器

（一）原子吸收光谱仪（AAS）

1. 仪器工作原理　原子吸收光谱仪是金属元素定量分析应用最广泛的仪器之一，它是基于蒸气相中待测元素的基态原子对其共振辐射的吸收强度来测定试样中该元素含量的一种分析仪器。原子吸收光谱仪从结构上分单光束原子吸收光谱仪和双光束原子吸收光谱仪，二者基本结构相同，都是由光源、原子化系统、分光系统、检测系统四个主要部分组成。基本构造和工作原理见图 5-1。

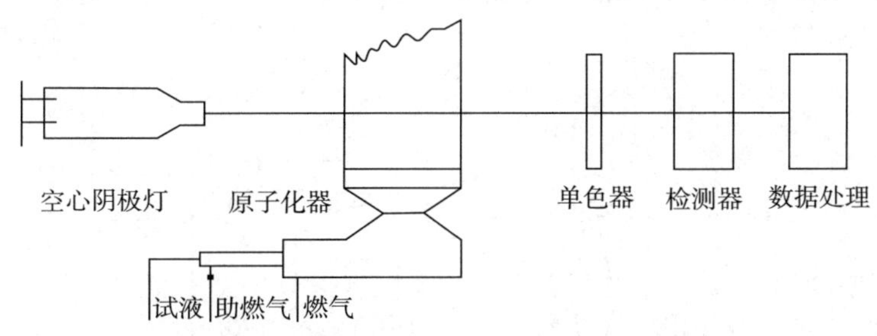

图 5-1　原子吸收光谱仪基本构造及工作原理图

其主要结构包括：

（1）光源：原子吸收分析用的光源有空心阴极灯、蒸气放电灯、高频无极放电灯和可调激光器等，其中最常用的是空心阴极灯。空心阴极灯是用被测元素的纯金属或合金作为空心阴极的材料，用金属钨作阳极材料，将两极密封于充满惰性气体（Ar 或 Ne）的玻璃管内。用不同的待测元素作阴极材料，可制成用于检测不同元素的空心阴极灯。

（2）原子化系统：原子化系统就是将试样中的待测元素变成气态的能吸收特征辐射的基态原子蒸气的装置，也叫原子化器。常用的原子化器有火焰原子化系统和非火焰原子化系统。火焰原子化系统包括雾化器和燃烧器两部分，常用的火焰为乙炔-空气，火焰原子化器最大的优点是简单，但其灵敏度低，且只能用于液体样品的测定。非火焰原子化系统有石墨炉原子化器、碳棒原子化器等，其中石墨炉原子化器最常用。石墨炉原子化器是用石墨做石墨管或石墨杯，用强交流电直接加热石墨管或石墨杯，将试样原子化。石墨炉原子化器的优点是原子化程度高，试样用量少，可测液体、固体和黏稠试样；且灵敏度高，干扰少，利于易氧化元素的测定。

（3）分光系统：分光系统包括外光路和单色器。外光路也称照明系统，由锐线光源和两个透镜组成，作用是将锐线光源辐射的共振发射线穿过原子化区，并把透过光聚焦于单色器的入射狭缝。单色器包括色散元件（棱镜、光栅）、凹凸镜和狭缝，其作用是将待测元素的共振线与邻近线分开，分掉火焰的杂散光。

（4）检测系统：检测系统由检测器、放大器、对数变换器和显示记录装置组成，作用是将待测光信号转换成电信号，经过放大、数据处理后显示结果。

2. 仪器应用 原子吸收光谱仪能测定几乎所有金属元素和一些类金属元素，目前已普遍应用于冶金、化工、地质、农业、医药卫生及生物等各领域，尤其在环境监测、食品卫生和生物机体中微量金属元素的测定中，应用日益广泛。它具有选择性强、灵敏度高、干扰较少、结果准确、可靠、仪器比较简单、价格较低廉等优点。

（二）原子荧光光谱仪（AFS）

1. 仪器工作原理 原子荧光光谱仪是通过测定气态基态原子在辐射能作用下发射的荧光强度进行定量分析的一种光谱分析仪器，主要由原子荧光光谱仪主机（图 5-2）和氢化物发生系统（图 5-3）两部分组成。原子荧光光谱仪与原子吸收光谱仪相似，由光源、光学系统、原子化系统、检测系统四部分组成。激发光源可采用锐线光源（空心阴极灯）或连续光源（氙弧灯）。光学系统构造如图 5-4 所示，分色散型和非色散型两种，色散型采用平面衍射光栅，非色散型采用滤光片。氢化物发生系统主要采用电加热式分解氢化物，也可采用火焰加热方式。氢化物发生器主要包括进样系统、混合反应器、气液分离器和载气系统。检测系统均采用光电倍增管。

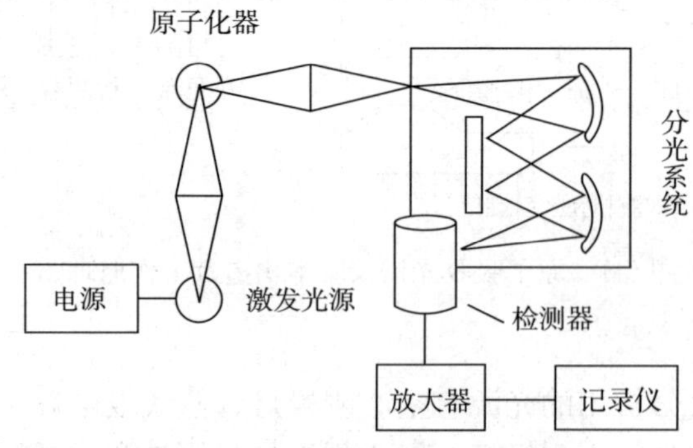

图 5-2 原子荧光光谱仪结构图

原子荧光光谱仪检测原理：待测元素试样溶液与反应剂由蠕动泵带入混合反应器，在硼氢化钾（或硼氢化钠）-酸体系下发生反应形成氢化物，经载气推动进入气液分离器，完成氢化物和废液的分离，分离掉大部分水蒸气，载气将氢化物传送至原子化器。用电加热或火焰加热的方法使氢化物迅速解离成基态，气态自由原子当吸收激发光源发出一定频率的辐射能量后，原子外层电子由基态跃迁至高能态，即处于激发状态，处于激发态的原子很不稳定，在极短的时间内即会自发的释放能量返回到基态或较低能态，若以

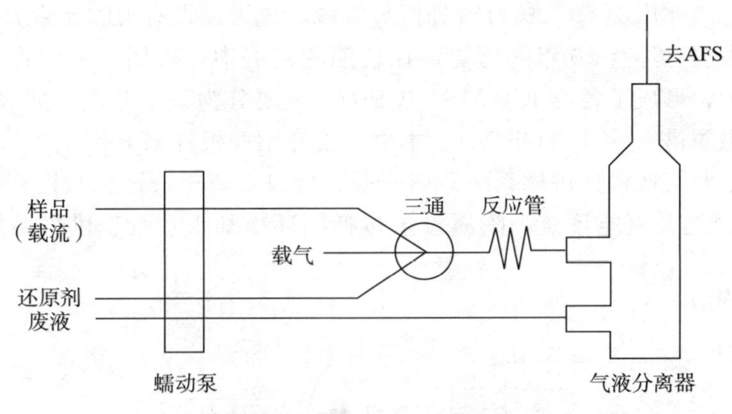

图 5-3　氢化物发生系统示意图

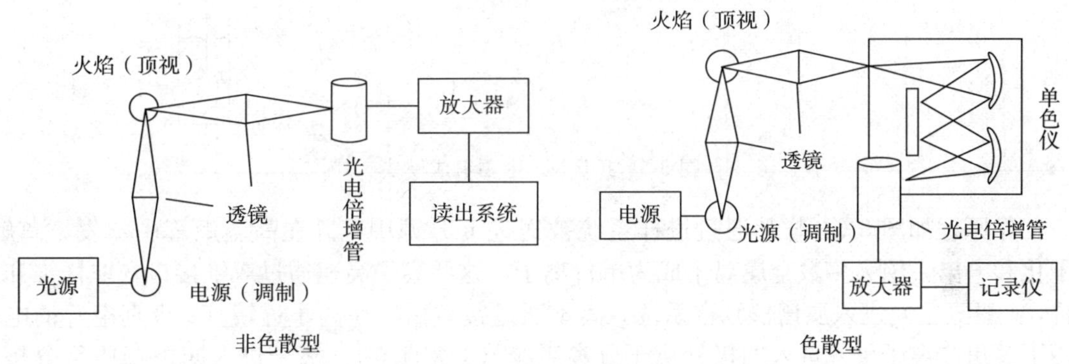

图 5-4　原子荧光光谱仪光学系统示意图

辐射的形式释放能量，则所发射的特征光即为原子荧光。原子荧光被光电倍增管接收，通过测定原子荧光的强度即可求得待测样品中该元素的含量。

2. 仪器应用　原子荧光光谱法的分析对象，原理上与原子吸收光谱法相同，可以进行数十种元素的定量分析，但到目前为止，其最成功的应用还是易形成气态氢化物的 As、Hg、Se、Sb、Bi、Sn、Pb、Te、Ge、Cd、Zn。由于进样方法采用氢化物发生系统，其主要优点有：①分析元素能够与可能引起干扰的样品基体分离，消除了干扰。②与溶液直接进行喷雾进样相比，氢化物法能将待测元素充分预富集，进样效率近乎 100%。③连续氢化物发生装置容易实现自动化。④不同价态的元素氢化物发生的条件不同，可进行价态分析。⑤与原子吸收相同，采用不同的空心阴极灯，通过他们之间的切换可以实现多元素的检测。近年来，原子荧光光谱分析在各行业应用范围不断拓展，已成为一种广泛应用于冶金、地质、有色、建材、商检、环保、卫生等领域，具有分析速度快、测量范围宽、干扰小的特点。

（三）电感耦合等离子体发射光谱仪/质谱仪（ICP、ICP-MS）

1. 仪器工作原理　电感耦合等离子体光谱/质谱仪是一种灵敏度非常高的元素分析仪器，可以测量溶液中含量在 1μg/L 以下的微量元素，具有灵敏度高、检出限低、选择性好、可测元素覆盖面广、线性范围宽、能同时进行多元素检测和同位素比测定等优点。已广泛应用于环境、冶金、生物、医学、核材料分析等领域，成为最强有力的元素分析技术。

ICP-MS的发展已经有20年的历史，在长期的发展中，人们不断地将新的技术应用于ICP-MS的设计中，形成了各类ICP-MS。ICP-MS主要分为以下几类：四极杆ICP-MS、高分辨ICP-MS（磁质谱），ICP-TOF-MS。本书主要介绍四极杆ICP-MS。

ICP-MS的主要组成包括进样系统、离子源、接口、离子透镜、八极杆碰撞反应池、四极杆滤质器、检测器及真空系统，附属设备包括循环冷却水系统、供气系统、通风系统等（图5-5）。

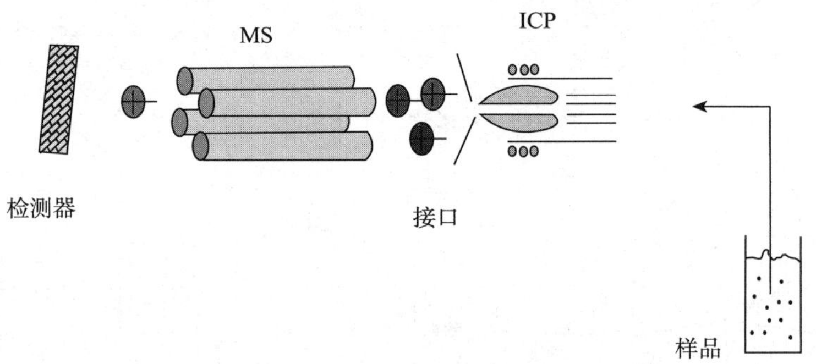

图5-5　ICP-MS主要组成模块

工作原理如图5-6，样品通过进样系统被送进ICP源中，并在高温炬管中蒸发、离解、原子化和电离，绝大多数金属离子成为单价离子，这些离子高速通过双锥接口（取样锥和截取锥，1级真空）进入质谱仪真空系统。离子通过接口后，在离子透镜（2级真空）的电场作用下聚焦成离子束并进入四极杆离子分离系统（3级真空）。离子进入四极杆质量分析器后，在分析器中，仪器通过改变分析器参数的设置，仅使我们感兴趣的核质比的元素离子顺利通过并且进入检测器，最后由离子检测器进行检测，产生的信号经过放大后通过信号测定系统检出，得到最终的元素的含量。

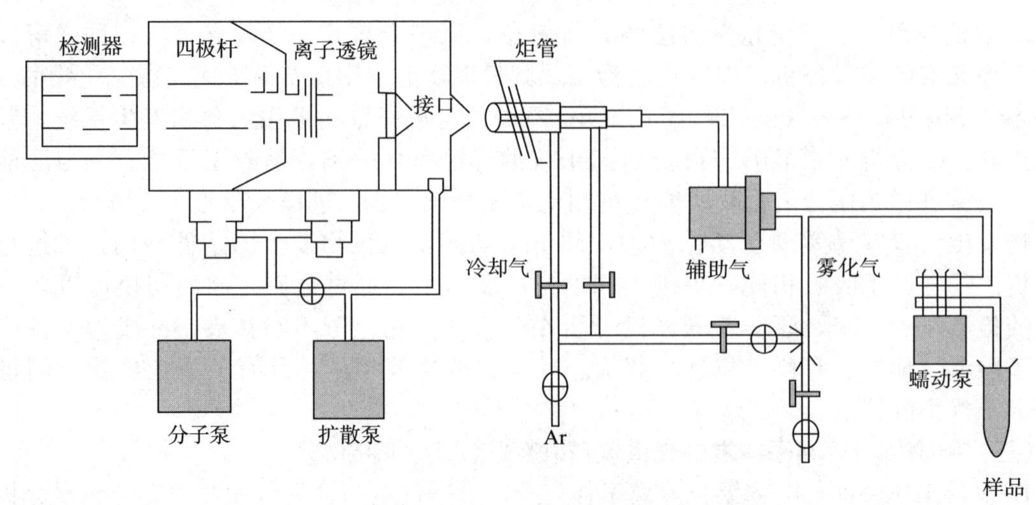

图5-6　ICP-MS工作原理

(1) 离子源：离子源是产生等离子体并使样品离子化的部分，离子源结构主要包括进样系统、工作线圈、等离子体和气路控制四个组成部分。样品通过进样系统导入，溶液样品通过雾化器等设备进入等离子体，气体样品直接导入等离子体，工作线圈为等离子体提供所需的能量，气路控制不断产生新的等离子体。

①进样系统。进样系统组成如图 5-7 所示。

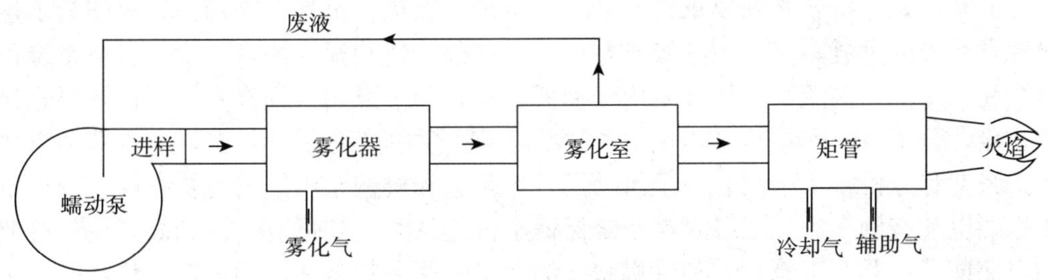

图 5-7 进样系统组成框图

a. 蠕动泵。蠕动泵把溶液样品比较均匀的送入雾化器，并同时排除雾化室中的废液。通过控制蠕动泵的转速，可以得到理想的进样速度。

b. 雾化器和雾化室。雾化器的作用是使样品从溶液状态变成气溶胶状态，因为只有气状的样品才可以直接进入炬管的等离子体中。由于等离子体对直径较大的微粒的放电效率较差，因此要求进入炬管的气溶胶状的样品液滴有均匀和细小的几何尺寸。为了达到这个目的，仪器中采用了雾室，雾室是一个气体流过的通道，当气溶胶通过时，直径大于 10μm 的液滴将被冷凝下来，从废液管排出。雾化室的另一个目的是柔化雾化器喷出的气溶胶，最终使其均匀地进入等离子体。

②等离子体炬管。炬管是产生等离子体的装置。炬管主要有三层结构：外管、内管和中间的中心管。外管中通的是大流量的氩气，称为冷却气（cool gas），冷却气的流量大概为 13～15L/min，冷却气提供给等离子体气体（plasma gas）源源不断的 Ar 原子，在等离子体中不断电离放热，产生的 Ar 离子在射频线圈中振荡碰撞，从而维持了很高的温度，伴随着大量离子流出等离子体，又有很多 Ar 原子流入，从而达到了一种平衡。在内管中流动的气体称为辅助气（aux gas），也是氩气，它的作用是给等离子体火焰向前的推力，实现不断的电离，也很好地保护了中心管，以免过高的温度使其熔化。辅助气的流量为 0.5～1L/min。中心管中流出的是从雾室排出的样品溶液的气溶胶。气溶胶在中心管中随着接近火焰发生形态上的改变，气溶胶→干化（固体颗粒）→气化（气体）→原子化（化合物离解）→离子化（电离成 1 价离子）。等离子体工作时，首先提供强大的射频电压到 RF 工作线圈，然后利用高压使气体放电产生火化，少量离子在电磁场作用下聚集并相互碰撞，很快就使更多的原子电离，最终形成了稳定的火焰。

③冷却和气体控制。由于等离子的高温（高达 8 000～10 000℃）足以熔化任何物质，所以在仪器中多处采用水冷，RF 工作线圈是中空的，用来作为冷却水的通道。在雾室中采用半导体冷却器，对一般无机溶液，温度为 4℃左右（这个温度下，直径较大的液滴可以更好地冷凝下来），对有机溶液，可以达到－10℃。需要水冷的部分有：接口、RF 工作线圈、半导体制冷器。在 ICP-MS 中，最基本的气体是氩气，它被作为冷却气（cool gas）、辅助气

(aux gas) 和雾化气 (nebulizer gas),其他可能使用的气体包括氢气、氨气、氦气(用于CCT模式)和氧气(用于消除有机物中的碳)。

(2) 真空系统:ICP-MS主要用来检测待测物中的痕量元素,但由于空气中的灰尘含有大量的各种元素,因此在仪器中真空的要求是很高的。从进样系统到炬管,仪器一直是在常压下工作的,在仪器点火之前,氩气可以驱除管路中的空气。当离子产生后,对这些离子的聚焦、传输和选择分析就必须要求良好的真空系统,以免在过程中被污染。仪器为了达到从常压向真空系统的过渡,提供了三级真空系统,来逐步达到很高的真空度。真空系统包括一个机械泵和一个分子涡流泵,机械泵用于抽低真空,分子泵用于抽高真空。机械泵直接与扩张室相连接,分子泵工作端与分析室2(主要是四极杆和检测器)相连,出口端和机械泵相连。在扩张室和分析室1中间有一个滑动阀,扩张室和机械泵中间连有扩张阀,分子泵和机械泵工作端也连有倒车阀。三级真空系统保证了仪器从大气到低真空再到高真空的过渡,而三个阀门保证了仪器在工作状态和待机状态的稳定和两个状态之间的过渡。仪器的三级真空系统的气压如表5-1所示。

表5-1 仪器的三级真空系统的气压 (mbar)

项 目	接口部分	分析室1	分析室2
气压	2	10^{-5}	6×10^{-7}

(3) 接口:接口部分由两个锥体组成,前面的是采样锥 (sample cone),后面的是截取锥 (skimmer)。采样锥的孔径大概是0.8~1.2mm,截取锥的孔径为0.4~0.8mm。经过两个锥体,只有非常小的一部分离子进入离子透镜。在采样锥处,由于电子速度快,所以大量电子很快打到锥上,因此采样锥表面为负电性,所以空间电荷区是正电性的。由于气体压力的突然下降,所以在两锥之间,产生了离子的超声射流,所以两锥之间成为扩张室。在通过采样锥的离子中,只有大约1%的离子可以通过截取锥。进入离子镜的正离子都具有相同的速度,因此,动能和质量成正比。

(4) 离子镜:在ICP-MS中,产生的1 000 000个离子中,只有1个能够最终到达检测器,这是由于每级的效率决定的,在这样低效率的传输下,去除各种干扰就变得更加重要了,离子镜的主要目的是去除电子和中性微粒的影响,并对正电子实现聚焦。当离子从截取锥喷出时,在进入离子镜之前,能量较小的离子会更多地被真空抽走。

等离子体首先进入的是截取透镜,截取透镜具有很强的负电势,所以电子无法通过,被真空抽走。在后面是几级离子聚焦透镜,离子聚焦透镜的原理是:安装两个电极板或圆筒,在两个电极之间形成了透镜状的等场强线,当边缘离子入射到电场时,受电场影响,向中心移动,随后其运动方向又恢复到了向前,实现了位置上的聚焦。ICP-MS在产生离子的同时,也产生大量光子,由于光子也可以被检测器检测和计数,所以在离子透镜的末端,是一个偏转透镜,用于去除光子干扰。

(5) 质量分析器:不同种类的质谱仪的主要区别之一是质量分析器,目前较成熟的质量分析仪器是四极杆分析器,它是利用了四极杆对不同核质比的元素离子的筛选作用,达到顺序分析离子质量的目的。离子在四极杆中旋转、振荡,当合理设置直流电压的大小和射频电压的幅度后,只有特定核质比范围的离子才能通过四极杆,而其他离子将偏转,最终打在四极杆上损失掉,从而实现了质量选择。

（6）检测器：通常使用的检测器是一种电子倍增器，它的结构类似于光电倍增管，由很多串联的电极板构成。每个时刻，通过四极杆的离子流可以认为具有单一的核质比，检测器的目的是对这些离子计数，来得到离子的相对强度。

电感耦合等离子体质谱仪法（ICP-MS）是以等离子体为离子源的一种质谱型元素分析方法，是一种将 ICP 技术和质谱结合在一起的分析方法。ICP 利用在电感线圈上施加的强大功率的高频射频信号在线圈内部形成高温等离子体，并通过气体的推动，保证了等离子体的平衡和持续电离，在 ICP-MS 中，ICP 起到离子源的作用，高温等离子体使大多数样品中的元素都电离出一个电子而形成了一价正离子。质谱是一个质量筛选和分析器，通过选择不同质核比（m/z）的离子来检测某个离子的强度，进而分析计算出某种元素的强度。

2. 仪器应用　与传统无机分析技术相比，ICP-MS 技术提供了最低的检出限、最宽的动态线性范围、干扰最少、分析精密度高、分析速度快、可进行多元素同时测定，以及可提供精确的同位素信息等分析特性。ICP-MS 的谱线简单，检测模式灵活多样，主要应用有：①通过谱线的质荷之比进行定性分析。②通过谱线全扫描测定所有元素的大致浓度范围，即半定量分析，不需要标准溶液，多数元素测定误差小于 20%。③用标准溶液校正而进行定量分析，这是在日常分析工作中应用最为广泛的功能。④同位素比测定是 ICP-MS 的一个重要功能，可用于地质学、生物学及中医药学研究上追踪来源的研究及同位素示踪。

（四）重金属速测仪

随着科技的发展，食品、土壤、水质逐渐被工业废气、废水、废渣所污染，耕作层内的镉、铜、砷、铅、汞等重金属大量富集、积累，加上大量使用无机化学农药等致使蔬菜产品内的重金属含量严重超标的情况，会导致消费者重金属慢性中毒现象发生，已引起政府的高度重视和社会各界的广泛关注，因此重金属含量快速测定的需要也越来越迫切。重金属检测仪可在现场对土壤、水果、蔬菜、肉类等食品中重金属（镉、铬、汞、砷、铅）含量快速定量检测，对样品进行粗筛。

1. 仪器工作原理　重金属检测仪采用分光光度法，样品经消化后，被检样品中所有形态的重金属（包括镉、铬、汞、砷、铅等）转化为离子形态，相关成分与检测试剂在一定的条件下发生特异性反应，可生成不同颜色深度的产物，这些产物对不同波长可见光会产生有选择性吸收，在一定的浓度范围内溶液颜色的深浅即吸光度的高低与样品中该指标成分的浓度呈相关性，并在适当的浓度范围内服从朗伯-比尔定律。最终检测的吸光度值经仪器内置的标准曲线软件自动计算可得出样品中该指标成分的准确浓度等。

重金属检测仪主要结构是光路系统，光路系统有干涉滤光片、检测通道、卤素钨灯光源组成，9 通道光路系统，其中 8 路光源用于 96 孔板的光路信号检测，另外一道光路用于校准光源，作光源系统的补偿及光源工作情况的监测。

2. 仪器应用　重金属检测仪可快速检测土壤、食品和各类水体中的重金属含量，它目前已广泛应用于产品质量监督检验、环境保护、蔬菜批发市场、食品生产基地、各大食品安全监测等领域。具有以下优点：

（1）检测快速：重金属检测仪可测试土壤、水果、蔬菜、肉类等食品中重金属（镉、铬、汞、砷、铅）含量，样品检测时间小于 3min。

（2）仪器小巧，安全便携：重金属检测仪集药、器、仪于一体，配置便携箱，相当于一个小型实验室，体积小、重量轻，便于携带，方便野外检测。

（3）仪器操作简单，检测精度高，仪器寿命长。仪器配备手持式终端，不用连接电脑，仪器检测出来的结果通过保存后，在仪器主机上通过查询就能看到该检测项目波形。

（4）样品前处理便捷，检测试剂简洁，试剂由清洗液和标准溶液等组成，部分参数不需要各种电解液也可直接完成测量，检测成本低。

二、辅助仪器

重金属检测分析仪器除原子吸收光谱仪、原子荧光光谱仪、ICP、ICP-MS 等大型仪器外，样品上机测试前大都需要一定的前处理，使其中的重金属元素形成便于检测的离子态。前处理常用的辅助仪器有微波消解仪、电热板、石墨消解仪、马弗炉、水浴锅、高压消解罐以及新型的全自动消解仪。

（一）微波消解仪

微波消解仪（图 5-8）是用于消解、萃取、蛋白质水解等多种分析化学的样品前处理工作的常用仪器，可用于诸如原子吸收光谱仪（AAS）、原子荧光光谱仪（AFS）、电感耦合等离子体发射光谱仪（ICP-AES）、电感耦合等离子体质谱联用仪（ICP-MS）、高效液相色谱仪（HPLC）、气相色谱仪（GC）等分析仪器的样品制备。微波消解法是测定微量或超微量金属元素的首选样品前处理方法，其原理是将样品和相应试剂放置于高温高压密闭样品罐或敞口容器中，在微波的作用下，按照一定的实验方法，使样品和试剂发生快速、激烈的物理、化学反应，不仅缩短了样品处理时间，而且实现了最少的酸用量，最低的背景值及完整的回收率等传统样品处理方法无法比拟的优点。

图 5-8 微波消解仪

相比传统的消解方法，微波消解的优点如下：

（1）微波加速化学反应，消解速度快，比一般电热板方法快 10～100 倍。

（2）微波加热的同时采用高压密封罐，样品消解彻底，并且大大减少了易挥发元素的损失。

（3）微波消解使用的试剂少，减少了样品的空白值和背景。

（4）同批次处理样品的平行性、重复性好。

（5）整个消解过程在密闭条件下进行，酸试剂不会污染环境，不会对仪器内部任何部件和操作人员构成伤害，有利于保护环境和实验人员的健康。

（6）操作简便快捷，效率高。

由于有着传统消解方法无法比拟的优点，微波消解已经成功地应用到了工业、农业、矿业、贵金属、食品、环保、冶金、地质、医药、化工等与人们生活息息相关的行业。

（二）电热板

电热板（图 5-9）是电热设备的一种，多为扁薄的板状设计，结构简单、散热均匀、易于安装和使用。电热板采用不锈钢、陶瓷等材质作为外层壳体，电热合金丝被封闭于电热板的内部，因此，为封闭式加热，加热时无明火、无异味，安全性较好，适用于各种工作环境。市场上常见的电热板有不锈钢电热板、陶瓷电热板、硅橡胶电热板、碳晶电热板和碳纤维电热板等，其主要区别是在外层壳体材质不同或内层发热材料不同，如不锈钢电热板和陶瓷电热板属于外壳材质不同，其余的几种为发热材料不同。

电热板的发热材料为电热合金丝，它的工作原理非常简单，就是基本的电热效应。电热板工作时，电流通过电热合金丝，电热合金丝就会发热，将电能转换为热能，并传导给外层的壳体。电热板设计有绝缘材料，保证电热合金丝工作时的电流不会对使用者造成安全隐患。目前，电热板已被广泛应用在工业、农业、民用、国防、科技和医疗卫生等各个领域。

（三）石墨消解仪

对于较易消解的样品，可选用石墨消解仪进行消解。石墨消解仪（图 5-10）是在常压下对样品进行消解，简单、易操作，样品处理量大。也可以与微波消解仪配套，进行初级消解或消解后赶酸处理。石墨消解具有消解快速、高效、节能、便捷等优点，已成功用于食品、医药、农业、林业、环保、化工、生化等行业，以及高等院校、科研部门对土壤、饲料、植株、种子、矿石等化学分析之前的样品消解处理，同时可用于微波消解的预处理和赶酸处理，是原子吸收、原子荧光、液相色谱等分析仪器的理想配套产品。石墨消解仪特点如下：

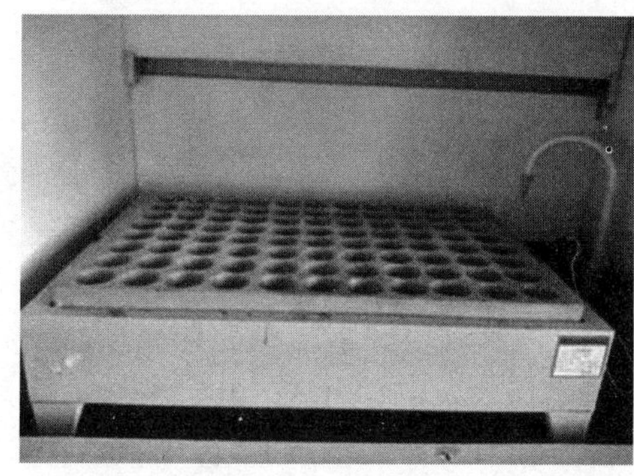

图 5-9　电热板

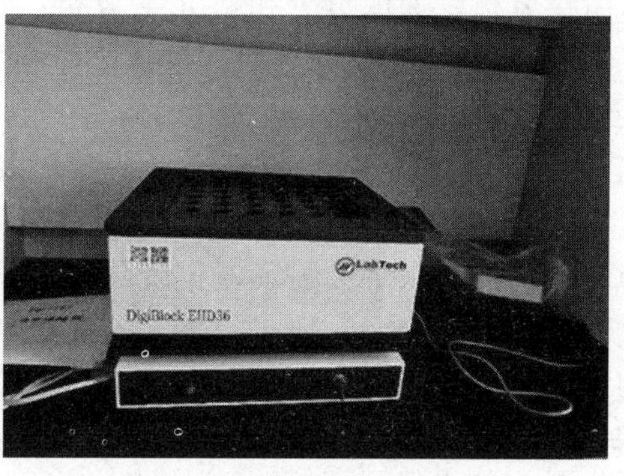

图 5-10　石墨消解仪

1. 加热均匀　加热体选用导热性能优越的耐高温高纯石墨，能保证各个消解孔间的温度均匀性，样品间温差小于±3.0 ℃，同时消解多个样品时，能保证各个样品具有相同的反应温度和条件，样品位间温度差异小，样品处理重现性好。

2. 耐腐蚀　石墨表面涂有特氟隆的涂层，易清洁且耐腐蚀，可以在强酸强碱等腐蚀环境中放心使用。

3. 控温精确　温控系统控温精度可高达±2.0℃，可调节加热速率，实现梯度升温并控制加热保持时间，完成加热程序后自动停止加热，操作简单方便，性能优良，经久耐用。

4. 高效　样品通量大，可同时进行多达 70 多个样品的处理，处理速度快，节约人力、提高工作效率。

5. 防腐设计　石墨导热材料，表面耐强酸强碱腐蚀。连接部件采用防腐材料，机箱作防腐喷塑处理，易清洁且耐腐蚀，可以在强酸强碱等腐蚀环境中安全使用。

6. 应用范围广泛　可用于实验室常规加热反应；可精确控制样品消解，也可为微波消解后的样品快速赶酸，且直接定容，不用转移。

（四）马弗炉

马弗炉（图 5-11）是一种通用的加热设备，依据外观形状可分为箱式炉、管式炉、坩埚炉；按加热元件区分有：电炉丝马弗炉、硅碳棒马弗炉、硅钼棒马弗炉；按额定温度来区分，一般分为：1 000℃以下马弗炉，1 000～1 200℃马弗炉，1 300～1 400℃马弗炉，1 600～1 700℃马弗炉，1 800℃马弗炉等；按保温材料来区分有普通耐火砖和陶瓷纤维两种。马弗炉是分析实验室样品干法前处理，冶金实验室做熔融实验，热处理部门做退火、淬火等实验，以及其他需要高温的场合必不可少的加热辅助设备，应用广泛。

主要用途和应用范围：高校、科研院所、工矿企业做高温烧结、金属退火、新材料开发、有机物质灰化、质量检测之用，也适用于军工、电子、医药、特种材料等生产和实验。热加工业工件处理、水泥、建材行业，进行小型工件的热加工或处理。医药行业，用于药品的检验、医学样品的预处理等。分析化学行业，作为水质分析、环境分析等领域的样品处理，也可以用来进行石油及其分析。煤质分析，用于测定水分、灰分、挥发份、灰熔点分析、灰成分分析、元素分析，也可以作为通用灰化炉使用。

图 5-11　马弗炉

（五）水浴锅

当被加热的物体要求受热均匀，温度不超过 100℃时，可以用水浴加热。水浴锅分恒温水浴、数显恒温水浴锅、低温水槽、电动搅拌玻璃恒温水浴锅等。水浴锅通常用铜或铝制作，恒温水浴锅内水平放置不锈钢管状加热器，水槽的内部放有带孔的铝制搁板。上盖上配有不同口径的组合套圈，适于放置不同规格的器皿（图 5-12）。水浴锅左侧有放水管，恒温水浴锅右侧是电气箱，电气箱前面板上装有温度控制仪表、电源开关。电气箱内有电热管和传感器。该温度控制系统采用了优质电子元件，控温灵敏、性能可靠、使用方便。其工作原理是传感器将水槽内水的温度转换为电阻值，经过集成放大器的放大、比较后，输出控制信号，有效地控制电加热管的平均加热功率，使水槽内的水保持恒温。

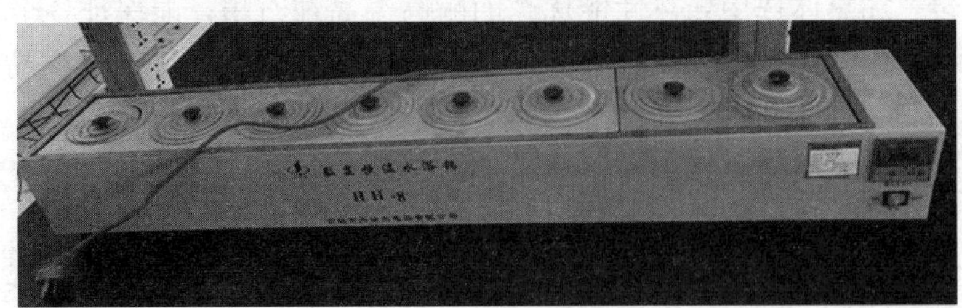

图 5-12　数显恒温水浴锅

水浴锅主要用于实验室中蒸馏，干燥，浓缩及温渍化学药品或生物制品，也可用于恒温加热和其他温度试验，是生物、遗传、病毒、水产、环保、医药、卫生、化验室、分析室、教育科研的必备工具。

（六）高压消解罐

高压消解罐（图 5-13）又称聚合反应釜、消解罐、消化罐、水热合成釜、实验用反应釜、地质消解罐，是一种能分解难溶物质的密闭容器。它可手动螺旋坚固。安全适用温度为 265℃；最高温度可达 330℃，是实验室小试型实验最理想的设备。高压消解罐消解的特点是：抗腐蚀性好，无有害物质溢出，减少污染，使用安全，升温、升压后，能快速无损失地溶解在常规条件下难以溶解的试样及含有挥发性元素的试样。外形美观，结构合理，操作简单，缩短分析时间，数据可靠。内有聚四氟乙烯衬套，双层护理，可耐酸、碱等。

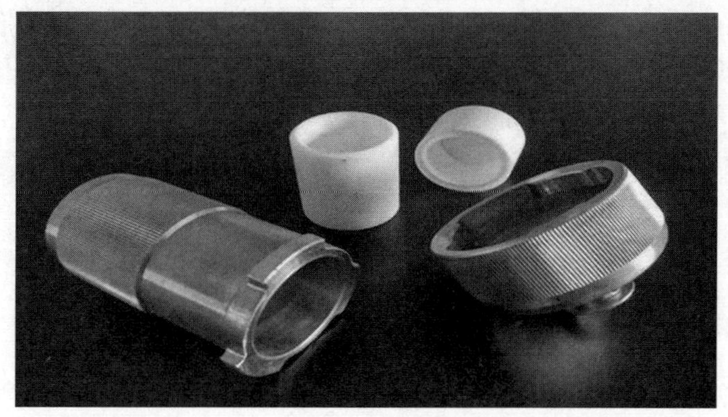

图 5-13　高压罐

高压消解罐可用于原子吸收光谱及等离子发射等分析中的溶样预处理，也可用于小剂量的合成反应，还可利用罐体内强酸或强碱且高温高压密闭的环境来达到快速消解难溶物质的目的。在气相、液相、等离子光谱质谱、原子吸收和原子荧光等化学分析方法中做样品前处理。是测定微量元素及痕量元素时消解样品的得力助手。可在铅、铜、镉、锌、钙、锰、铁、汞等重金属测定中应用，还可作为一种耐高温耐高压防腐高纯的反应容器及用于有机合成、水热合成、晶体生长或样品消解萃取等方面。在样品前处理消解重金属、农残、食品、淤泥、稀土、水产品、有机物等。因此，在石油化工、生物医学、材料科学、地质化学、环境科学、食品科学、商品检验等部门的研究和生产中被广泛使用。

（七）全自动消解仪

全自动消解仪（图 5-14）采用湿法消解的原理，是专门为无机样品前处理实验设计的一款仪器。它可以将复杂的实验步骤全部程序化，完全实现了全程的自动化和无人值守，消解方法符合 EPA 以及中国国家标准及行业标准规范，为广大的实验室用户带来无限便利。

图 5-14　全自动消解仪

针对无机样品前处理领域的全自动消解仪，实现了加酸、赶酸、加热、定容等过程的全自动化，大大降低了接触酸过程中产生的人员危害，并且显著提高样品的一致性、重复性。该系统采用双温区加热设计，每个加热温区可分别独立使用，并且执行不同的消解方法，可同时使用两套不同的消解方法消解。采用石墨加热体，加热速度均一，保证了实验的重复性，专门定制的聚四氟乙烯消解管耐腐蚀、耐高温。添加了可编程偏振电机震荡消解管架，可以使样品和试剂充分混合，并且加快消解速度。使用了高精度超声传感器进行智能液面监测，自动准确地对样品进行定容。

第二节　样品前处理方法概述

一、常用试剂

硝酸、盐酸、氢氟酸、高氯酸、过氧化氢等是重金属检测样品消解中最常用的化学试剂。它们都是良好的微波、高压吸收体，除高氯酸外，其他试剂在微波消解、高压密闭消解、电热板消解中均有较好的稳定性、安全性和适用性。

1. 硝酸　硝酸是强氧化性、腐蚀性强酸，在消解过程中起“酸”和“氧化”双重作用。硝酸可溶解常见金属和合金，生成可溶性硝酸盐；可溶解大部分的硫化物；不易溶解 Al 和 Cr；不能溶解 Au、Pt、Nb、Ta、Zr 等金属元素。

2. 盐酸　盐酸是腐蚀性、非氧化性强酸，在消解过程中起“酸”的作用，因为没有氧化性，通常不用来消解有机物。盐酸在高温和高压下可与一些难溶氧化物、硫酸盐、氟化物作用，生成可溶性盐酸盐；可以与碳酸盐、氢氧化物、磷酸盐、硼酸盐和各种硫化物反应。

3. 高氯酸　高氯酸是超强氧化性强酸，能彻底分解有机物。但在消解过程中须避免高氯酸与高含碳量的有机物直接反应，否则可能会发生爆沸或爆炸。因此，高氯酸通常与硝酸组合使用。或先加入硝酸反应一段时间后加入高氯酸。高氯酸大都在常压下的预处理时使用，较少用于密闭消解中，要慎重使用。

高氯酸存放时不应与其他有机试剂和还原物质（如醇、甘油）放在一起，要远离火种、热源。药品库不宜超过 30℃，保持容器密封，应与酸类、碱类、胺类等分开存放，切忌混储。

4. 氢氟酸　氢氟酸为无色透明的液体，有刺激性气味。它能有效地使硅酸盐变成可挥发的 SiF_4，而留下其他要测量的元素。少量氢氟酸与其他酸相结合使用，可有效地防止样品中待测元素形成硅酸盐。因氢氟酸能强烈地腐蚀金属、玻璃和含硅的物体，故一定要在塑料瓶中密封保存。

5. 硫酸　硫酸是许多有机组织、无机氧化物、合金、金属及矿石等的有效溶剂，几乎可以破坏所有的有机物。但在密闭消解时要严格监控反应温度，因为浓硫酸在达到沸点温度时可能熔化聚四氟乙烯内罐，浓硫酸的沸点是 338℃，而聚四氟乙烯的使用温度不能超过 240℃。所以，一般不单独用硫酸，而是与硝酸一起组合作用。硫酸还具有氧化性、脱水性，易形成不溶性化合物硫酸钙、硫酸铅影响测定，所以不适用于钙、铅、钡等能形成硫酸盐沉淀的测定。它还极易碳化，往往会造成测试结果偏低（表 5-2）。

表 5-2　常用无机酸的物理特性

酸	分子式	浓度（mol/L）	相对密度	沸点（℃）
硝酸	HNO_3	16	1.42	86
氢氟酸	HF	29	1.16	112
高氯酸	$HClO_4$	12	1.67	203
盐酸	HCl	12	1.18	110
硫酸	H_2SO_4	18	1.84	338
磷酸	H_3PO_4	15	1.70	213

6. 过氧化氢　过氧化氢的氧化能力随介质的酸度增加而增加，它分解产生的高能态活性氧对有机物质的破坏特别有利，使用时通常先加硝酸预处理后再加入过氧化氢。

7. 王水　王水可用来溶解许多金属和合金，其中包括钢、高温合金钢、铝合金、锑、铬和铂族金属等。植物体与废水也常使用它来进行消化。王水可从硅酸盐基质中酸洗出部分金属，但无法完全溶解。除王水外，硝酸和盐酸还常以另外的比例混合在一起作用，所谓的勒福特（Lefort）王水，也叫逆王水，是 3 份硝酸与 1 份盐酸的混合物。可用来溶解氧化硫和黄铁矿。需注意的是王水要现用现配。

8. 氢氧化钠/氢氧化钾　氢氧化钠纯品为无色透明晶体，相对密度 2.130，熔点 318.4℃，沸点 1 390℃；氢氧化钾的相对密度 2.044（20℃），熔点 360.4℃，沸点 1 320～1 324℃，易溶于水，溶解时放出大量溶解热。

在分析化学中氢氧化钠和氢氧化钾可以通过摩尔换算进行互换使用，二者都有强腐蚀性，不可与金属容器接触，且易潮解，所以在称量时不能用称量纸，要用塑料烧杯。

9. 硼氢化钠/硼氢化钾　硼氢化钠是一种白色结晶性粉末，有吸湿性，在潮湿空气中分解，在 300℃干燥空气中稳定。缓慢加热至 400℃分解，急热则 500℃开始分解。

硼氢化钾是一种白色疏松粉末或晶体。相对密度 1.178，熔点 585℃，在真空中约 500℃开始分解，在空气中稳定，无吸湿性。硼氢化钾易溶于水，水溶液加热至 100℃时，完全释放出氢。硼氢化钾活性较低，对复杂分子中其他官能团的影响较小，副反应小。

10. 重铬酸钾　熔点 398℃，沸点 500℃。稍溶于冷水，水溶液呈弱酸性，易溶于热水，测汞时可用它做保存剂，防止汞还原挥发。

11. 硫脲　在做食品时砷可与抗坏血酸一并作为还原剂使五价砷还原成三价砷，三价砷与硼氢化钾反应生成砷化氢。

12. 抗坏血酸（维生素 C）　在做食品时砷可与硫脲一并作为还原剂使五价砷还原成三价砷，硫脲还起到了稳定的作用。

13. 正辛醇　密度 0.83，折射率 1.430，沸点 196℃。正辛醇是一种具有强烈刺激性气味的无色液体，在做无机砷时加入适量正辛醇能够起到消泡作用，但它与水不能互溶，在水中不能很好地分散，因此对无机砷的检测会有一定的误差。

14. 磷酸二氢铵/硝酸镁/硝酸镧/硝酸钯　以上四种均为基体改进剂，在石墨炉原子吸收分析中，为了增加待测样品溶液基体的挥发性，或提高待测易挥发元素的稳定性，而在待测样品溶液中加入，其作用是用化学的方法改变样品的基体组成，以改变被分析元素的挥发性和基体结构，降低干扰，或将被分析元素以特定形态隔离出来，从而分离出背景信号和被分析元素的原子吸收信号。对复杂基体，基体改进剂可在原子化阶段增强原子吸收信号或降低背景信号。理想的基体改进剂，最好兼备两者的功能。

二、微波消解法

微波是一种电磁波，是频率在300～300GHz的电磁波，具有一定的穿透能力。微波在炉腔内形成一个微波场，此微波场以每秒24.5亿次的频率不断地改变其正负极性。

微波消解罐中的极性溶剂分子在微波场中也随之高频地改变方向，形成的高速偶极旋转分子间相互发生碰撞与摩擦，微波能转变为热能，因此样品在高温下与溶剂发生剧烈作用，与此同时又产生大量气体，在密闭的消解罐中形成高压，样品在高温、高压状态下迅速消解。

含有醇类、醚类、酮类、酚类化合物、丙烯醛、动物脂肪等的样品严禁使用微波消解法。

鉴于化学反应危险性给实验室人员带来潜在的威胁，微波消解仪在安全控制上有较大的技术更新，已经较好地保障操作者的安全，当然首先要求实验室人员有基本的微波样品前处理的化学知识和安全知识。使用微波消解仪，应先熟悉仪器使用说明书，参照其指导性的应用参数表（表中告知相关产品的称样量、所用试剂、微波时间等），按规定进行操作。尤其是容器安装要保证每个内衬都已安装好外层压力套，同时保证压力套为干燥状态；检查防爆膜并保证每个泄压孔内只装有一片与压力罐相符的防爆膜；严格确认压力弹片安装正确后，使用辅助工具锁紧；保证温度传感器，确保温度探头全部到位等。

微波消解法的优点是加热快、升温高、消解能力强，大大缩短了溶样的时间。消耗溶剂少，空白值低，避免了挥发损失和样品的沾污，提高了分析的准确度和精密度，降低了劳动强度，改善了工作环境。

微波消解法的缺点是造价和备件及维护费用较昂贵，测定样品之前需要对样品进行分类（各类样品的微波程序差异很大）。

使用方法以植物干样为例，称取0.300g样品，置于聚四氟乙烯罐中，加入5mL硝酸，2mL过氧化氢，根据样品消解的易难程度设置消解时间和温度。

三、压力消解罐法

在高温高压密闭的强酸或强碱的环境下，此方法消解难溶物质效果更好，能消解许多传统方法难以消解的样品，适应面广。尤其是适用于批量样品消解，一般难溶样品（如As、Hg、Pb等重金属）都可在180℃、2～3h溶解完全。压力消解罐的主要优点是克服了生物样品干式灰化的主要障碍，挥发损失及坩埚残留。被测元素没有溶出和吸附现象，分解过程避免了污染样品，试剂用量少，空白值低，减少了对环境的污染和对人体的危害。

使用方法是将样品直接称入聚四氟乙烯罐中，加入消解液，有些样品特别是生物和食品类样品，加酸后反应激烈时，先将罐放入通风橱内反应一会儿，待反应平衡后，加盖再置于恒温箱中，当温度上升至100℃时，恒温1h左右，而后再升温至所需温度，并保持到全消解的目的。取出后，待罐内温度降至室温、开盖，如酸量过大需要赶酸时，可将罐内样品转移至烧杯中，在电热板上赶酸，然后洗出定容、待测。

四、干灰化法

干灰化是在供给能量的前提下直接利用氧化分解样品中有机物的方法。它包括在高温下利用空气中氧的高温炉干灰化；100～300℃下利用激化了的氧原子的等离子氧低温灰化法；在高压氧气氛中燃烧灰化的氧弹法；在常压氧气中燃烧的氧瓶法等。干灰化法的优点是破坏有机物彻底、操作简便、空白值低，缺点是消化周期长，高温引起挥发损失，被测元素可能与容器起反应而使回收率降低。

高温炉干灰化法是最古老也是最简单的方法。利用高温下空气中氧将有机物碳化和氧化，挥发掉易挥发性组分；与此同时，试样中不挥发性组分也多转变为单体、氧化物或耐高温盐类。

高温炉干灰化是很复杂的反应过程，经干燥碳化的样品变成多孔的含有无机成分的有孔焦炭，其氧化动力学决定于物质的性质，即所含的无机成分、多孔性及颗粒大小。由氧化纯石墨得到的资料表明，当温度大于800℃，反应的实际机制可以认为：在最初比较缓慢的零级反应之后，紧接着是非常快的一级反应，在这个过程中C—C键被打断，形成CO_2。但是由于在灰化试样所采用的温度（550℃左右）相对较低，而且存在着尚不了解的无机成分的催化作用，研究纯石墨得到的资料是不能直接应用于所涉及的复杂样品的。

高温炉灰化法的一般操作步骤分为干燥、碳化、灰化和溶解灰分残渣几个过程。由于试样、测定元素、所用仪器设备以及操作者的习惯和经验不同，操作步骤及参数各不相同。

灰化的样品首先必须彻底干燥，否则在高温下能造成爆溅，使样品丢失或沾污。为防止样品在高温炉内燃烧，多预先在样品放入炉之前用小火、电炉或红外灯将其碳化。但近年也直接将未经炭化的检疫产品放入高温炉内，通过控制升温速度，使其经过碳化再灰化。一般250～350℃每小时50℃的升温速度即可达到目的。

五、湿式消解法

湿式消解法是利用氧化性酸和氧化剂对有机物进行氧化、水解，以分解有机物。湿消解法中最常用的氧化性酸和氧化剂有硫酸、硝酸、高氯酸、过氧化氢。单一的氧化性酸不易将试样完全分解，在日常工作中多不采用，一般是两种或两种以上氧化剂或氧化性酸联合使用，使有机物快速、平衡的消解。此方法目前使用最多，优点是操作时间较干灰化法要短，可同时消解大批样品，效率高，适用于鲜样、干样的消解。缺点是消解时间长，易产生有害气体，有爆炸的危险，易蒸干、炭化。

六、试剂提取

有效态一般主要是指提取的水溶态和交换态等大量元素和微量元素，这部分元素在土壤中具有较大的活性，容易被植物所吸收利用，因此，利用有效态评价土壤肥力。微量元素中也包括土壤重金属，其有效态的提取，除水溶态外，一般是利用提取剂的离子交换、溶解（酸溶或碱溶）和螯合等作用来进行的。常用的提取剂有弱碱溶液、弱酸溶液缓冲溶液、中性盐溶液和螯合剂。一般若某种浸提剂在特定条件（振荡平衡时间、土液比）提取金属的量正是土壤中易被植物吸收的这部分，则选择这种提取条件（振荡平衡时间、土液比）和浸提剂所提取的量作为土壤有效态重金属量较为合适。目前，常用的浸提剂有 $CaCl_2$、HOAc、$MgCl_2$、NH_4OAc、EDTA、EDTA-NH_4OAc 等。在提取过程中，时间对被提取物是一个很重要的因素，时间过短，提取物没有被充分提取，其结果偏低，时间过长并未使重金属提取量增加，还会把其他物质溶入提取液中，增加测定干扰。因此，应对提取时间进行试验，以确定适当的提取时间。

第三节　实验方法与关键点

一、原子吸收光谱法

(一) 实验要点

1. 方法原理　原子吸收光谱（atomic adsorption spectrometry，AAS）是基态原子吸收共振辐射跃迁到激发态而产生的吸收光谱，光谱通常位于紫外线区和可见光区。

试样经过前处理，使待测元素均匀地分散在溶液中，形成稳定的溶液，再引入到原子化器中，经原子化，在特定波长下，在一定浓度范围，符合 Lambert 吸收定律，其吸收值与元素含量成正比，与标准系列比较定量。

常用的火焰原子吸收光谱法（FAAS）和石墨炉原子吸收光谱法（GFAAS）优点是检出低，精密度高，选择性好，光谱干扰小，用样量小，样通量大等。其主要不足：一是标准曲线的线性范围较窄，通常小于 2 个数量级，个别元素为 1 个数量级，因此由于样品浓度的过低或过高常造成数据的准确度降低时常发生；二是化学干扰严重，基质和共存组分干扰严重，如对高酸度、高盐度样品耐受性差；三是背景校正能力有限，尤其是氘灯扣背景方式，受样品基质和分析波长影响较大；四是分析的准确度和精密度受实验条件变动影响较大，如原子化效率对元素形态、基本特性、共存组分变化等实验条件非常敏感，如钾等碱金属受自身电离影响，导致标准曲线向 y 轴弯曲；五是元素最佳分析条件的通用性差，既同一元素，不同基质下的最佳分析条件未必相同。

AAS 应用广泛，适用于各类样品，可分析元素周期表内大多数元素。农产品质量安全检测领域常涉及铅、镉、铜、锌、镍、铬等重金属元素和铁、锰、钠、钾等金属元素。

2. 常见问题及解决方法　基本原则：解决问题要抓住仪器和样品 2 条主线，一是重点考察仪器的分析条件，如火焰类型、雾化器、石墨炉升温程序、石墨管、光路等；二是重点关注样品溶液基质组成，注意标准溶液与样品溶液的基质匹配。

（1）问题 1：灯电流的选择。

解决方法：灯电流选择原则是保证灯辐射强度下，选择较小的灯电流。一是可以提高灯的使用寿命，二是避免发射线变宽，使得低温元素铅、镉、锌的标准曲线严重向 x 轴弯曲，检测灵敏度降低。

（2）问题 2：火焰类型的选择。

解决方法：铅、镉、铜、锌、镍为蓝色的乙炔-空气氧化焰，铬为带黄色的乙炔-空气还原焰。

（3）问题 3：标准曲线制作。

解决方法：一是多点绘制标准曲线，至少要 5～6 点，提高曲线精度；二是增加曲线两端的低浓度点和高浓度点测定次数，增加曲线两端测定精度；三是在 AAS 线性范围内配制标准曲线，通过调整样品称量量和定容体积，使待测元素样品含量位于标准曲线中间部分；四是多次准确确定标准曲线空白值，不能过于主观的强制标准曲线过零点；五是选择合适的校准方式，如线性校准曲线、过零点线性校准曲线、非线性过零点校准曲线、标准加入法线性校准曲线；六是绘制校准曲线时，应考察仪器的特征浓度符合要求。

（4）问题4：标准曲线相关系数 R 值低。

解决方法：一是检查标准溶液配制精度，二是优化仪器分析条件。

（5）问题5：标准曲线严重弯曲。

解决方法：一是调整标准溶液配制浓度范围，二是优化仪器分析条件。

（6）问题6：石墨炉原子吸收无信号值。

解决方法：一是检查进样过程，确定样品是否进入石墨管；二是确定检测波长是否正确；三是检查灯能量是否正常，判断灯是否损坏。

（7）问题7：火焰原子吸收无信号值。

解决方法：一是检查进样系统是否通畅；二是确认火焰类型是否正确；三是确定检测波长是否正确；四是检查灯能量是否正常，判断灯是否损坏。有时候灯亮，不代表灯没有损坏。

（8）问题8：石墨炉原子吸收校正结果不准确。

解决方法：一是调整样品前处理试剂用量，减少盐类引入，减小背景干扰；二是使用基质匹配的标准物质对结果进行校正。

（9）问题9：样品空白吸光值高。

解决方法：一是确定空白来源，如酸、纯水、基体改进剂、容器、样品消解过程带入；二是更换试剂、清洗器皿、清洁实验环境。

（10）问题10：试剂空白吸光值高。

解决方法：一是确定空白来源，如酸、纯水、基体改进剂、容器；二是更换试剂、清洗器皿。

3. 注意事项

（1）分析用水：应优先选用GB/T 6682规定的二级水。

（2）实验条件优化：注意石墨炉原子化器和火焰原子化器的条件优化，不同类型的石墨管、不同类型燃烧头（包括雾化器）的最佳分析条件不同。

（3）基体改进剂：在一定程度上可以去除或分离基体，降低干扰。基体改进剂的选用原则：一是按标准要求加入指定的基体改进剂，但要考虑基体改进剂本身含有待测元素的量；二是基体改进剂的加入需要配合实验或仪器条件的优化，才能达到理想效果，如铅等在加入基体改进剂后，其灰化和原子化温度均提高200～300℃；三是农产品、农业环境水等样品基质一般较为简单，可不加入基体改进剂；四是基体改进剂须同时加入在试剂空白、标准工作溶液、样品空白和样品中。

（4）标准物质的选用与使用：实验过程中尽可能采用标准物质进行量值定值和质量控制，尽可能采用与被测样品，待测元素存在形式相同或相近，基质成分相同或相近的标准物质，且量值定值和质量控制不能同时为一种标准物质。

（5）样品污染：关注试剂、器皿、前处理、实验环境可能对样品污染。农产品质量安全检测属于痕量检测，仪器设备和实验区域应为专用，有效隔离污染源。

（二）标准实例十四——食品安全国家标准　食品中铅的测定（GB 5009.12—2017 第一法　石墨炉原子吸收光谱法）

1. 原理和适用范围　试样消解处理后，经石墨炉原子化，在 283.3nm 处测定吸光度。在一定浓度范围内铅的吸光度值与铅含量成正比，与标准系列比较定量。

本标准为国家强制性标准，规定了食品中铅含量的石墨炉原子吸收光谱法、电感耦合等离子体质谱法、火焰原子吸收光谱法和二硫腙比色法共 4 种检测方法。适用于各类食品中铅含量的测定。本节仅解析第一法：石墨炉原子吸收光谱法。

2. 试剂材料

（1）化学试剂：本方法规定所使用试剂除特殊说明外，均为分析纯，但因大部分农产品中铅含量很低，较高的试剂空白（试剂中残留较高含量的铅）会对铅测定准确性带来较大影响，因此实验前需要对试剂按生产商和生产批次进行验证和挑选。硝酸、过氧化氢（30%）和高氯酸等，建议在有条件情况下，应优先选用更高纯度级别试剂，例如可选用高纯硝酸、优级纯的过氧化氢（30%）和高纯高氯酸；国产的磷酸二氢铵、过硫酸铵等试剂中铅的残留量与试剂纯度没有直接相关性，因此实验前的试剂验证和挑选尤为重要。

市售硝酸 65%一般 16mol/L，硝酸（1+1）、硝酸（0.5mol/L）、硝酸（1mol/L）等硝酸溶液的配制一般须按将硝酸缓慢加入水中的方式配制（形成良好的职业习惯，酸溶液配制必须按此方式，否则会产生暴沸，严重危害人身安全）。

过氧化氢（30%）对人体皮肤和黏膜具有强烈的腐蚀，使用时应佩戴乳胶手套，注意安全。

（2）实验用水：本方法选用 GB/T 6682 规定的一级水，为降低试剂空白，保证实验数据准确，一般不应降低分析实验室用水的质量。值得说明的是：饮用纯净水与分析实验室用水生产工艺不同，水质的质量标准不同；市售饮用纯净水须按 GB/T 6682 方法检测，所有参数达到一级水质量标准后，或通过超纯水制水设备再次制备后方可投入使用。

3. 铅标准储备液和使用液

（1）铅标准储备液：使用金属铅（99.99%）配制铅标准储备液应注意：一是使用计量检定有效内的电子天平和容量瓶（1 000mL，A 级）；二是金属铅称量不宜使用硫酸纸，须选用小玻璃烧杯等器皿，并保证所使用器皿的洁净度；三是保证金属铅称量量为 1.000g；四是须分次缓慢加入硝酸（1+1）至铅粉中，缓慢加热溶解，防止液体溅出；五是保证铅完全转移至容量瓶内，应少量多次（至少 3 次）清洗溶解器皿，合并清洗液至容量瓶内；六是至少 3 次颠倒摇匀容量瓶，保证溶液均匀；七是配制的标准贮备液须通过与国家有证标准物质比对，实现量值溯源后投入使用；八是填写粘贴标准溶液标签，密封清洁阴凉处保存，标准溶液有效期可参照 GB/T 27404 附录 C 执行；九是有效期内受控使用，必要时应对其进行期间核查。目前多数实验室不再自行配制，直接购买市售有证标准物质。

（2）铅标准使用液：铅标准使用液可依据被测样品浓度设计配制，一般标准曲线不应少于 5 个点，且尽可能使样品的浓度点落在标准曲线线性范围浓度的中间段，以减小误差。铅的标准曲线的线性范围一般不超过 2 个数量级。此外须保证铅标准使用液含有 0.5%～2.0%的（*V*/*V*）硝酸介质，防止铅的水解和吸附。铅标准使用液也可以购置有证标准物质直接稀释配制。

使用须注意：一是使用前应恒温至 20℃，并充分摇动以保证均匀。二是 20mL 标准物质安瓿瓶打开后应1次性使用，使用过程中应严格防止沾污。三是标准物质证书、标准物质配制稀释记录、标准物质使用记录应留存备查，并在有效期内使用，有效期可参照GB/T 27404附录C执行。四是标准物质稀释时可以采用倍数稀释法，配制可参考GB/T 602。

4. 仪器和设备

（1）原子吸收光谱仪（石墨炉）：原子吸收光谱仪石墨炉部分应优选横向加热石墨炉，其温度均匀一致，记忆效应小，是石墨炉的流行趋势。扣背景方式应优选塞曼扣背景方式，提高扣背景和抗基体干扰能力。

原子吸收光谱仪（石墨炉）应注意仪器设备的日常保养，如清洁炉体、石墨锥和玻璃窗，更换冷却循环水，清理气液分离器等；特别是长期不使用时，应定期开机通电，铅空心阴极灯也应定期点亮；仪器的光路系统等应由维修工程师保养，不易擅自拆卸。需在检定期限内使用，必要时应对仪器开展期间核查。

（2）马弗炉使用时要保证炉体内部无尘，防止样品污染。

（3）天平需在检定期限内使用，必要时应对仪器开展期间核查，并注意设备的定期保养。

（4）干燥恒温箱需在检定期限内使用。

（5）磁坩埚使用前须在10%硝酸浸泡清洗，降低空白。

（6）压力消解器、压力消解罐或压力溶弹均为压力容器，使用时应注意防爆。严格控制样品称样量、试剂加入种类（禁止加入高氯酸）和加入量，控制消解温度，对含高碳样品有敞口预消解过程。

（7）可调式电热板应能准确控温，保证样品消解顺利，防止样品碳化、干涸等。

5. 操作过程

（1）试样预处理：试样预处理应防止铅污染。样品须除杂物（如蔬菜、水果须洗去表面泥土），取可食部分全部预处理（如粉碎过筛、匀浆）。蔬菜水果等高含水量样品宜处理后立即称量，保证样品的均匀度和代表性。

（2）试样消解：试样消解一是应保证称量样品的代表性。对于蔬菜水果等鲜样称量前要保证样品混合均匀，并尽可能增大称样量。二是保证待测元素全部溶出，减少损失。三是要防止样品污染，必要时所使用的器皿用10%～30%硝酸浸泡预处理。四是对于密闭消解应防止爆炸。特别注意高碳样品需严格控制称样量、试剂加入种类和加入量，并应有敞口预消解过程。五是应保证试验与标准溶液介质匹配，如酸度。

压力消解罐消解法和湿式消解法是农产品检测常用的方法。

压力消解罐消解法优点在于试剂用量小，样品污染概率小，样品空白值低。缺陷：一是因不得加入高氯酸，硝酸和过氧化氢对于农产品中高纤维样品存在消解不完全情况；二是样品称量样少，蔬菜等鲜样样品代表性差，导致样品重现性差；三是消解后样品溶液酸度较高，对铅的测定有一定的负干扰，因此必要时应赶去余下的硝酸。

湿式消解法有样通量大，样品称量量大等优点，除高油脂、高脂肪样品外，适合各种样品消解。消解时必须加入玻璃珠以防暴沸。对于高糖样品消解时须时常摇动锥形烧杯或高脚烧杯，保证酸回流时间和碳的除去，并防止碳化。最后试样最好尽可能赶去高氯酸，以减少测试时的背景干扰。试样消解完全的标准是溶液透明无漂浮杂质，如未达到上述标准，可酌情添加酸，重复上述步骤至完全消解。

干灰化法和过硫酸铵灰化法在农产品检测中应用较少，原因有 2 个：一是高温灰化会使铅有损失（铅在 300℃就会有挥发损失），对于农产品中痕量铅测定的准确性影响较大；二是由于过硫酸铵等助剂的加入增大铅污染的风险。

此外，每批次试样消解都应同时做试剂空白和带入标准物质，以监控整个消解过程。

6. 测定

（1）仪器条件：石墨炉原子吸收分析最佳条件的优化选择原则是以标准方法或仪器推荐条件为基础，用样品或标准物质进一步优化仪器条件。具体为：在石墨炉原子吸收法中，灯电流、吸收线和光谱通带等条件的选择基本与火焰法一致，对于石墨炉原子吸收法，合理选择干燥、灰化、原子化及除残温度与时间是十分重要的。

①干燥温度和时间的选择。干燥阶段的目的是蒸发样品溶剂，以蒸尽溶剂而又不发生迸溅为原则，一般选择略高于溶剂沸点的温度。斜坡升温有利于干燥。干燥时间由进样体积决定，一般为 10～30s。

②灰化温度和时间的选择。灰化的目的是除去基体和其他组分，在保证被测元素没有损失的前提下应尽可能使用较高的灰化温度。在灰化阶段，一方面要保证有足够的温度和时间使灰化完全，使背景吸收降到最低；另一方面又要选择尽可能低的灰化温度和最短的灰化时间，以保证待测元素不受损失。

③原子化温度和时间的选择。原子化温度是由元素及其化合物自身的性质决定的。原子化温度的选择原则是，选用达到最大吸收信号的最低温度作为原子化温度。原子化时间的选择，应以保证完全原子化为准。原子化阶段停止通保护气（高纯氩气），以延长自由原子在石墨炉内的平均停留时间。

④热清洗和空烧。一般采用高于原子化的温度，时间为 3～5s，以尽可能消除记忆效应为目的。

⑤惰性气体流量的选择。目前常用的惰性气体为高纯氩气，外气用以保护石墨管，内气用以吹除高温蒸发的样品残留物，消除记忆效应。为了提高灵敏度，可以采取在原子化阶段“停气”的技术，在原子化阶段停止内气流。

⑥石墨管的选择。热解石墨管、钨钽热解石墨管、衬钽热解石墨管、难熔碳化物石墨管、玻璃状碳管等，在食品检验中最常用的还是普通石墨管和热解石墨管。普通石墨管在日常分析中有其独到的特点，因而在石墨炉分析中一直占据着重要地位。在对 Ag、As、Au、Be、Cd、Mn、Pb、Se、Sb、Te、Zn 等元素的分析中，普通石墨管比热解石墨管分析灵敏度略低，但由于它具有良好的还原性，干扰比较小。在对 Co、Cr、Fe、Ga、In、Ni、Ru、Rh、Pd、Pt、Si、Ti 等元素的分析中，热解石墨管灵敏度较普通石墨管高 1 倍左右。在对 Al、Ba、Ca、Cs、K、Li、Na、Sr、Ti 等元素的分析中，普通石墨管会有严重的记忆效应，应使用热解石墨管。

⑦进样量的选择。进样量大小依赖于石墨管内容积的大小，液体进样量为 20～90μL。进样量过小，进样精度下降，过大会增加除杂的困难。在实际工作中，应测定吸光度随进样量的变化，达到最满意的吸光度的进样量，即为应选择的进样量。

（2）标准曲线：一般来说曲线手工配制精度优于仪器，仪器自动配制曲线需保证仪器自动进样器吸取标准溶液精度满足测试要求。

（3）试样测定：要注意试样溶液和标准溶液具有尽可能相同的介质或基体，保证比较测量准确性。测定顺序为标准曲线（校准空白）→样品空白→标准物质（自带质控样品）→样品→质控样→样品……测量全程应做好质量控制，形式包括期间测量样品空白、质控样、标准溶液、平行样等。

（4）基体改进剂：磷酸二氢铵或硝酸钯溶液的加入可以改变铅的形态，提高铅的灰化温度，从而去除基体干扰。使用前须保证磷磷酸二氢铵或硝酸钯溶液不含有铅。磷酸二氢铵或硝酸钯溶液直接加入样品溶液，可保证充分混匀，较在线加入效果略好。

（5）标准物质：值得注意的是，同一标准物质在同一次检测中不能既做定值标准，又做质量监控。标准物质使用应优选有证标准物质，使用进口标准物质应是国际组织互认品种，否则无法实现量值溯源。标准物质选用应注意基质和含量的匹配，如分析大米可选用大米粉成分分析标准物质 GBW（E）080684，同时注意标准物质的最小称样量、有效期和保存方式。

7. 结果分析与评价　分析结果应保留 2 位有效数字，分析结果的有效位数决定于所使用量具精度，过多保留有效位数是错误的、无效的。

结果分析与评价应从数据的有效性、准确性、精密度方面入手，通过对质量监控样结果分析来实现。如空白值高、标准物质结果超控制范围、平行样精密度大于 20%、标准曲线再校准漂移大等均需要分析产生的原因，并按要求重新分析该批次样品。只有以上条件均满足要求，才可以认定分析结果的有效，方可报出结果。

此外还需对异常样品进行复检确认，异常样品包括超标样品、可能超标样品和样品含量异常的样品。通过复检消除样品错检风险，尤其是涉及极限值判定的样品，复检可最大限度减小由于方法不确定度等因素带来的误判风险。

（三）标准实例十五——食品安全国家标准　食品中镉的测定（GB 5009.15—2014）

1. 原理和适用范围　试样经灰化或酸消解后，注入一定量样品消化液于原子吸收分光光度计石墨炉中，电热原子化后吸收 228.8nm 共振线，在一定浓度范围内，其吸光度值与镉含量成正比，采用标准曲线法定量。

本标准规定了各类食品中镉的石墨炉原子吸收光谱测定方法。适用于各类食品中镉的测定。

2. 试剂材料

（1）实验用水：本方法选用 GB/T 6682 规定的二级水，如果样品中镉含量极低，可选用一级水。

（2）标准品和标准溶液配制：可选用金属镉（99.99%）配制镉溶液，也可使用国制标物 10000323 号。中国计量科学研究院生产的镉单元素溶液标准物质 GBW 08612，镉标准值 1 000μg/mL，基体为 1% HNO_3（V/V），有效期 5 年。

3. 仪器和设备　微波消解系统适宜选用具有 40 位消解罐的仪器用于农产品前处理，在满足质量控制要求的同时保证样品通量，且使用时须注意安全：首先，注意炉体和微波消解罐的清洁，保证红外探头的准确测温和控温；其次，定期检查消解罐是否破损，防止超压爆炸，消解罐材质优先选用耐高温、耐高压的改性聚四氯乙烯的材质（TFM），并注意温度和压力使用限度；再次，应注意消解罐允许的样品称量量、试剂体积，高碳样品应有预消解，对不明成分样品更须谨慎对待，禁止高氯酸等易爆性物质加入，防止爆炸；最后，微波消解罐可以采用加入一定量的硝酸微波加热回流的清洗方式，降低管壁残留重金属。

4. 操作过程 微波消解：微波消解具有试剂用量少，样品污染概率小，消解速度快，样品消解完全、被测组分损失小等优点。但其允许样品称样量较传统湿法和灰化消解小，因此需注意保证样品称量的代表性并控制称样量：一是水果蔬菜等高含水量样品，需保证3～5g的称样量，为保证安全，须预消解后再微波消解；二是高油脂、高碳样品须严格控制称样量，必要时须预消解。

此外，还需注意：一是微波消解宜采用安全的程序升温，如80℃→120℃→180℃，消解时间依据样品成分酌情调整，如高油脂、高纤维素样品应适当减少称样量并增加消解时间，保证消解完全；二是消解后的样品溶液中的硝酸和氮氧化物对镉的测量一般影响甚微，可不赶酸（减小二次赶酸的污染概率），但残留硝酸可能会影响石墨管和石墨锥寿命，因此赶酸与否应在保证测试结果的前提下，酌情定夺。

（四）标准实例十六——土壤质量铜、锌的测定　原子吸收分光光度法（GB/T 17138—1997）

1. 原理及适用范围 采用盐酸-硝酸-氢氟酸-高氯酸4酸全消解的方法，彻底破坏土壤矿物质中的矿物晶格和分解土壤有机质，使待测元素（土壤中所含有的全量）全部溶出，进入消解液中。然后将消解液喷入空气-乙炔火焰中，在火焰的高温作用下，铜、锌化合物离解为基态原子，该基态原子蒸气对空心阴极灯发射的特征谱线产生选择性吸收。在选择的最佳测定条件下，测定铜锌的吸光度，在一定浓度范围内，吸收值与待测铜锌含量成正比，与标准系列比较定量。

本标准为国家推荐性标准，常为GB 15618、NY/T 391、NY/T 395等限量标准推荐使用。

2. 试剂材料

（1）化学试剂：本方法规定所使用试剂除特殊说明外，均为分析纯。盐酸、硝酸、氢氟酸、高氯酸尽可能选择含待测元素少的品牌和批次，使样品试剂空白浓度为样品浓度的1/10以下，以减小试剂空白对样品的干扰。盐酸、硝酸、氢氟酸、高氯酸均为高浓度、高腐蚀性酸，且具有一定挥发性，因此应在通风橱内使用，使用时应佩戴防护镜、防酸雾面具和橡胶手套。特别提醒的是氢氟酸使用时须使用塑料容器，避免吸入和皮肤接触，造成灼伤或中毒。

（2）实验用水：本方法选用去离子水或同等纯度的水，也可使用GB/T 6682规定的二级以上的水。

（3）标准品和标准溶液配制：铜、锌元素可以配制混合标准使用液。元素混合标准使用液配制须考虑元素匹配：一是元素保存条件须一致，防止出现水解或沉淀；二是元素间不存在共存干扰，在不能判定时，应分别配制。

3. 仪器和设备

（1）原子吸收分光光度计（带有背景校正器）：现售国产、进口品牌火焰原子吸收分光光度计的仪器性能指标均能满足实验要求。仪器雾化器应优选吴氏玻璃雾化器（带撞击球），其雾化效率高，从而使仪器具有较高的灵敏度，但该雾化器不耐受氢氟酸。氘灯扣背景装置对灵敏度影响较小，是现在配置最多的连续光源背景校正装置，但使用时应注意氘灯的背景校正工作波段为紫外区即180～400nm，在工作波段内400nm附近氘灯扣背景能力较弱，可能对测试产生影响；自吸收扣背景方式校正范围为 190～900nm，但对灵敏度影响较大，仅适合锌、镉等元素谱线易产生自吸收的元素，应用范围有限。此外火焰原子吸收分光光度计日常维护保养还需重点注意以下事项：一是定期点亮铜、锌元素空心阴极灯；二是重视对燃烧头、雾化器和雾化室的清洁保养。

（2）乙炔钢瓶：优选高纯乙炔。乙炔气体为易燃易爆气体，使用须严格依据操作规程操作，并重点注意如下事项：一是乙炔气体须避免使用铜制管件，防止爆炸；二是定期检查乙炔管路；三是使用前需保证仪器防回火装置正常工作；四是用后应及时关闭乙炔气瓶，并烧掉管道内残余气体；五是乙炔气瓶不能用至压力为零，须保留一定的剩余压力，防止钢瓶内吸收液丙酮等溢出。

（3）空气压缩机（应备有除水、除油和除尘装置）：除水、除油、除尘是通过空气（助燃气）过滤，除去环境空气中的水、油和飘尘，保证空气的纯净，有利于火焰的稳定和纯净。因此需对上述装置定期清理保养。

4. 操作过程

（1）试样预处理：农业土壤样品一般采用 5 点法采集土壤耕作层（具体详见 NY/T 395），一般不少于 500g。去异物（石子和动植物残体）缩分后的土壤样品须阴凉、无尘处自然风干，风干时要保证样品不受污染。土壤研磨时最好使用玛瑙研钵等非金属器具（玛瑙硬度大，不含被测元素，不污染土壤样品），大量样品研磨推荐使用球磨机提高研磨效率。

精密测定时或测试环境湿度较大时，应考虑土壤水分的影响，一般采用恒温干燥箱内低温（如保证 Hg 绝对不损失则尽可能不加热；如保证 Cl、I 不损失则温度须＜60℃；其他元素可使用略高温度）干燥处理土壤样品。可参见 GB/T 17141—1997 附录 A。

（2）试样消解：湿式电热板法四酸消解土壤法是土壤中重金属测定的经典消解方法，但其不适于与砷、汞等低温易挥发元素。其样品消解完全、样通量巨大，适合大批量土壤样品消解。其劣势在于用常压敞口消解酸量大（不环保）、消解时间长、容易污染、使用大毒性氢氟酸。

扬长避短，做好湿式电热板法四酸消解土壤法，必须控制好样品称量量、通风橱内干净无尘、电热板各步骤须精确控温等消解关键点。此外，还应掌握如下消解注意事项：

①使用万分之一天平准确称取土壤样品精确至 0.000 2g，样品称量量的选择首先应考虑样品代表性（即 100 目土壤的最小称量量，一般不应小于 0.2g；使用土壤标准物质时，如土壤成分分析标准物质 GBW 07420 最小称样量为 0.5g）；其次考虑样品含量范围（通过预实验确定，样品称样量与标准曲线的浓度最佳关系，减少样品稀释和曲线定量带来的测量不确定度）；最后考虑样品消解时间，在保证以上两点的情况下，尽量减少土壤称量量，缩短消解时间和试剂用量。

②聚四氟乙烯是无毒，化学性质稳定，抗酸碱、耐腐蚀性能最佳材料之一，除熔融碱金属、三氟化氯、五氟化氯和液氯外，能耐其他一切化学药品。其物料纯净，不含有重金属元素杂质，不污染样品，也不易吸附重金属，因此是土壤重金属消解最好容器。其使用应注意如下 3 点：首先，新的或长期未使用的聚四氟乙烯坩埚，使用前最好用稀硝酸浸泡或浓硝酸加热回流清洗，去除表面残留待测物；其次，聚四氟乙烯坩埚最高耐受温度为 250～300℃，因此使用时电热板温度不宜过高损坏坩埚；最后，聚四氟乙烯坩埚清洗时最好避免使用钢丝球等，避免破坏坩埚表面，残留污物不易清洗，推荐用脱脂棉蘸小苏打进行擦洗。

③土壤样品须先充分润湿后再加入盐酸或混合酸，防止加酸时土壤迸溅（或静电作用导致土壤随意吸附）。

④加酸后样品低温或放置过夜预处理或坩埚加盖回流有利于样品分解。

⑤四酸分步加入和一次性加入无显著性差异，四酸加入量和加入比例应根据土壤种类和成分确定：如有机含量高的土壤可适当增加硝酸用量，硅酸盐含量高可适当增加氢氟酸用量，如出现碳圈可增加高氯酸用量，但须保证各样品间和样品空白试剂用量的一致性。此外消解时须控制好电热板温度和加热时间，保证良好飞硅效果和赶尽高氯酸，以减少硅和氯的干扰。

⑥土壤样品消解完全的标志是坩埚内有透明的、无杂质的、表面湿润的、尽干状黏稠状物，该黏稠物干涸或碳化对铜、锌的测定无影响，但对铅等元素测定可能有负影响。冲洗坩埚内壁、锅盖和对黏稠物的加酸加热是保证样品完全转移最有效手段。

⑦基体改进的使用，硝酸镧的加入可去除高浓度铁等共存元素干扰，不能去除高盐干扰。

5. 测定 火焰原子吸收分析条件的优化选择原则依次从以下关键点入手：

（1）选好火焰类型：火焰类型选择是依据元素性质和其在溶液中存在形式而定的，目的在于促进元素的充分原子化，火焰类型对元素灵敏有重大影响。火焰原子吸收常用的火焰按温度从低到高排列依次是氢-空气火焰、空气-乙炔焰、乙炔-氧化二氮焰，铜和锌使用乙炔空气焰，空气乙炔焰是最常用的火焰，该火焰燃烧稳定、重现性好、噪声低，对大多数元素有足够高的灵敏度。但它在短波紫外区有较大的吸收，因此需要背景校正。空气乙炔焰按火焰温度从高到低排列依次是还原性火焰（富燃火焰）、中性火焰（化学计量火焰）和氧化性火焰（贫燃火焰），火焰类型通过改变燃气与助燃气比例来实现，其中铜和锌使用温度较高的氧化性火焰。

（2）优化原子化器（燃烧头）位置：通过调节火焰高度、燃烧器位置（包括高度、角度、前后）使光束平行通过火焰中间薄层区（亦称原子化区，燃烧完全、温度高、被蒸发的化合物在这里被原子化，是原子吸收分析的主要应用区），确保测试灵敏度和稳定性。

（3）提升雾化效率：主要通过 5 种途径实现：①改变雾化器种类，如使用吴氏玻璃雾化器（带撞击球）提高雾化效率。②调整雾化器状态，如喷嘴与撞击球相对位置。③调解样品提升量。④去掉扰流器（带来灵敏度提升的同时，会影响数据稳定性）。⑤向样品溶液中添加有机增敏剂（增感剂）。

（4）选定合适的分析线：324.8nm 和 213.8nm 分别为铜和锌的最灵敏线，灵敏度最高，当样品含量较高时，也可以采用次灵敏线测定，从而获得良好的数据稳定性，如铜的 327.4nm 和锌的 307.6nm。采用增加燃烧头角度、改变光程的方式也可达到同样效果。

（五）标准实例十七——土壤质量　铅、镉的测定　石墨炉原子吸收分光光度法（GB/T 17141—1997）

1. 原理及适用范围 同原子吸收分光光度法，但其原子化方式为石墨炉。

2. 试剂材料 磷酸二氢铵的加入可提高样品的灰化温度，使基体转化为易挥发物，从而去除背景干扰，如形成氯化铵消除氯离子干扰等。

3. 仪器和设备 塞曼法和氘灯法为现阶段主流的扣背景方式，对背景复杂或盐分较高的土壤样品，塞曼法更有优势，推荐使用。

4. 结果分析与评价　此外精密测定时或测试环境湿度较大时，应考虑土壤水分的影响。

二、原子荧光光谱法

（一）实验要点

1. 方法原理　原子荧光光谱（atomic fluorescence spectrometry，AFS）是原子吸收辐射之后提高到激发态，再回到基态或邻近基态的另一能态，将吸收的能量以辐射形式沿各个方向放出而产生的发射光谱。

试样经过前处理，使待测元素均匀地分散在溶液中，形成稳定的溶液，再引入到原子化器中，经原子化，原子蒸气通过吸收特定波长的光辐射能量而被激发，在一定浓度范围，其发射出的原子荧光强度值与元素含量成正比，与标准系列比较定量。

氢化物发生技术（HG）（即蒸气进样技术）与非色散AFS完美结合铸就了HGAFS如下优点：一是AFS谱线简单，非色散光学系统光路简单，光谱干扰少；二是线性范围宽（可大于3个数量级）；三是蒸气进样基体分离技术，消除基体干扰，使用于高酸度、高盐度样品分析；四是蒸气进样待测元素在线富集，提高进样效率，方法灵敏度高，检出限低；五是不同价态的元素氰化物形成条件不同，可实现价态分析；六是可多元素同时分析（但部分存在元素间干扰问题）。其原理为定价态下的待测元素，在酸性条件下与硼氢化钾或硼氢化钠反应，生成待测元素的气态氢化物，气态氢化物与氩气混合在原子化器形成氩氢火焰，待测元素被原子化形成基态原子，基态原子蒸气被待测元素空心照射激发而产生原子荧光，在低浓度下，荧光强度与待测元素浓度成正比。

HGAFS对于分析线波长<400nm的元素，尤其是<300nm的元素具有较高的灵敏度和较低的检出限，如砷（193.7nm）和硒（196.1nm）等。可用于锌、镉、汞、锗、锡、铅、砷、锑、铋、硒、碲11个元素的测定。其中测定As^{3+}、Sb^{3+}、Bi^{3+}、Hg等时，HGAFS的灵敏度高于AAS、ICP-AES。其中砷（As^{3+}）、锑（Sb^{3+}）、铋（Bi^{3+}）、硒（Se^{2+}或Se^{4+}）、碲（Te^{4+}）、铅（Pb^{4+}）、锡（Sn^{4+}）、锗（Ge^{4+}）8个元素可形成气态氰化物，镉（Cd）、锌（Zn）形成气态组分，汞（Hg）原子蒸气。其中砷（As^{5+}）、锑（Sb^{5+}）与硼氢化钠反应速度较慢，硒（Se^{6+}）、碲（Te^{6+}）与硼氢化钠不反应，铅（Pb^{4+}）可以由（Pb^{2+}）在pH=1时用铁氰化钾氧化得到，汞Hg可以在“冷”条件下激发出原子荧光（冷蒸气法）。

2. 常见问题及方法解决

（1）问题1：元素灯不亮。

解决办法：在确定灯连电无误后，用电子枪激发点灯或用海绵摩擦灯体点灯。

（2）问题2：开机后测量信号不稳定。

解决办法：测量状态下预热元素灯和石英炉30min后，连续测定试剂空白，清洗仪器至试剂空白荧光强度值稳定。

（3）问题3：负高压的作用。

解决办法：负高压是指光电倍增管的电压，一般情况当负高压增大时，电信号放大倍数增大，仪器灵敏度提高，噪声增大。但当负高压一般在−350～−200V时，仪器信噪比恒定，因此负高压的选择原则是在满足灵敏度要求的前提下，选择较低的负高压。

（4）问题4：原子化器无火焰。

解决办法：一是要确定气路是否漏气，检查氩气气路，查看气液分离器；二是确认原子化器石英炉点火线圈是否完好；三是确认硼氢化钾或硼氢化钠是否失效；四是确认气液分离器的反应条件是否合适（如为酸性）；五是于暗处仔细观察，氩氢火焰为透明尽无色，必要时可借助小纸条是否被点燃来测试有无火焰。

（5）问题5：试剂空白荧光强度值高。

解决办法：一是检查试剂是否含有被测物，如盐酸中可能还有砷；二是检查器皿、仪器、环境是否污染，如汞；三是更换试剂，清洗器皿，更换仪器管路、更换仪器实验环境。

（6）问题6：氢氧化钠与氢氧化钾，硼氢化钠和硼氢化钾有什么区别，是否可以相互代替。

解决办法：在氢化物原子荧光法中，氢氧化钠与氢氧化钾，硼氢化钠和硼氢化钾的作用无本质区别，可以相互代替使用，当使用时须对有效离子进行等摩尔比例换算。

（7）问题7：测试砷时无信号值。

解决办法：要确认溶液中的砷是否被还原为三价砷，加大还原剂用量，增加还原时间。

（8）问题8：如何判定硼氢化钠和硼氢化钾是否失效。

解决办法：新配制的硼氢化钠和硼氢化钾的容器壁上应有气泡产生，否则可能是硼氢化钠和硼氢化钾失效了。

（9）问题9：氩氢火焰不稳定。

解决办法：调整载气和屏蔽器流量。

3. 注意事项

（1）用于农产品和农业环境检测的原子荧光仪器，应该注意定期维护、清洗，避免测试高浓度样品，污染仪器和测试环境。

（2）注意玻璃器皿的清洗和保存，防止污染。一般玻璃器皿可以采取硝酸浸泡或热王水荡洗的方式去除残留物。

（3）需定期清洗石英炉中石英管，清洗时可用10％硝酸浸泡。

（4）硼氢化钾0.2％～0.5％碱性条件下稳定，不分解，因此硼氢化钾溶液的配制一定要在碱性溶液中加入固定硼氢化钾，碱的浓度只需能防止硼氢化钾分解即可。此外硼氢化钾溶液要在棕色试剂瓶中避光密闭保存，建议最好现用现配。

（二）标准实例十八——食品安全国家标准 食品中总汞及有机汞的测定（GB 5009.17—2014 第一篇　食品中总汞的测定　第一法　原子荧光光谱分析法）

1. 原理及适用范围　试样经酸加热消解后，在酸性介质中（或酸性条件下），试样中汞被硼氢化钾或硼氢化钠还原成原子态汞，由氩气载气带入原子化器，在汞高强度空心阴极灯照射下，基态汞原子被激发至高能态，再由高能态回到基态时，发射出特征波长的荧光，其荧光强度与汞的含量成正比，与标准系列溶液比较定量。

本标准为国家强制性标准，第一篇中规定了食品中（包括农产品）汞的测定，适用于食品中汞的测定。

2. 试剂材料　硼氢化钾固体药品须闭光密封保存，防止氧化失效。使用浓硫酸时应注意安全，做好防护。值得注意的是氯化汞属于剧毒药品，使用时应符合双人保管、双人领用、双人使用的强制规定，并注意废液的处理要合法合规。因此推荐购置汞标准溶液代替氯化汞纯品的使用。

汞标准溶液配制和保存应注意：一是二价汞离子不稳定，可能会在还原过程中损失或被器皿吸附而损失，配制时应加入重铬酸钾做保护剂，使二价汞离子处于氧化氛围中，使汞标准溶液保存期限大大增长；二是须密封、避光冷藏保存；三是承装过重铬酸钾的容器须单独清洗、保存和使用，避免污染铬元素的测定。

3. 仪器和设备

（1）原子荧光光谱仪：原子荧光光谱仪仪器构造简单，无配套附属仪器，使用和维护保养较为简单。使用时应注意仪器专机专用，不贸然测量高浓度样品，防止仪器污染；使用后须注重仪器的管路的清洗，去除管路残留吸附的汞和盐。保养须注重原子化器的清洁和石英炉芯的定期清洗，并定期点亮元素灯。

（2）超声水浴箱：超声水浴箱最好配有固定的架子，方便消解罐或管的使用。

4. 操作过程

（1）试样消解：汞的消解要特别注意三个方面，一是保证样品不被容器或环境污染；二是保证有机汞须完全转化为无机汞需要有强氧化剂存在或高压的消解条件；三是汞属于易挥发元素，保证消解时汞不损失。因此测定农产品中汞，推荐使用压力和微波消解等密闭消解方式，并须加入少量过氧化氢促进样品分解。除此，还须特别注意的是：

①用压力消解时。首先，样品加酸浸泡有利于样品的消解完全并缩短消解时间；其次，恒温干燥箱的温度不宜设置过高，防止罐体压力增大，消解内管泄压片弹开，汞跑出；最后，赶酸可减少硼氢化钾使用量，脱气可脱去试样溶液中溶解的氮氧化物，减少干扰，但是汞易挥发，赶酸或脱气时温度不宜超过 120℃并加盖回流盖，防止汞损失。

②微波消解时。一是消解罐罐盖尽量旋紧，防止汞损失；二是赶酸可减少硼氢化钾使用量，脱气可脱去试样溶液中溶解的氮氧化物，减少液相干扰，但是汞易挥发，赶酸或脱气时温度不宜超过 120℃并加盖回流盖，防止汞损失。

③回流消解。首先，回流消解方式一般不被推荐，敞口消解汞极易损失；其次，回流消解要注意控制消解温度和速度，高温和剧烈反应会使汞全部挥发；最后，玻璃珠的加入起防止暴沸和搅拌样品的作用，时常摇动锥形瓶可防止样品碳化，特别要注意高碳样品。

（2）测定：

①仪器条件。原子荧光光谱仪仪器条件优化要围绕元素灯、原子化器、气液分离器等 3 个仪器部件、“1 个反应过程”和“1 个峰型”来开展。

一是原子荧光所使用的汞灯为特制高强度空心阴极灯（HCL），灯稳定性、灯电流大小和灯所处的环境温度对仪器稳定性和检出限影响巨大。汞灯为阳极汞灯，一般采用大电流预热，小电流工作，在测试前需保证点亮预热 30min 以上，平衡汞灯环境。汞灯的灯电流设置不宜过高，一般为 15～50mA，灯电流增大时，荧光强度会增大，但过大的灯电流会使灯发生自吸收现象，噪声增大，灯寿命降低。

二是原子化器，首先，石英炉位置至关重要，调解的标准是保证日盲管的观察高度处于最强的荧光辐射区，此时炉高一般为 6～8mm。具体可用调光器调节，使灯光斑落在石英炉的正上方，保证灯光斑与日盲管的中心处于同一个水平面上，光斑位于内层火焰的中上部。另外，石英炉芯的上沿须与石英炉边缘保持水平，点火线圈略低于这个平面。其次，石英炉的温度至少需能维持氩氢火焰的点燃，一般为 200～300℃，测汞时可以用 300℃，适当的石英炉不但可以改变火焰状态，提高原子化效率，而且能减小荧光猝灭和气相干扰。

三是气液分离器是控制氢化物反应的重要部件，应注意反应时是否有气泡生成并顺利从排气口排出，无漏气和暴沸现象，反应后废液能否顺利排出。

四是“该过程是个反应过程”：要保证氢化物的生成，要严控反应条件并保证各反应物质能有效参与氢化物发生反应。如氢化物发生必须要在酸性条件下进行，样品溶液里的酸再中和了硼氢化钾中的碱后还应为过量的；汞必须是以 2 价形式存在；控制硼氢化钾还原剂的量，在能使样品溶液中的硝酸和氮氧化物被还原后，保证样品完全能被还原下，尽量使用较低的浓度，防止液相干扰。

五是“结果峰型”，原子荧光强度信号值的标准峰型为一条完整的正态分布曲线，它是反映仪器条件优劣的最直观的表征。

②标准曲线。同标准实例十四。此外，汞易吸附于玻璃制品上，因此汞标准溶液不能长期保存于玻璃容器中，可使用塑料容器保存。

③仪器测定。同标准实例十四。同时还需注意保证汞灯和仪器的预热时间，注意使用后仪器管路的清洗。

④基体改进剂。测定农产品中的汞一般不需要加入基体改进剂去除干扰。

（三）标准实例十九——食品安全国家标准　食品中总砷及无机砷的测定（GB 5009.11—2014 第一篇　总砷的测定　第二法　氢化物发生原子荧光光谱法）

1. 原理及适用范围　食品试样经湿法或干灰化法处理后，加入硫脲使五价砷预还原为三价砷，再加入硼氢化钾或硼氢化钠使还原生成砷化氢，有氩气载入石英原子化器中分解为原子态砷，在高强度砷空心阴极灯的发射光激发下产生原子荧光，其荧光强度在固定条件下与被测液中的砷浓度成正比，与标准系列比较定量。

为国家强制性标准，是测定总砷的第二法，规定食品中总砷的测定方法，第二法适用于各类食品中总砷的测定。

2. 试剂材料　盐酸中可能会存在砷；硫脲作为还原剂用于砷的预还原；抗坏血酸是基体改进剂，用于消除元素干扰。三氧化二砷属于剧毒试剂，建议购置砷标准溶液代替其纯品的使用。

3. 试样消解　同标准实例十八。此外值得注意的是：一是硝酸及其氮氧化物的存在会干扰砷的测定，并会增加硫脲的用量，所以盐酸或硫酸介质更适于砷的测定。二是硫脲的加入要能保证五价砷完全还原为三价砷，并保证还原时间不少于 30min，在温度较低时可适当延长还原时间，如放置过夜。三是干灰化法不推荐用农产品样品处理。

三、电感耦合等离子体发射光谱法和电感耦合等离子体质谱法

（一）实验要点

1. 方法原理　电感耦合等离子体发射光谱法（Inductively Coupled Plasma Optical Emission Spectrometry，ICP-OES/AES）是利用氩等离子体产生的高温使试样完全分解形成激发态的原子和离子，由于激发态的原子和离子不稳定，外层电子会从激发态向低的能级跃迁发射出特征的谱线。通过光栅等分光后，利用检测器检测特定波长的强度，从而测定试样中待测元素的含量。

ICP-OES 优点在于具有高温氩等离子体光源，光源放电稳定，抗干扰强，无自吸收，

因此具有灵敏度高、精密度好、检出限低、抗干扰强（无化学干扰）、基体干扰小、线性范围宽、分析速度快（多元素同时分析）等优点，广泛适用于多种元素分析，尤其适合碱土、稀土、稀散、贵金属剂高熔点元素的测定。局限性在于光谱干扰较为严重，检出限较石墨炉原子吸收高，且氩气消耗较大。

电感耦合等离子体质谱法（inductively coupled plasma mass spectrometry，ICP-MS）是试样以一定形式进入高频等离子体中，高温使样品去溶剂化、汽化解离和电离，部分等离子体经过不同压力区进入真空系统，正离子被拉出并按其质荷比分离，检测器积分测量计数，计数值与分析元素离子的浓度成正比，与标准系列比较定量。

常见 ICP-MS 通常与 ICP-OES 具有相同的高温氩等离子体光源（离子源），优点与 ICP-OES 基本相同。除此 ICP-MS 通过接口技术将电感耦合等离子体的高温电离特性与质谱计的灵敏快速扫描的优点相结合使得其灵敏度得以大幅提升，检出限可低至 ppt 级以下；同时电磁场质量色散的分辨形式使得其谱线简单，干扰进一步减少。特别适用于大通量多元素样品的测定，尤其适用于镉、铅、汞、砷、铜、锌等痕量元素分析，因此在农产品质量安全检测中应用较为广泛，甚至可以完全或部分取代 AAS、AFS、ICP-OES 等仪器。其局限在于一是存在双电荷、同量异位素、多原子、难熔氧化离子、基体抑制等干扰；二是仪器耐高盐性差（锥孔堵塞），对实验环境、化学试剂（实验用水）和器皿要求高；三是设备昂贵、维护成本高。

2. 常见问题及方法解决　基本原则：ICP-OES 主要要抓住电感耦合等离子体光源这个部件来解决问题，保证有稳定明亮白色的“电火焰”光源产生；此外，ICP-MS 还必须关注接口部件的正常工作。

（1）问题 1：等离子体熄火。

解决方法：排查进样雾化器是否堵塞，氩气流量（漏气）和纯度（99.99%以上）、冷却水。

（2）问题 2：点火时显示 RF 错误。

解决方法：检查氩气压力和流量。

（3）问题 3：ICP-MS 无信号。

解决方法：检查分析室真空度和雾化器、采样锥。

（4）问题 4：ICP-MS 信号不稳定。

解决方法：检查蠕动泵泵管和废液管状态，如信号或强度不稳定，可检查真空规，必要时须清洗。

（5）问题 5：ICP-MS 消除基体。

解决方法：可采用样品稀释或标准加入法的方法。

（6）问题 6：内标元素的选择。

解决方法：选择内标元素需考虑：一是应为试样中不含有的元素；二是不受试样基体或分析物的干扰；三是不会对分析元素产生干扰；四是不是环境污染元素；五是与分析元素质量、电离电位接近（质量数和电离电位亲近原则）；六是常用的内标元素有 Li（7）、Be（9）、Sc（45）、Co（59）、Ge（74）、Y（89）、Rh（103）、In（115）、Ho（165）、Tm（169）、Lu（175）、Re（187）、Bi（209）、Th（232）等，其中 Rh（103）、In（115）、Re（187）实际应用中更为常用；七是内标元素的选择是根据具体分析元素和要求来确定的；八是内标元素可以直接加入试样中，也可在测试时引入样品中，后者更为常用，但其作用仅是对仪器测量过程进行了有效的校正。

（7）问题7：试样中含有HF。

解决方法：HF会腐蚀玻璃制品，最好使用惰性进样系统（耐氢氟酸）。

（8）问题8：混合标准溶液配制。

解决方法：多元素混合标准溶液配制需考虑元素间的相容性和稳定性，发生浑浊时须重新配制，易水解的不稳定元素如Sn等须现用现配。配制最好使用聚丙烯、聚四氟乙烯等材质的容器。

（9）问题9：炬管、雾室污染。

解决方法：用稀硝酸或乙醇等有机试剂浸泡24h以上，去离子水清洗干净，禁止超声清洗。

（10）问题10：ICP-MS灵敏度下降。

解决方法：清洗接口（锥），一是5%～10%的硝酸擦拭锥口，去离子水清洗；二是进一步可用氧化铝粉末擦拭锥口，去离子水清洗。

3. 注意事项

（1）ICP-MS最好采用超净实验室设计，保持房间正压状态，保持环境温度为恒温，严格控制室内湿度，必要时应使用除湿机。

（2）样品前处理应避免试样的污染，包括试样制备（碎样、过筛、分样）、实验室环境、试剂（实验用水）的质量、器皿等。

（3）ICP-AES、ICP-MS试样中总固体溶解量（TDS），高的TDS将造成：基体效应干扰；谱线干扰和背景干扰；雾化系统及ICP炬的堵塞。一般来讲，对于TDS在10mg/mL左右的试液，在不是长时间连续进样时，是不会堵塞的，但前两点将明显地存在。在常规分析工作中，分析试液的TDS希望愈低愈好，一般控制在1mg/mL左右，在测定元素灵敏度满足的情况下，有时TDS控制在0.5mg/mL以下。

（4）ICP-MS和ICP-OES须特别注意仪器进样系统和接口的维护，如蠕动泵及泵管、雾化器、雾室、炬管、采样锥和截取锥。

（5）ICP-MS在测量未知浓度的试样时，应尽量加大稀释倍数，防止仪器污染。

（二）标准实例二十一　进出口食品中砷、汞、铅、镉的检测方法　电感耦合等离子体质谱（ICP-MS）法（SN/T 0448—2011）

1. 原理及适用范围　样品经硝酸-过氧化氢消解后，消解溶液由电感耦合等离子体质谱仪测定。根据各元素与相应内标元素的质荷比进行分离，对于一定的质荷比，其质谱的信号强度与进入质谱仪的粒子数成正比，即样品中元素浓度与质谱信号强度成正比。通过测定质谱的信号强度对试样溶液中的元素进行定量分析。

该标准为国家出入境检验检疫行业推荐标准，规定了用电感耦合等离子体质谱法（ICP-MS法）测定进出口食品中砷、铅、汞、镉含量的方法，适用于进出口食品（不包括食品添加剂）中砷、铅、汞、镉含量的测定。现阶段尚未颁布食品中多元素同时测定的ICP-MS法国家食品安全国家标准，因此从事农产品质量安全检测可以参照本方法执行。

2. 试剂材料

（1）试剂：本方法所用的硝酸、过氧化氢试剂均为高纯试剂，保证实验有较低的试样空白，保养试样的定量准确。其中硝酸也可以使用酸纯化器（经亚沸蒸馏的方式）纯化优级纯来获得近似的MOS级高纯硝酸。

（2）实验用水：水为GB/T 6682规定的二级水。

（3）标准溶液：内标溶液选用Li（7）、Sc（45）、Ge（74）、Y（89）、In（115）、Bi（209），其质量数覆盖了测定元素的质量数，可以按需求选择1种或多种作为内标物，内标溶液可以按GB/T 602自行配制也可直接购买标准物质，但须保证溶液介质的一致性。

需要注意：加入金元素是作为汞标准溶液的稳定剂，其原理为汞和金可以形成金汞齐（金汞合金），在进ICP等离子前是很稳定的。因此加金是可以起到避免汞挥发损失和在器皿上吸附。在实际测试中也可采用0.2%半胱氨酸或其他等效稳定剂。

3. 仪器和设备　电感耦合等离子体质谱分析仪：常用的电感耦合等离子体质谱分析仪为低分辨四级杆ICP-MS，其价格相对低廉，能满足一般实验室测试需求。ICP-MS还可根据试样的要求选配耐高盐或耐氢氟酸或有机进样系统，选配不同接口（锥组合）；根据测试元素消除质谱干扰可选择不同的碰撞/反应池等组件。

ICP-MS属于元素痕量或超痕量分析仪器，因此对环境洁净度和温湿度、试剂纯度、气体纯度［如高纯氩气（>99.999%）或液氩、高纯氦气（>99.999%）］、冷却水、真空度（真空泵）等要求颇高，须注意对这些因素的控制和有效维护。值得注意的是液氩的使用应严格遵守操作规则，培训后方可使用，防止冻伤等安全事故的发生。

此外ICP-MS仪器主机也应加强日常保养，如进样系统的泵及泵管、雾化器、雾室、炬管等，如接口（包括截取锥、进样锥等），尽量避免频繁开关机，短期不用时尽量保持质量分析器的真空度，以免被污染，并增长检测器的寿命。仪器质量分析系统（包括透镜系统和检测器）属于精密部件，须请专业维修工程师保养维护，不易擅自拆装。

4. 操作过程

（1）试样前处理：采样和制备过程须注意试样不受污染，所有器皿应使用稀硝酸浸泡或浓硝酸回流的方式清洗干净。此外值得注意的是，有粉医用乳胶手套的使用可能会带来试样污染。

（2）试样消解：微波消解和高压罐消解是常用的消解方式，二者比较，微波消解更具有方便、省时、样通量大等特点，应为首选方法。值得说明的：一是ICP-MS检出限很低，TDS须小于0.5%（最佳0.2%），酸度须小于5%（最佳2%），消解后试样可以适当增加定容体积（食品样品100～200倍定容稀释），使试样溶液更加趋近与水（稀）溶液，而不影响或甚至提高测试效果；二是消解时依次选用过氧化氢、硝酸、氢氟酸、盐酸或高氯酸、磷酸、硫酸，其中氢氟酸、磷酸、硫酸相对对锥口腐蚀较大。

（3）测定：

①仪器条件。ICP-MS最佳分析条件的优化，一是要抓住待测元素的理化性质，重视质量数干扰因素的有效控制，二是保证正常试样的引入和等离子体产生，三是通过调节仪器参数寻找最佳的分析条件。具体为：

a. 准确了解待测元素的理化性质，使其能稳定的存在于试样待测液中，如汞必要时可加入稳定剂。

b. 了解待测元素的同位素分布和质量数干扰情况（主要为双电荷、同量异位素、多原子、难熔氧化离子干扰），尽量选择同位素丰度高，质量数干扰少的元素同位素作为定量依据，并选择合适的测定模式减少测定干扰，提高数据的准确度。如 As（75）会受 Ar（40）Cl（35）、Ar（36）Ar（38）H（1）干扰，因此可以采用碰撞反应池模式测定，以减小干扰。如 Cd（112）存在 Ar_2（40）O_2（16）干扰，因此不选其为定量依据。

c. 进样系统对 ICP-MS 分析性能影响巨大，要依据试样性质优选不同的雾化器、雾室、炬管，以保证较高的雾化效率、较少的溶剂导入、较少的氧化物和其他干扰。同心石英雾化器、石英雾室、石英炬管一般是农产品检测的标准配置选择。必要的雾化室恒温冷却、较短的进样管是常用的保证正常进样的有效手段。

d. 仪器调谐。对于多元素分析，一般采用折中的条件作为仪器最佳工作条件。调谐的主要指标是灵敏度、稳定性、氧化物和双电荷干扰水平。通过采用选择代表性的轻中重质量范围的元素，如 Li、Be、Co、In、Rh、Ce、Th、Bi、U 浓度 1～10ng/mL 的混合溶液引入仪器，通过调谐离子透镜参数、ICP 功率、载气压力流量、采样位置、溶液提升量、积分时间、测量方式、分辨率等参数，找到最佳分析条件，目前仪器大多具有自动调谐功能。

②试样测定。测试前必要时应选择代表性的轻中重质量范围的元素如 Li、Co、In、U，浓度 10～50ng/mL 进行质量校准（保证质量轴的准确性）和检测器的校准（保证脉冲信号和模拟信号的交叉衔接，保证校准曲线的线性）；测试时应适时关注灵敏度、稳定性、氧化物和双电荷干扰水平等性能指标。此外对不熟悉的样品，可采用大体积稀释和全扫描的方式在大体了解样品成分和待测元素浓度后，进一步设计优化测定条件。

③基体改进剂。除特殊要求外，本标准应用于一般农产品检测不需加入基体改进剂。

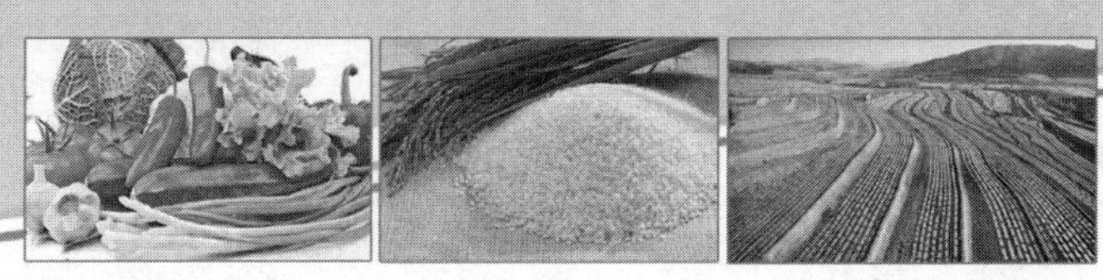

第六章 理化指标检测技术

理化指标是指产品的物理性质、物理性能、化学成分、化学性质、化学性能等技术指标，是产品的重要质量指标。

食品中亚硝酸盐、氟化物、可滴定酸、蛋白、脂肪、糖类、水分、灰分、过氧化值等，土壤pH、有机质、总氮、总磷等，都属于理化指标范畴。通常理化指标的分析操作相对比较简单，不需要大型的仪器设备进行测定。常见的测定方法有分光光度法、滴定法、重量法、电化学方法等。

本章针对以上理化指标测定中涉及的仪器设备、方法原理和主要实验要点等进行详细阐述。

第一节 理化指标检测常用仪器设备

一、分光光度计

分光光度计又称光谱仪（spectrometer），是将成分复杂的光分解为光谱线的分析仪器。它采用一个可以产生多个波长的光源，通过系列分光装置，从而产生特定波长的光线（单色光）。光线通过待测样品后，部分光线被样品吸收，其吸光值与样品的浓度成正比，从而进行定量的方法即为分光光度法。同时，由于每种物质都有自己特定的吸收光谱，如紫外光谱，红外光谱，因此分光光度计也是进行定性分析的有力工具。

分光光度计根据测量波长范围不同，可以分为紫外分光光度计、可见分光光度计和红外分光光度计等。常用的波长范围为：200～380nm为紫外光区，380～1 000nm为可见光区，2.5～25μm（按波数计为4 000/cm～400/cm）为红外光区。不同测试波长针对的分析项目不同，应用范围和应用对象也就不同。

1. 仪器工作原理

（1）紫外可见分光光度计：紫外可见分光光度计的工作原理是基于分子的紫外可见吸收光谱，它是由于分子中的某些基团吸收了紫外可见辐射光后，发生了电子能级跃迁而产生的吸收光谱。由于各种物质具有各自不同的分子、原子和不同的分子空间结构，其吸收光能量的情况也就不会相同。因此每种物质就有其特有的、固定的吸收光谱曲线，可根据吸收光谱上的某些特征波长处的吸光度的高低判别或测定该物质的含量，这就是分光光度定性和定量分析的基础。典型的紫外可见分光光度计见图6-1。

图 6-1　紫外可见分光光度计

以单光束紫外可见分光光度计为例，它的工作原理图见图 6-2。

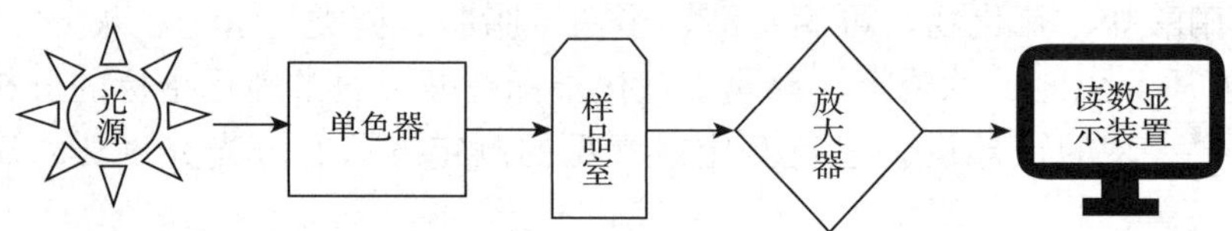

图 6-2　单光束紫外可见分光光度计工作原理图

紫外可见分光光度计主要由以下几部分组成：光源、单色器、吸收池、检测器和信号显示系统。

①光源。必须具有稳定的、有足够输出功率的、能提供仪器使用波段的连续光谱，如热辐射光源钨灯和卤钨灯，波长范围 350～2 500nm，可用于可见光区；又如气体放电光源氢灯和氘灯，波长范围 180～460nm，主要用于紫外光区。

②单色器。它由入射和出射狭缝、透镜系统和色散元件（棱镜或光栅）组成，是用以产生高纯度单色光束的装置，其功能包括将光源产生的复合光分解为单色光和分出所需的单色光束。

③吸收池。又称样品池、比色杯（皿），用于盛放待测试液，分为石英和玻璃两种材质，前者适用于紫外到可见区，后者只适用于可见区。常用吸收池的光程一般为 0.5～3cm。

④检测器。又称光电转换器。常用的有光电管或光电倍增管，后者较前者更灵敏。近年来还使用光导摄像管或光电二极管矩阵作检测器，具有快速扫描的特点。

⑤信号显示系统。这部分装置发展较快。较高级的光度计，常备有计算机、荧光屏显示和记录仪等，可将图谱、数据和操作条件都显示出来。

（2）红外分光光度计：红外分光光度计又称红外光谱仪。其工作原理是基于红外光谱，即红外光通过待测样品溶液后的百分透射比与波数或波长关系曲线，属于分子振动光谱。任何气态、液态、固态样品均可进行红外光谱测定，这是其他多数仪器分析方法难以做到的。由于绝大多数化合物均有红外吸收，尤其是有机化合物的红外光谱能提供丰富的结构信息，因此红外光谱是有机化合物结构解析的重要手段之一。

红外光的波数可以分为三类：①近红外区：4 000～10 000/cm。②中红外区：400～4 000/cm。③远红外区：100～400/cm。红外光谱最重要的应用是中红外区，大多数化合物的化学键振动能级的跃迁发生在这一区域。根据红外吸收光谱中吸收峰的位置和形状来推测未知物结构，可进行定性分析和结构分析；根据吸收峰的强弱与物质含量的关系可进行定量分析。

红外分光光度计一般分为两类，一种是光栅扫描的，目前很少使用；另一种是迈克尔逊干涉仪扫描的，称为傅立叶变换红外光谱，这是目前最广泛使用的。

典型的红外分光光度计（红外光谱仪）如图 6-3 所示。

图 6-3　红外分光光度计

红外分光光度计工作原理如图 6-4 所示。

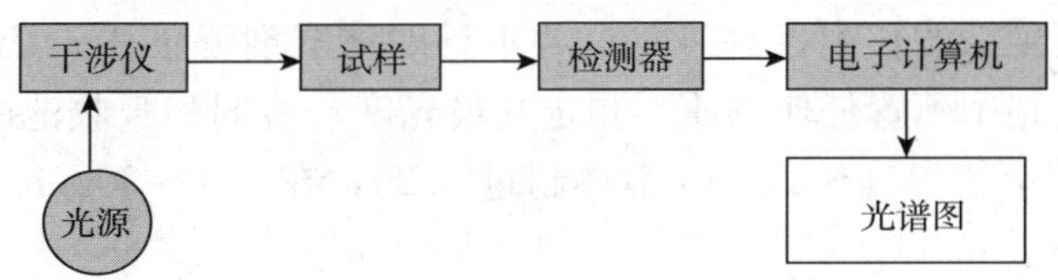

图 6-4　红外分光光度计工作原理图

红外分光光度计和紫外可见分光光度计类似，也主要是由光源、干涉仪、吸收池、检测器、信号显示系统等几个部分组成。

①光源。能够发射高强度连续红外辐射的物质，通常采用惰性固体作光源，如能斯特灯，由锆、钇、铈或钍的氧化物烧结而成。特点是发射强度大，尤其在高于 1 000/cm 的区域稳定性较好，但机械强度较差，价格较贵，目前用的较少，面临淘汰。硅碳棒由碳化硅烧结而成，特点是在低波数区发射较强，波数范围宽，400～4 000/cm；坚固、寿命长，发光面积大，目前用的较多。

②干涉仪。傅立叶变换红外光谱仪使用迈克尔逊干涉仪来获得干涉光谱，再将干涉光谱转换为红外光谱，要比使用单色器将复合光散射成单色光测量速度快。

③吸收池。红外吸收池窗口一般用一些盐类的单晶制作：如 KBr 或 NaCl 等，它们极易吸湿，吸湿后会引起吸收池窗口模糊，故要求干燥环境。固、液、气态样品均可测定。

④检测器。检测器的作用是将照射在它上面的红外光变成电信号。红外区光子能量低，不能使用紫外可见吸收光谱仪上的光电管或光电倍增管。常用的红外检测器有三种：真空热电偶、测辐射热计、热电检测器。

⑤信号显示系统。由检测器产生的微弱电信号经电子放大器放大后，记录下来，并经过

必要的数据处理在显示器上呈现，得到所需要的谱图和数据结果。目前多由仪器专用软件和电脑控制。

2. 仪器应用

（1）紫外可见分光光度计：

①应用范围。紫外可见分光光度方法与其他光谱分析方法相比，其仪器设备和操作都比较简单，费用少，分析速度快，灵敏度、精密度和准确度较高，选择性好（有最大吸收波长）等特点而被广泛应用于食品、环境、化工、医药等测试和研究领域。

a. 定量分析。广泛用于各种物料中微量、超微量和常量的无机和有机物质的测定，是食品与环境领域理化分析和定量的重要手段。

b. 定性和结构分析。紫外吸收光谱还可用于推断空间阻碍效应、氢键的强度、互变异构、几何异构现象等。

c. 反应动力学研究。即研究反应物浓度随时间而变化的函数关系，测定反应速度和反应级数，探讨反应机理。

d. 研究溶液平衡。如测定络合物的组成、稳定常数、酸碱离解常数等。

②有关注意事项。

a. 溶剂要求。含有杂原子的有机溶剂，通常均具有很强的末端吸收。因此，当作溶剂使用时，它们的使用范围均不能小于截止使用波长。例如甲醇、乙醇的截止使用波长为205nm。另外，当溶剂不纯时，也可能增加干扰吸收。因此，在测定供试品前，应先检查所用的溶剂在供试品所用的波长附近是否符合要求，即将溶剂置于1cm石英吸收池中，以空气为空白（即空白光路中不置任何物质）测定其吸光度。溶剂和吸收池的吸光度，在220～240nm不得超过0.40，在241～250nm不得超过0.20，在251～300nm不得超过0.10，在300nm以上时不得超过0.05。

b. 一般待测溶液的吸光度读数，以在0.3～0.7范围误差较小。

c. 由于吸收池和溶剂本身可能有空白吸收，因此测定供试品的吸光度后应减去空白读数，或由仪器自动扣除空白读数后再计算含量。

d. 当溶液的pH对测定结果有影响时，应将供试品溶液和对照品溶液的pH调成一致。

e. 湿度过高可以引起机械部件和光学部件的锈蚀，引起仪器机械部分的误差或性能下降，产生光能不足、杂散光、噪声等，从而影响仪器寿命。特别是地处南方地区的实验室，仪器室最好应具备恒湿、恒温设备，并应定期检定和校正。

f. 环境中的尘埃和腐蚀性气体亦可以影响机械系统的灵活性、降低各种开关、按键、光电耦合器的可靠性，也是造成光学部件锈蚀的原因之一。因此必须定期清洁，保障环境和仪器室内卫生条件，注意防尘。

g. 仪器的狭缝波带宽度应小于供试品吸收带的半宽度，否则测得的吸光度会偏低；常见的狭缝宽度（又称光谱带宽）有0.5nm、1.0nm、2.0nm。有的仪器带宽固定，如2nm，有的仪器可按照测试需要自行选择带宽。

（2）红外分光光度计（红外光谱仪）：

①应用范围。

红外光谱主要研究在振动中伴随有偶极矩变化的化合物。凡是具有结构不同的两个化合物，一定不会有相同的红外光谱。通常红外吸收带的波长位置与吸收谱带的强度，反映了分子结构上的特点，可以用来鉴定未知物的结构组成或确定其化学基团；而吸收谱带的吸收强度与分子组成或化学基团的含量有关，可用以进行定量分析和纯度鉴定。由于其以上定性和定量能力，使得红外光谱仪广泛应用于染织工业、环境科学、生物学、材料科学、高分子化学、催化、煤结构研究、石油工业、生物医学、生物化学、药学、无机和配位化学基础研究、半导体材料、日用化工等各个研究领域。典型的红外光谱图如图 6-5。

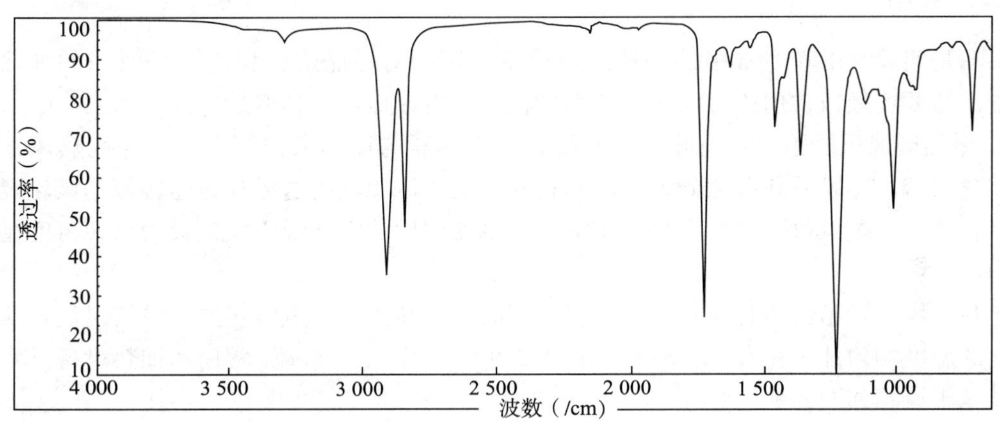

图 6-5　典型的红外光谱图

②注意事项。

a. 测定时实验室的温度应在 15～30℃，相对湿度应在 65%以下，所用电源应配备有稳压装置和接地线，要严格控制室内的相对湿度。因此，红外实验室的面积不要太大，能放得下必需的仪器设备即可，但室内应有除湿装置。

b. 如所用的是单光束型傅立叶红外分光光度计（目前应用最多），实验室里的 CO_2 含量不能太高，因此实验室里的人数应尽量少，无关人员最好不要进入，还要注意适当通风换气。

c. 红外光谱测定最常用的试样制备方法是溴化钾（KBr）压片法（药典收载品种 90%以上用此法）。因此为减少对测定的影响，所用 KBr 最好应为光学试剂级，至少也要分析纯级。使用前应适当研细（200 目以下），并在 120℃以上烘 4h 以上后置干燥器中备用。如发现结块，则应重新干燥。制备好的空 KBr 片应透明，与空气相比，透光率应在 75%以上。

d. 压片时 KBr 的取用量一般为 200mg 左右，应根据制片后的片子厚度来控制 KBr 的量，一般片子厚度应在 0.5mm 以下，厚度大于 0.5mm 时，常可在光谱上观察到干涉条纹，对供试品光谱产生干扰。

e. 压片法时取用的供试品量一般为 1～2mg，因不可能用天平称量后加入，并且每种样品对红外光的吸收程度不一致，故常凭经验取用。一般要求所获得的光谱图中绝大多数吸收峰处于 10%～80%透光率范围内。最强吸收峰的透光率如太大（如大于 80%），则说明取样量太少；相反，如最强吸收峰为接近透光率 0%，且为平头峰，则说明取样量太多，此时均应调整取样量后重新测定。

f. 如供试品为盐酸盐，因考虑到在压片过程中可能出现的离子交换现象，氯化钾压片和溴化钾压片后测得的光谱，如没有区别，两者可通用。

g. 测定用样品应干燥，否则应在研细后置红外灯下烘几分钟使干燥。试样研磨好并在模具中装好后，应与真空泵相连后抽真空至少 2min，以使试样中的水分进一步被抽走，然后再加压到 800～1 000N/mm^2 后维持 2～5min。不抽真空将影响片子的透明度。

h. 压片用模具用后应立即擦干净，必要时用水清洗干净并擦干，置干燥器中保存，以免锈蚀。压片用的溴化钾等不用时也应置干燥器中保存，以免吸潮。

二、烘箱

烘箱是实验室中较为常用的一种加热设备，用于对样品进行均匀且长时间的加热、恒温。食品与环境领域常用的有电热鼓风干燥箱、真空干燥箱、马弗炉等。

1. 电热鼓风干燥箱 它是通过数显仪表与温感器的连接来控制温度，采用热风循环送风的加热仪器。热风循环系统分为水平式和垂直式。风源是由送风马达运转带动风轮经由电热器，将热风送至风道后进入烘箱工作室，且将使用后的空气吸入风道成为风源再度循环加热运用。

电热鼓风干燥箱箱体有保温层，具有良好的保温性能；鼓风装置强迫空气对流，从而获得良好的温度均匀性。在食品、环境、农业、生物、化工等领域是常用的加热设备。常见的电热鼓风干燥箱如图 6-6。

2. 真空干燥箱 真空干燥箱是专为干燥热敏性、易分解和易氧化物质而设计的，工作时可使工作室内保持一定的真空度，并能够向内部充入惰性气体，特别是一些成分复杂的物品也能进行快速干燥。真空干燥箱广泛应用于生物化学、化工制药、医疗卫生、农业科研、环境保护等研究应用领域。

（1）与常规干燥技术相比，真空干燥具备以下优势：

①真空环境大大降低了需要驱除的液体的沸点，所以真空干燥可以轻松应用于热敏性物质。

②对于不容易干燥的样品，例如粉末或其他颗粒状样品，使用真空干燥法可以有效缩短干燥时间。

③各种构造复杂的机械部件或其他多孔样品经过清洗后使用真空干燥法，完全干燥后几乎不留任何残余物质。

④使用更安全，在真空或惰性条件下，可以消除氧化物遇热爆炸的可能。

⑤与依靠空气循环的普通干燥相比，粉末状样品不会被流动空气吹动或移动。

常见真空干燥箱见图 6-7。

图 6-6　电热鼓风干燥箱

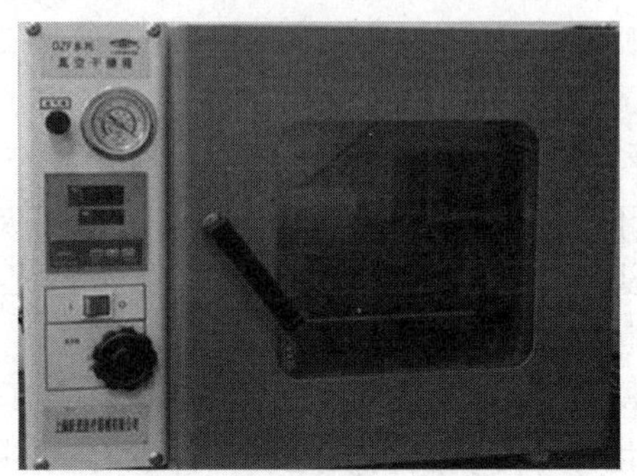

图 6-7　真空干燥箱

（2）真空干燥箱使用注意事项：

①真空泵不能长时期工作，因此当真空度达到干燥物品要求时，应先关闭真空阀，再关闭真空泵电源，待真空度小于干燥物品要求时，再打开真空阀及真空泵电源，继续抽真空。这样可延长真空泵使用寿命。另外，应经常检查油位位置和油质情况，发现油变质应及时更换新油，确保真空泵工作正常。

②真空箱不需接连抽气运行时，应先封闭真空阀，再封闭真空泵电源，否则真空泵油会倒灌至箱内。真空箱与真空泵之间最好连有过滤器，以避免潮湿气体进入真空泵。

③真空干燥箱应常常保持清洁，箱门玻璃应用松软棉布擦洗，切忌用能发生反应的化学溶剂擦洗，避免发生化学反应和擦伤玻璃。

④若真空箱长期不用，将露在外面的电镀件擦净后涂上中性油脂，以防腐蚀，并套上塑料薄膜防尘罩，放置于干燥的室内，以免电器元件受潮损坏，影响使用。

⑤真空箱工作室无防爆、防腐蚀等处理，不得放易燃、易爆、易产生腐蚀性气体的物品进行干燥。

3. 马弗炉　马弗炉是从英文 Muffle furnace 翻译过来的。马弗炉在中国又被称作电炉、电阻炉、茂福炉、马福炉。马弗炉是一种通用的加热设备，依据外观形状可分为箱式炉、管式炉、坩埚炉；按加热元件区分有：电炉丝马弗炉、硅碳棒马弗炉、硅钼棒马弗炉；按额定温度来区分一般分为：1 000℃以下马弗炉，1 000～1 200℃马弗炉等，1 300～1 400℃马弗炉，1 600～1 700℃马弗炉，1 800℃马弗炉；按保温材料来区分有普通耐火砖和陶瓷纤维两种。

马弗炉在食品与环境分析实验室常用作样品干化、灰化等处理手段，用于水质分析、环境分析以及农产品、食品等水分、灰分、挥发分、元素分析等领域。

有关注意事项：

（1）当马弗炉第一次使用或长期停用后再次使用时，必须进行烘炉干燥：在 20～200℃打开炉门烘 2～3h，200～600℃关门烘 2～3h。

（2）马弗炉和控制器必须在相对湿度不超过 85%、没有导电尘埃、爆炸性气体或腐蚀性气体的场所工作。马弗炉控制器应限于在环境温度 0～40℃范围内使用。为了保证安全操作，电炉与控制器必须可靠接地。

（3）工作环境要求无易燃易爆物品和腐蚀性气体，禁止向炉膛内直接灌注各种液体及熔解金属，经常保持炉膛内的清洁。

（4）使用时炉膛温度不得超过最高炉温，也不得在额定温度下长时间工作。实验过程中，使用人不得长期离开，随时注意温度的变化。如发现异常情况，应立即断电，并由专业维修人员检修。

（5）使用时炉门要轻关轻开，以防损坏机件。坩埚钳放取样品时要轻拿轻放，以保证安全和避免损坏炉膛。

（6）温度超过 600℃后不要打开炉门，等炉膛内温度自然冷却后再打开炉门，并应先微开炉门，待样品稍冷却后再小心夹取样品，防止烫伤。

（7）加热后的坩埚等如需称重，温度尚未达到室温之前，宜转移到干燥器中冷却后再称量。

三、酸度计

1. 仪器工作原理 酸度计，又称 pH 计，是实验室中用来测定溶液的氢离子浓度/酸碱度的仪器，如配上相应的离子选择电极（如氟电极）也可以测量该离子电极电位值。酸度计被广泛应用于环保、科研、制药、发酵、化工、养殖、自来水和食品等领域。典型酸度计见图 6-8。

酸度计属于电化学分析仪器，基于电位分析法的原理测量氢离子浓度（$[H^+]$）。电位分析法是根据测量化学原电池的电极电位 E，用能斯特方程求得溶液中待测离子的浓度。所谓化学原电池是一种借助氧化还原反应将化学能转变为电能的装置。由正负两个电极组成，中间由 KCl 盐桥沟通电路。当用导线将原电池的两级连接起来时，便产生了电流，通过测量两电极之间的电极电位，代入能斯特方程式，即可求得溶液中 $[H^+]$ 离子浓度，见式（6-1）：

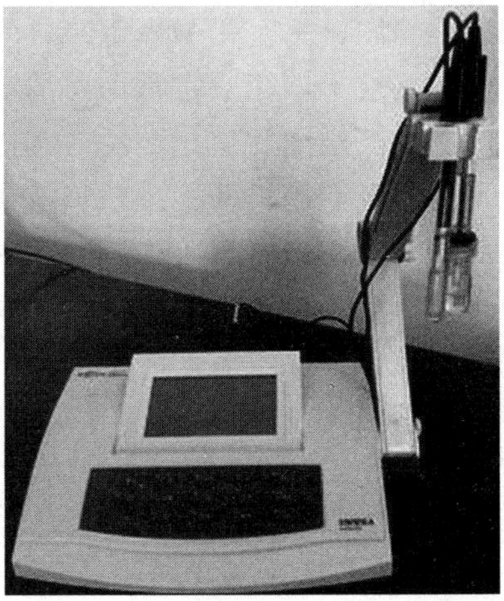

$$E=E_0-2.303\frac{RT}{nF}\lg a_x \qquad (6\text{-}1)$$

图 6-8 酸度计

式中：

E——测试溶液电极电位；

E_0——标准缓冲溶液电极电位；

a_x——测试溶液 $[H^+]$ 离子浓度。

由式（6-1）可见，酸度计测定前必须要有标准缓冲溶液进行校正。

酸度计的结构是由电极和电位计两部分组成。电极部分是基于化学原电池的原理设计而成，由测定电极和参比电极组成，见图 6-9。

其中指示（测量）电极能对被测离子有响应，电极电位随离子浓度而变化，而参比电极对任何离子无响应，其电极电位对离子浓度变化保持不变。酸度计用的测量电极（指示电极）为玻璃膜氢离子选择电极，对 $[H^+]$ 变化敏感，内有金属内参比电极（Ag-AgCl）和内参比液；参比电极（外参比电极）与被测离子浓度无关，提供不变的参考电位的电极，由甘汞电极 Hg_2Cl_2-Hg 和外参比饱和 KCl 溶液组成，其中 KCl 溶液测量时要保证渗出，使盐桥畅通。现在实验室常用的电极为复合电极，使用更为方便。

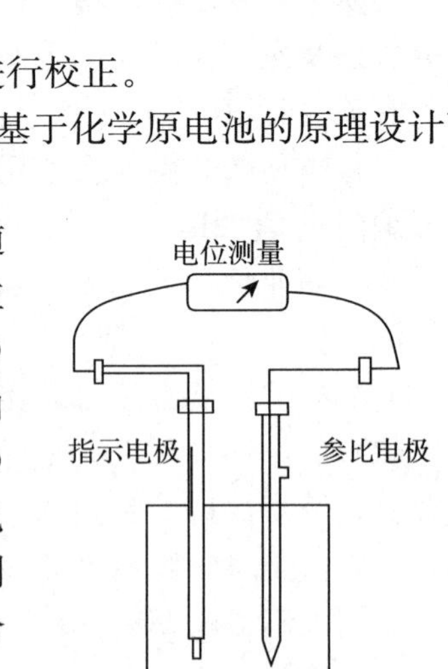

图 6-9 酸度计电极部分示意图

2. 仪器应用 许多化学反应和实验条件都受溶液酸碱特性的影响，对酸碱条件要求不高的实验，溶液的酸碱度可以用 pH 试纸来测量，但对酸碱条件要求高、pH 对测定结果有影响的实验，就需要用酸度计来测量。目前实验室使用的电极都是复合电极，其优点是使用方便，不受氧化性或还原性物质的影响，且平衡速度较快。

酸度计，即 pH 计，因电位计设计的不同而类型很多，其操作步骤各有不同。但在具体操作中，校准是 pH 计应用操作中的一个重要步骤。其校准方法通常均采用两点校准法，即选择两种标准缓冲液：一种是 pH7 标准缓冲液，第二种是 pH9 标准缓冲液或 pH4 标准缓冲液。先用 pH7 标准缓冲液对电位计进行定位，再根据待测溶液的酸碱性选择第二种标准缓冲液。如果待测溶液呈酸性，则选用 pH4 标准缓冲液；如果待测溶液呈碱性，则选用 pH9 标准缓冲液。若是手动调节的 pH 计，应在两种标准缓冲液之间重复操作几次，直至不需再调节其零点和定位（斜率）旋钮，pH 计即可正确显示两种标准缓冲液 pH，则校准过程结束。此后，在测量过程中零点和定位旋钮就不应再动。若是智能式 pH 计，则不需重复调节，因为其内部已贮存几种标准缓冲液的 pH 可供选择，而且可以主动辨认并主动校准。

pH 计每次使用前都需要进行校准才能使用，而且需要定期送有关计量部门进行检定。同时校准工作结束后，对应用频繁的 pH 计一般在 48h 内仪器不需再次校准。但如遇到下列情况之一，仪器则需要重新校准：溶液温度与定标温度有较大的差别时；电极在空气中暴露过久，如 0.5h 以上时；定位或斜率调节器被误动；测量过酸（pH＜2）或过碱（pH＞12）的溶液后；换过电极后；当所测溶液的 pH 不在两点定标时所选溶液的中间，且距 pH7 又较远时。

日常使用和维护注意事项：

（1）测量前必须把仪器和标准溶液以及被测液体提前放在实验室。对于 0.01 级以上的电位差计，应在室温 18～22℃条件下工作。

（2）使用前，检查玻璃电极前端的球泡。正常情况下，电极应该透明而无裂纹；球泡内要充满溶液，不能有气泡存在。

（3）在测量两种标准溶液以及每次使用测量之前，一定要将电极上的残留溶液冲洗干净，以免污染下一种溶液，电极冲洗后要用滤纸将电极上残留的蒸馏水吸干，而不是擦干，以免损伤电极。

（4）玻璃电极球泡勿接触污物，如发现沾污可用医用棉花轻擦球泡部分或用 0.1mol/L 盐酸清洗之，不能用脱水物质如浓乙醇、浓硫酸等物质清洗。

（5）使用时，将电极加液口上所套的橡胶套和下端的橡皮套全取下，以保持电极内氯化钾溶液的液压差。测量中注意银-氯化银内参比电极应浸入到球泡内氯化物缓冲溶液中，避免电位计显示部分出现数字乱跳现象。使用时，注意将电极轻轻甩几下。

（6）测量浓度较大的溶液时，尽量缩短测量时间，用后仔细冲洗，防止被测液黏附在电极上而污染电极。电极不能用于强酸、强碱或其他腐蚀性溶液的测定。严禁在脱水性介质如无水乙醇、重铬酸钾等中使用。

（7）复合电极不用时，可浸泡于 3mol/L 氯化钾溶液中。切忌用洗涤液或其他吸水性试剂浸洗。

四、滴定管

1. 分类　滴定管是滴定分析中最基本的量器。常量分析用的滴定管有 50mL、25mL、20mL 等几种规格，它们的最小分度值为 0.1mL，读数可估计到 0.01mL。此外，还有容积为 10mL、5mL、2mL、1mL 的半微量和微量滴定管，最小分度值为 0.05mL、0.01mL、0.005mL 等。

根据控制溶液流速的装置不同，滴定管可分为酸式和碱式两种。酸式滴定管的下端装有玻璃活塞，用来盛放酸性或具有氧化性溶液。碱式滴定管的下端用乳胶管连接一个小玻璃管，乳胶管内有一玻璃珠，用以控制溶液的流出。碱式管用来装碱性溶液和无氧化性溶液，见图 6-10。

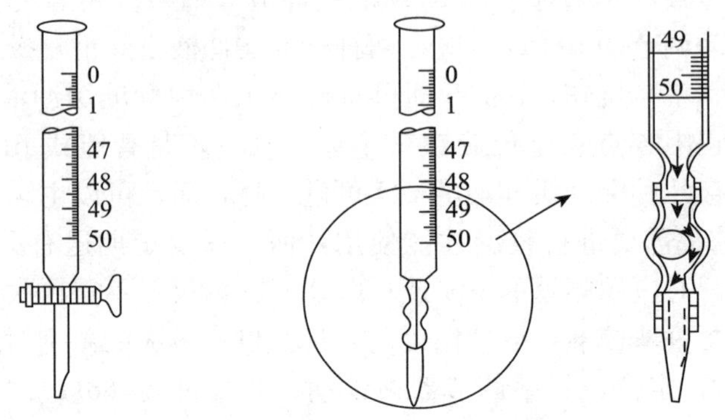

图 6-10　酸式滴定管和碱式滴定管

注：引自《分析化学实验》，余莉萍、刘宇主编，天津大学出版社。

2. 滴定管的基本操作和日常维护

（1）洗涤：对无明显油物的干净滴定管，可直接用自来水冲洗或用滴定管刷蘸肥皂水或洗涤剂（但不能用去污粉）刷洗，再用自来水冲洗。刷洗时要注意，不用刷头露出铁丝的毛刷，以免划伤滴定管内壁。如有明显油污，则需用洗液浸洗。洗涤时向管内倒入 10mL 左右铬酸洗液（碱式滴定管将乳胶管内玻璃珠向上挤压封住管口或将乳胶管换成乳胶滴头），再将滴定管逐渐向管口倾斜，并不断旋转，使管壁与洗液充分接触，管口对着废液缸，以防洗液撒出。若油污较重，可装满洗液浸泡，浸泡时间的长短视沾污情况而定。洗毕，洗液应倒回洗液瓶中，洗涤后应用大量自来水淋洗，并不断转动滴定管，至流出的水无色，再用去离子水润洗 3 遍，洗净后的管内壁应均匀地润上一层水膜而不挂水珠。

（2）检漏：滴定管在使用前必须检查是否漏液。碱式管漏水可更换乳胶管或玻璃珠。酸式管漏水或活塞转动不灵，则应重新涂抹凡士林。其方法是：将滴定管平放于实验台上，取下活塞，用吸水纸擦净或拭干活塞及活塞套，在活塞两侧涂上薄薄一层凡士林，再将活塞平行插入活塞套中，单方向转动活塞，直至活塞转动灵活且外观为均匀透明状态（图 6-11）。用橡皮圈套在活塞小头一端的凹槽上，固定活塞，以免滑落打碎。如遇凡士林堵塞了尖嘴玻璃小孔，可将滴定管装满水，用洗耳球鼓气加压，或将尖嘴浸入热水中，再用洗耳球鼓气，便可以将凡士林排除。

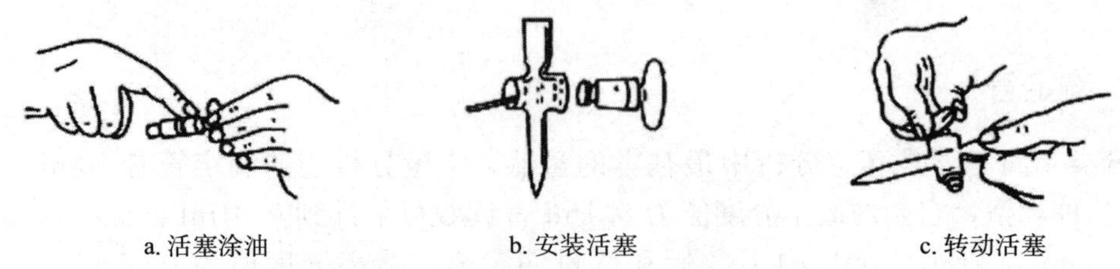

a. 活塞涂油　　b. 安装活塞　　c. 转动活塞

图 6-11　酸式滴定管涂抹凡士林

注：引自《大学化学实验：无机及分析化学实验手册》，张桂香主编，天津大学出版社，2011。

（3）装溶液和赶气泡：洗净后的滴定管在装液前，应先用待装溶液润洗内壁 3 次，用量依次为 10mL、5mL、5mL 左右。

装入溶液的滴定管，应检查出口下端是否有气泡，如有，应及时排除。其方法是：对酸式管，可用手迅速打开活塞（反复多次），使溶液冲出并带走气泡；对碱式管，可将橡皮管向上弯曲，捏起乳胶管使溶液从管口喷出，即可排除气泡（图 6-12）。

将排除气泡后的滴定管补加操作溶液到零刻度以上，然后再调整至零刻度线位置。

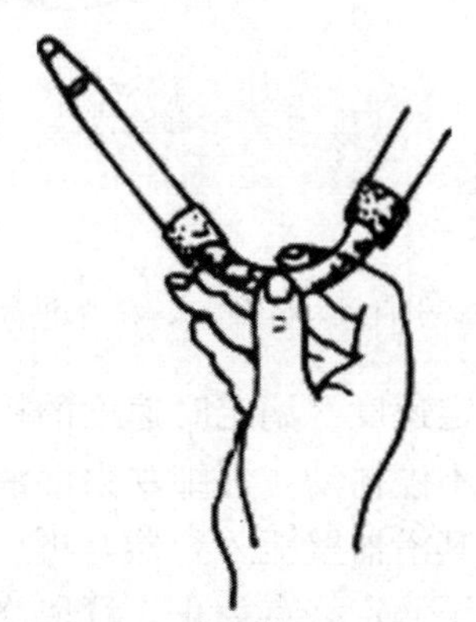

图 6-12　碱式滴定管排气泡

注：引自《大学化学实验：无机及分析化学实验手册》，张桂香主编，天津大学出版社，2011。

（4）读数：读数前，滴定管应垂直静置 1min。读数时，管内壁应无液珠，管出口的尖嘴内应无气泡，尖嘴外应不挂液滴，否则读数不准。读数可垂直夹在滴定管架上或手持滴定管上端使自由地垂直读取刻度，读数时还应该注意眼睛的位置与液面处在同一水平面上，否则将会引起误差，如图 6-13 中 a。不同的滴定管读数方法略有不同。对无色或浅色溶液，有乳白板蓝线衬背的滴定管读数应以两弯月面相交的最尖部分为准，如图 6-13中 b 所示。一般滴定管应读取弯月面最低点所对应的刻度。对深色溶液，则一律按液面两侧最高点相切处读取。

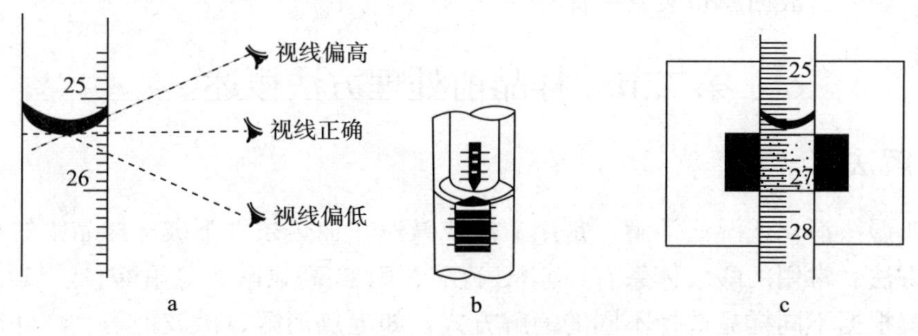

图 6-13　滴定管读数方法

对初学者，可使用读数卡，以使弯月面更清晰。读数卡是用贴有黑纸或涂有黑色的长方形（约 3cm×15cm）的白纸板制成。读数卡紧贴在滴定管的后面，把黑色部分放在弯月面下面约 1mm 处，使弯月面的反射层全部成为黑色，读取黑色弯月面的最低点（图 6-13 中 c）。

（5）滴定：读取初读数之后，立即将滴定管下端插入锥形瓶（或烧杯）口内约 1cm 处，进行滴定。操作酸式滴定管时，左手拇指与食指跨握滴定管的活塞处，与中指一起控制活塞的转动。但应注意，不要过于紧张，手心用力以免将活塞从大头推出造成漏水，而应将三手指略向手心回力，以塞紧活塞。操作碱式滴定管时，用左手的拇指与食指捏住玻璃珠外侧的乳胶管向外捏，形成一条缝隙，溶液即可流出。控制缝隙的大小即可控制流速，但要注意不能使玻璃珠上下移动，更不能捏玻璃珠下部的乳胶管以免产生气泡。滴定时，还应双手配合协调。当左手控制流速时，右手拿住锥型瓶颈，单方向旋转溶液。若用烧杯滴定，则右手持玻璃棒作圆周搅拌溶液，注意玻璃棒不要碰到杯壁和杯底（图 6-14）。

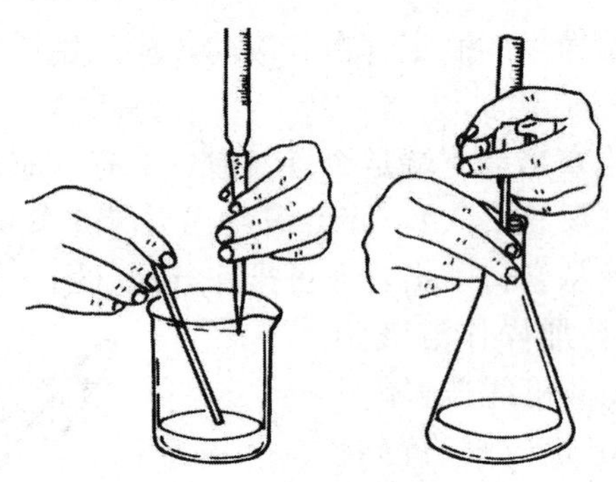

图 6-14　滴定操作

注：引自《大学化学实验：无机及分析化学实验手册》，张桂香主编，天津大学出版社，2011。

（6）滴定速度：滴定时速度的控制一般为开始时每秒 3～4 滴；接近终点时，应一滴一滴加入，并不停摇动，仔细观察溶液的颜色变化；也可每次加半滴（加半滴操作：使溶液悬而不滴，让其沿器壁流入容器，再用少量去离子水冲洗内壁，并摇匀），仔细观察溶液的颜色变化，直至滴定终点为止。读取终读数，立即记录。注意：在滴定过程中左手不应离开滴定管，以防流速失控。

（7）平行实验：平行滴定时，应该每次都将初刻度调整到“0”刻度或其附近，这样可减少滴定管刻度的系统误差。

（8）最后整理：滴定完毕，应放出管中剩余溶液，洗净后尖嘴朝上固定于滴定管架上。长期不用时，晾干后放回原包装盒中保存。

第二节　样品前处理方法概述

一、消解法

消解又叫湿法消化或湿法消解，是用酸液或碱液在加热条件下破坏样品中的有机物或还原性物质的方法。常用的酸解体系有：硝酸-硫酸、硝酸-高氯酸、氢氟酸、过氧化氢等。

湿法消解根据不同样品选择不同的消解方式，如电热消解、微波消解、红外消解等。但所有的消解都应本着以下几个方面进行：首先，避免待测组分遭受损失；其次，不得引进干扰物质；再次，要安全、快速，不给后续操作步骤带来困难；最后，消解后得到的溶液一定要便于检测。

湿法消解的样品可分为三大类：有机物含量高的样品、有机物含量低的样品、简单易消解的样品。针对不同样品选择酸体系也不一样。盐酸适合在 80℃以下的消解体系；硝酸适合在 80～120℃的消解体系；硫酸适合在 340℃左右的消解体系；盐酸-硝酸的混酸适合在 95～110℃的消解体系；硝酸-高氯酸的混酸适合在 140～200℃的消解体系；硝酸-硫酸的混酸适合 120～200℃的消解体系；硝酸-过氧化氢适合 95～130℃的消解体系。

选择合适的酸体系对加快破坏有机物是非常重要的，同时要进行准确的温度控制，才能够达到理想的消解效果。

电热消解是利用电热加温对样品进行消解的方法，是目前实验室最为常用的消解方法。常用电热设备如电热板、石墨消解仪等。具体参见重金属检测有关章节。

微波消解通常是指利用微波加热封闭容器中的消解液（各种酸、部分碱液以及盐类）和试样，从而在高温增压条件下使各种样品快速溶解的湿法消化。密闭容器反应和微波加热这两个特点，决定了其完全、快速、低空白的优点，但不可避免地带来了高压（可能过压的隐患）、消化样品量小的不足以及高压（最高可达 100～150bar）、高温（通常 180～240℃）、强酸蒸气等安全隐患。

红外消解利用红外线对待测样品进行加热的消解方式，目前也在各实验室广泛应用。如食品中全氮（粗蛋白）、土壤中全氮、全磷等理化指标的测定，很多实验室仍采用红外消解法对样品进行处理。

二、浸提法

浸提法也是萃取的一种。萃取是利用相似相溶原理，通过系统中不同组分在溶剂中有不同的溶解度来分离混合物的操作方法。根据所提取的组分的不同，可分为固-液萃取法即浸提法和液-液萃取法，简称萃取法。浸提是食品、农产品、土壤等样品处理的常用方法。这些样品通常都需要采用这种固液浸提方法将其中的待测组分提取出来，从而进行进一步分离、纯化和测定。

浸提溶剂可以是水相溶剂，如土壤 pH 的测定，食品亚硝酸盐和氟化物的测定等；也可以是有机溶剂，如水果蔬菜中农药残留的测定、动物及动物制品中兽药残留的测定等。

三、蒸馏法

将液体加热至沸腾，使液体变为蒸气，然后使蒸气冷却再凝结为液体，这两个过程的联合操作被称为蒸馏。很明显，蒸馏可将易挥发和不易挥发的物质分离开来，也可将沸点不同的液体混合物分离开来。但液体混合物各组分的沸点必须相差很大（至少 30℃以上）才能得到较好的分离效果。

蒸馏是分离和提纯液态化合物常用的方法之一。常用的蒸馏装置，用标准磨口仪器装配，由圆底烧瓶、蒸馏头、温度计、冷凝管、接收管和接收瓶组成。典型的蒸馏装置如图 6-15。

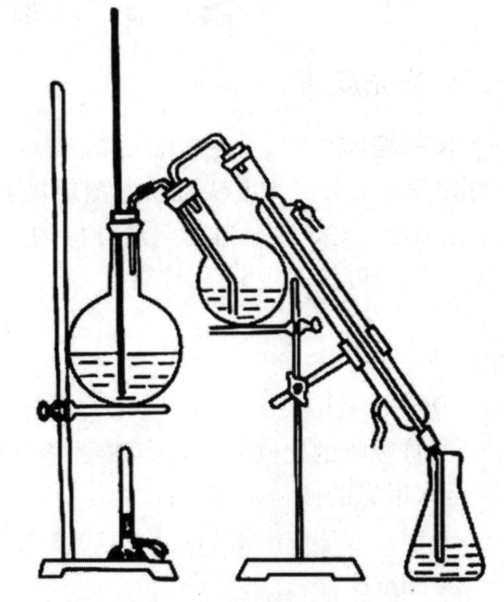

图 6-15 典型的蒸馏装置

注：引自《食品分析》，张水华主编，中国轻工业出版社，2009。

常见理化指标如食品蛋白测定中的凯氏定氮仪的主要处理过程就是蒸馏，还有食品中二氧化硫的测定也是用到蒸馏操作。

蒸馏注意事项主要有：实验前检查装置气密性，如用酒精灯或煤气等加热时需要垫石棉网使得受热均匀，液体里需要加入沸石或碎瓷片防止爆沸，冷却水要下进上出、逆着气流的方向，蒸馏液体量最好不超过容积的 1/2 等。

四、索氏抽提法

索氏抽提法，多用于粗脂肪含量的测定，是公认的经典方法，也是我国粮油分析首选的标准方法。由于有机溶剂的抽提物中除脂肪外，还或多或少含有游离脂肪酸、甾醇、磷脂、蜡及色素等类脂物质，因而索氏抽提法测定的结果只能是粗脂肪。

五、干燥/灰化法

干燥法是在一定的温度、压力等条件下使得样品失去水分的方法。常见有常压干燥法、真空干燥法、真空冷冻干燥法等。其中常压干燥法应用最为广泛，如食品中水分的测定，一般指在大气压下，105℃左右加热所失去的物质总量。但实际上在此温度下所失去的是挥发性物质的总量，而不完全是水。

真空干燥法指利用较低温度，在减压下进行干燥以排除水分的方法。本法适用于在100℃以上加热容易变质及含有不易除去结合水的食品或其他样品。如肥料中鲜样游离水分的测定，是在 50℃、6.4×10^{-4}～7.0×10^{-4}Pa 的真空度下进行干燥。

真空冷冻干燥，也称升华干燥。它是将湿物料或溶液在较低的温度（－50～－10℃）下冻结成固态，然后在真空（1.3～13Pa）下使其中的水分不经液态直接升华成气态，最终使物料脱水的干燥技术。特别适合热不稳物质的干燥处理。

灰化法是利用高温除去样品中的有机物质的方法。该法适用于食品和植物样品等有机物含量多的样品的灰分的测定。灰化温度一般在 500～600℃，温度升高将会引入坩埚损失而造成污染。该法主要优点是能处理较大样品量、操作简单、安全。

同时，大多数金属元素含量分析适用于灰化，但在高温条件下，汞、铅、镉、锡、硒等易挥发损失，不适用。

第三节　实验方法与关键点

一、分光光度法

（一）实验要点

1. 方法原理　分光光度法是通过测定被测物质在特定波长处或一定波长范围内光的吸光度或发光强度，对该物质进行定量分析的方法。其理论基础是朗伯比尔定律（Beer-Lambert Law)。吸光度按式（6-2）计算：

$$A=kbc \tag{6-2}$$

式中：

A——吸光度；

k——光被吸收的比例系数，当浓度采用摩尔浓度时，k 为摩尔吸收系数，它与吸收物质的性质及入射光的波长 λ 有关；

b——光程，即盛放溶液的比色皿的透光厚度；

c——样品浓度。

其中朗伯定律是说明光的吸光度与吸收层厚度成正比，比尔定律说明光的吸光度与溶液浓度成正比。

朗伯比尔定律适用范围：朗伯定律对于各种均一溶液都适用，比尔定律只有在一定浓度范围内使用，吸光度A和浓度才成直线关系。

2. 主要实验要点

（1）反应条件的选择和保证：包括显色剂的种类、用量的优化；溶液酸度和缓冲体系的选择；反应温度和显色时间的保证等。

（2）共存离子干扰的消除：消除办法主要有控制溶液酸度；加入掩蔽剂；选择适当的参比溶液；选择适当的波长；利用氧化还原反应；采用适当的分离方法；利用双波长等新技术等。

（3）参比溶液的选择：用参比溶液调节分光光度计的吸光度为0，然后测定试样溶液或者标准溶液的吸光度值，参比溶液的作用除了消除吸收池壁对入射光的反射和散射等影响外，合理选用时还可以消除自身色泽等其他干扰，提高测定的准确性。如蔬菜中亚硝酸盐的测定，样品提取液自身色泽较深时，取样品提取液按照测试方法操作，只是不加显色试剂，然后作为参比液，可以很好地去除色素等基质干扰。

（4）测定条件的选择：一般选择最大吸收波长作为测试波长；适宜的吸光度范围为0.2～0.8（也有说0.7），此时浓度测量的误差最小。实际工作中可以通过减少或者增加取样量，改变稀释倍数等调节溶液浓度；提高或者减少吸收池的厚度等手段使得吸光度在合适范围。

（5）比色皿选择：石英比色皿可以用于紫外和可见光区，玻璃比色皿只能用于可见光区。实际工作中可能出现比色皿混淆，可用仪器实测紫外区200nm波长处的吸光度值来区分。另外，比色皿内溶液以皿高的2/3～4/5为宜，不可过满以防液体溢出腐蚀仪器。粘接的比色皿不适合装浓硫酸、不适合用高于25W的超声波机清洗。样品量较小时，可以使用微量比色皿。

（6）仪器读数不稳，可能的操作原因有：参数设置不当；样池架设置不当；比色皿放置倾斜、晃动；取放比色皿时方向不竖直，用力过大使样池架挪位以及光源及光学器件、电路等仪器故障等。可能的样品自身原因有：空白值过大、样品浓度过高，超出动态线性范围；试剂等被污染或纯度不高；有气泡；样品显色在变化，未稳定；有悬浮或沉淀物；见光分解；挥发、溶剂使用不当等。

（7）标准曲线的绘制和样品测试：要求绘制的标准曲线浓度范围设置合理，能够涵盖多数样品的含量范围；标准曲线的点数至少3个点，一般为5个点。样品测试的浓度点最好落在标准曲线靠中间的位置，不宜过高和过低；超出标准曲线范围的样品需要重新取样或取提取液进行测试；样品测试要和标准曲线同步进行，以保证环境条件和操作条件的一致性。

（二）标准实例二十一——食品中亚硝酸盐与硝酸盐的测定（GB 5009.33—2016 第二法 分光光度法）

1. 原理及适用范围 试样经沉淀蛋白质、除去脂肪后，在弱酸条件下亚硝酸盐与对氨基苯磺酸重氮化后，再与盐酸萘乙二胺偶合形成紫红色染料，外标法测得亚硝酸盐含量。采用镉柱将硝酸盐还原成亚硝酸盐，测得亚硝酸盐总量，由此总量减去亚硝酸盐含量，即得试样中硝酸盐含量。

2. 试剂和材料 除非另有说明，本方法所用试剂均为分析纯，水为GB/T 6682规定的一级水（和GB 5009.33—2010相比，试验用水由二级水或去离子水提高为一级水）。

（1）亚铁氰化钾溶液（106g/L）：称取106.0g亚铁氰化钾［$K_4Fe(CN)_6 \cdot 3H_2O$］，用

水溶解，并稀释至 1 000mL。配制中看好试剂标签，不要错用铁氰化钾 [$K_3Fe(CN)_6$]。亚铁氰化钾为浅黄色单斜结晶或粉末。铁氰化钾为亮红色固体粉末。实际应用中可以按照测试需要溶液量进行适当缩放。

（2）乙酸锌溶液（220g/L）：称取 220.0g 乙酸锌 [$Zn(CH_3COO)_2 \cdot 2H_2O$]，先加 30mL 冰乙酸溶解，用水稀释至 1 000mL。该溶液和亚铁氰化钾溶液为蛋白质的沉降剂，配制浓度较大。

冰醋酸，又名冰乙酸，凝固点为 16.6℃，凝固时外观很像冰，故称为冰乙酸。北方冬天结冰状态下移取时，可以预先用温水化冻后趁热移取，有强烈刺激性气味，要求在通风橱中进行。实际应用中可以按照测试需要溶液量进行适当缩放。

（3）饱和硼砂溶液（50g/L）：称取 5.0g 硼酸钠（$Na_2B_4O_7 \cdot 10H_2O$），溶于 100mL 热水中，冷却后备用。硼砂，又名硼酸钠、四硼酸钠，在冷水中溶解较慢，故用热水溶解。

亚铁氰化钾溶液、乙酸锌溶液、饱和硼砂溶液均为蛋白质沉淀剂。蛋白质为多种氨基酸组成，氨基酸为两性电解质，故蛋白质在水溶液中解离亦呈两性反应。其等电点改变时则变性，能与金属离子或高分子酸或某些盐类产生沉淀反应而去除。

（4）氨缓冲溶液（pH 9.6～9.7）：量取 30mL 盐酸（ρ=1.19g/mL），加 100mL 水，混匀后加 65mL 氨水（25 %），再加水稀释至 1 000mL，混匀。调节 pH 至9.6～9.7。

盐酸和氨水都是易挥发有刺激性气味的液体，操作时要在通风橱中进行，用量筒量取即可。自行配制少量稀氨水和稀盐酸来调节 pH，用 pH 计测定。实际应用中可以按照测试需要溶液量进行适当缩放。

（5）氨缓冲液的稀释液：量取 50mL 氨缓冲溶液（可以用量筒量取），加水稀释至 500mL 容量瓶或烧杯中，混匀。

（6）盐酸（0.1mol/L）：量取 8.3mL 盐酸，用水稀释至 1 000mL。盐酸（2mol/L）：量取 167mL 盐酸，用水稀释至 1 000mL。盐酸（20%）：量取 20mL 盐酸，用水稀释至 100mL。

这里 3 个盐酸溶液不是精确浓度，可以用量筒量取至大烧杯中配制。盐酸即浓盐酸。盐酸（20%）是 20%的体积比溶液。实际应用中可以按照测试需要溶液量进行适当缩放。

（7）对氨基苯磺酸溶液（4g/L）：称取 0.4g 对氨基苯磺酸（$C_6H_7NO_3S$），溶于 100mL 20%盐酸中，置棕色瓶中混匀，避光保存。

对氨基苯磺酸溶液要避光保存，需置于棕色瓶中，有条件下低温保存。

（8）盐酸萘乙二胺溶液（2g/L）：称取 0.2g 盐酸萘乙二胺（$C_{12}H_{14}N_2 \cdot 2HCl$），溶于 100mL 水中，混匀后，置棕色瓶中，避光保存。

盐酸萘乙二胺，别名萘乙二胺盐酸盐、盐酸-1-萘乙二胺等，本身为无色晶体，存储时间越久、颜色越深，呈现为灰白、浅灰、深灰。其溶液也不稳定，配制后需置于棕色瓶中，避光保存，有条件下低温保存。溶液变粉色则不能使用。

（9）硫酸铜溶液（20g/L）：称取 20g 硫酸铜，加水溶解，并稀释至 1 000mL。

（10）硫酸镉溶液（40g/L）：称取 40g 硫酸镉，加水溶解，并稀释至 1 000mL。

（11）乙酸溶液（3%）：量取冰乙酸 3mL 于 100mL 容量瓶中，用水稀释至刻度，混匀。

（12）亚硝酸钠标准溶液（200μg/mL，以亚硝酸钠计）：用万分天平准确称取0.100 0g 于 110～120℃干燥恒重的亚硝酸钠（$NaNO_2$），加水溶解，移入 500mL 容量瓶中，加水稀释至刻度，混匀。如果需要浓度可以适当调整，如配制 500μg/mL 的储备溶液等。也可采用具有标准物质证书的亚硝酸标准溶液进行适当稀释。

（13）亚硝酸钠标准使用液（5.0μg/mL）：吸取上述亚硝酸钠标准溶液 2.50mL，置于 100mL 容量瓶中，加水稀释至刻度。此溶液要求现用现配，用移液管精确移取。考虑到实际操作中标准溶液的使用量不大，也可配制 50mL 即可。

（14）硝酸钠（$NaNO_3$）标准溶液（200μg/mL，以亚硝酸钠计）：用万分天平准确称取 0.123 2g 于 110～120℃干燥恒重的硝酸钠，加水溶解，移入 500mL 容量瓶中，并稀释至刻度。此为硝酸钠标准储备溶液，于棕色瓶中冷藏保存，可稳定 1 个月以上。如果需要，浓度可以适当调整，配制溶液的体积也可以适当缩放。也可采用具有标准物质证书的硝酸标准溶液进行适当稀释。

（15）硝酸钠标准使用液（5μg/mL）：吸取硝酸钠标准溶液 2.50mL，置于 100mL 容量瓶中，加水稀释至刻度。此溶液要求现用现配，用移液管精确移取。

（16）镉柱的制备、状态、洗涤和还原效率的测定按照标准内容操作。实际操作中可以用 25mL 酸式滴定管代用镉柱玻璃管，但过柱时要注意始终保持液面在镉层之上。

需严格按照本法规定，先将镉制备成海绵状（不能直接使用颗粒状），湿法装柱，才能保证其还原效果。镉柱填充过程中，要求一边轻轻敲击一边加入海绵状镉，目的是赶出气泡并保证一定的填充紧实度。可以用小木槌或套上乳胶头的玻璃棒敲击。装柱高度要求 8～10cm，太低影响还原效率，太高则可能导致过柱速度太慢，导致分析时间延长。填充玻璃棉时，要戴手套和口罩，做好防护。将玻璃棉压向柱底时，应将其中所包含的空气全部排出。

镉柱每次使用完毕后，应先以 25mL 0.1mol/L 盐酸洗涤，再以水洗两次，每次 25mL，最后用水覆盖镉柱，并始终保持柱内液面在镉层之上，可以长期重复使用。如果镉柱长期失水干化则不能继续使用。如果使用不频繁，建议镉柱使用后，可以将海绵状镉倒出来，水封保存，下次用时再装柱。

3. 操作过程

（1）提取：以其他样品，如水果蔬菜为例。称取 5g（精确至 0.001g）匀浆试样（如制备过程中加水，应按加水量折算），置于 250mL 具塞三角瓶或烧杯中。加 12.5mL 50g/L 饱和硼砂溶液，加入 70℃左右的水约 150mL，混匀，于沸水浴中加热 15min，取出置冷水浴中冷却，并放置至室温。定量转移至 250mL 容量瓶中，加入 5mL 106g/L 亚铁氰化钾溶液，摇匀，再加入 5mL 220g/L 乙酸锌溶液，以沉淀蛋白质。加水至刻度，摇匀，放置 30min，除去上层脂肪，上清液用滤纸过滤，弃去初滤液 30min，滤液备用。

由于样品中的亚硝酸盐含量通常不高，样品称样量可以适当放大，如 10g。针对水果、蔬菜等蛋白含量较低的样品，可以适当缩小沉淀剂的用量，如缩小为 2mL，以减少消耗和污染。放置时间，可以针对不同样品的沉降情况进行调整。弃去初滤液的目的是去除滤纸、烧杯等可能带来的污染和干扰。

（2）亚硝酸盐的测定：吸取 40mL 上述滤液于 50mL 带塞比色管中，另吸取 0.00mL、0.20mL、0.40mL、0.60mL、0.80mL、1.0mL、1.5mL、2.00mL、2.50mL 亚硝酸钠标准使用液，分别置于 50mL 带塞比色管中。于标准管与试样管中分别加入 2mL 4g/L 对氨基苯磺酸溶液，混匀，静置 3～5min 后各加入 1mL 2g/L 盐酸萘乙二胺溶液，加水至刻度，混匀，静置15min，用1cm比色杯，以零管调节零点，于波长538nm处测吸光度，绘制标准曲线比较。同时做试剂空白。

样品的吸光度值要在标准曲线范围内。有些样品提取液自身有颜色干扰需要扣除时，可以另取提取液，按照上述测定方法操作，但不加盐酸萘乙二胺溶液作为样品空白给予扣除。

（3）硝酸盐的测定：

①镉柱冲洗。按照标准要求操作。需要指出的是镉柱还原流速控制很重要，流速控制在3～5mL/min（以滴定管代替的可控制在2～3mL/min），不能太快，太快还原不完全会使得结果偏低。

氨缓冲液除控制溶液的pH条件外，又可消除镉对亚硝酸根的还原，还可以作为络合剂，以防止反应生成的Cd^{2+}与OH^-形成沉淀。

若样品连续检测，可不必每次都冲洗镉粒，若数小时内不用，则需按方法洗涤镉柱。

②待测液还原。吸取20mL滤液于50mL烧杯中，加5mL氨缓冲溶液，混合后注入贮液漏斗，使流经镉柱还原（下端放置100mL容量瓶接取）。当贮液漏斗中的样液流尽后，加15mL水冲洗烧杯，再倒入贮液杯中。冲洗水流完后，再加15mL水重复一次。当第二次冲洗水快流尽时，将贮液杯装满水，以最大流速过柱。当容量瓶中的洗提液接近100mL时，取出容量瓶，用水定容至刻度，混匀。

第二次冲洗水流尽前要控制流速为3～5mL/min，滴定管代替的控制在2～3mL/min，以确保样液中的硝酸盐都完全还原为亚硝酸盐。

③亚硝酸钠总量的测定。吸取10～20mL还原后的样液于50mL比色管中，按照亚硝酸盐测试方法进行操作。

取液量可根据样品状态和类型进行选择，如新鲜的水果蔬菜样品等，硝酸盐含量较低，可以多取些，甚至可以大于20mL，加工的腌卤制品可能含量较高，可以少取些。

4. 结果表述 亚硝酸盐是以亚硝酸钠计，硝酸盐是以硝酸钠计。测定样品中的亚硝酸盐含量和硝酸盐还原后的亚硝酸总量后，通过两者之间的差值即可以计算出硝酸盐的含量。

在本法操作过程中，镉柱还原效率的测定、样品的测定、标准曲线绘制等均系以亚硝酸盐计。为了方便起见，样品中硝酸盐含量也是以亚硝酸盐形式计算后，乘以1.232的换算系数转化为硝酸盐。

计算结果要求保留两位有效数字，单位为mg/kg。

精密度要求：在重复性条件下获得的两次独立测定结果的绝对差值不得超过算术平均值的10％。

本法中亚硝酸盐检出限：液体乳0.06mg/kg、乳粉0.5mg/kg、干酪及其他1mg/kg；硝酸盐检出限：液体乳0.6mg/kg、乳粉5mg/kg、干酪及其他10mg/kg。如果适当增加称样量、减少定容体积、增加分取体积等可以进一步降低该检出限。

硝酸盐广泛存在于自然界中，在食物及饮水中都含有一定数量的硝酸盐。而硝酸盐在细菌的作用下可还原为亚硝酸盐，如果食品中亚硝酸盐大量聚集则可能引起中毒。亚硝酸盐中毒量为0.3～0.5g，致死量为3g。

此外，作为食品添加剂，硝酸盐及亚硝酸盐常作为发色剂加到肉制品中，使腌制肉、鱼呈肉红色。实验已经证明，亚硝酸盐及硝酸盐与食品中固有的胺类化合物作用时可产生致癌物质-亚硝胺的前体物质。因此有必要控制食品中的硝酸盐及亚硝酸盐含量。

蔬菜中常含有较多的亚硝酸盐，特别是当大量施用含硝酸盐的化肥或土壤中缺钼锰等元素时，可增加植物中硝酸盐的蓄积。有许多蔬菜似能从土壤中富集更多的硝酸盐，如芹菜、韭菜、萝卜和莴苣等。凡有利于某些还原菌，例如，大肠杆菌、摩根氏变形杆菌、产气杆菌和革兰氏阴性球菌等生长和繁殖的各种因素，如温度、pH、水分和渗透压等，都可促进硝酸盐还原为亚硝酸盐。蔬菜保持新鲜状态，放置一定时间，亚硝酸盐含量可能无明显变化；如果存放条件不好，开始变质腐烂，其含量即有明显增高，并且随蔬菜的腐烂程度增加而迅速增高。

（三）标准实例二十二——土壤检测 第7部分：土壤有效磷的测定（NY/T 1121.7—2014）

1. 原理和适用范围 有效磷也称为速效磷，是土壤中可被植物吸收的磷组分，包括全部水溶性磷、部分吸附态磷及有机态磷，有的土壤中还包括某些沉淀态磷。在化学上，有效磷被定义为容易被某些化学试剂（浸提剂）提取的磷及土壤溶液中的磷酸盐。

本标准利用氟化铵-盐酸溶液浸提酸性土壤中有效磷，利用碳酸氢钠溶液浸提中性和石灰性土壤中有效磷，所提取出的磷以钼锑抗比色法测定，计算得出土壤样品中的有效磷含量。

所谓的“钼锑抗比色法”是指在显色反应体系中用到了钼酸铵（钼）、酒石酸锑钾（锑）和抗坏血酸（抗）这三种试剂。由于本方法最后测试溶液呈蓝色，故此法也常被称为“钼蓝”比色法。此方法通常用于较低含量磷的测定，对于较高含量磷的测定，通常采用“钼黄”比色法，具体可以参见 NY 525—2012 有机肥料中磷的测定。

本标准是 NY/T 1121.7—2006 的替代版本，适用范围从原先的只适用于酸性土壤有效磷的测定扩宽为适用于酸性、中性和石灰性土壤有效磷的测定，基本覆盖了全部的土壤类型，针对不同酸度土壤规定了不同的提取剂类型和测定波长。

2. 试剂材料 本方法要求的是二级水，视实验室具体情况，也可以用一级水或无磷的三级水。

（1）试样 pH 的测定：按 NY/T 1121.2 规定进行。针对有效磷的测定，必须事先测定其 pH，pH＜6.5 的酸性土壤采用氟化铵-盐酸溶液浸提，否则采用碳酸氢钠溶液浸提。

（2）酸性土壤试样（pH＜6.5）有效磷的测定：

①试剂和溶液。

a. 硫酸（ρ=1.84g/mL），即浓硫酸；盐酸（ρ=1.19g/mL），即浓盐酸。

b. 硫酸溶液（5%，V/V）。吸取 5mL 硫酸缓缓加入 90mL 水中，冷却后用水稀释至 100mL。注意必须是将浓硫酸加入水中，不能相反操作；“5%，V/V”指体积比是 5/100，即如上所配制的 100mL 的硫酸溶液中，加入的浓硫酸体积为 5mL。这里该溶液只是作为酸度调节剂，和氨水溶液配合调节 pH，因此在配制中不必过于精准。

c. 硫酸钼锑贮备液。称取 10.0g 钼酸铵溶于 300mL 约 60℃的水中，冷却。另量取 126mL 硫酸，缓缓倒入约 400mL 水中，搅拌，冷却。然后将配制好的硫酸溶液缓缓倒入钼酸铵溶液中。再加入 100mL 酒石酸锑钾溶液（ρ=5g/L），冷却后，用水定容至 1L，摇匀储于棕色试剂瓶中。

钼酸铵为白色或淡绿色晶体，又名特种钼酸铵、(T-4)-钼酸铵、四钼酸铵、钼酸二铵等。实际操作中为了助溶，可以适当加热，但应低于60℃，只要达到溶解即可，温度过高可能造成分解。

这里加入的126mL硫酸是浓硫酸，由于取用量较大，精度要求不高，可用100mL的量筒分次量取，同样是酸加入水中，而且是缓慢加入。由于硫酸溶解放热，需要搅拌、冷却后使用。该酸加入钼酸铵溶液同样是缓慢加入，避免剧烈放热造成安全问题。

建议在大点的烧杯中配制上述溶液，冷却后转移到1L的容量瓶中定容。摇匀后置于棕色试剂瓶中避光保存，作为储备液常温保存，有效期可达6个月以上。

d. 钼锑抗显色剂。称取1.5g抗坏血酸溶于100mL硫酸钼锑贮备液中。抗坏血酸不稳定，此溶液现配现用。

抗坏血酸（左旋）又称维生素C，是一种强还原剂。由于维生素C是具有旋光活性的分子，按照它的旋光度，分为左旋和右旋，本方法用的是左旋体。

e. 硼酸溶液。称取30.0g硼酸，在60℃左右的热水中溶解，冷却后稀释至1L。

硼酸在冷水中溶解过程较慢，故用温水溶解。操作中建议将称量好的硼酸分次撒入60℃左右的热水中，进行溶解，避免硼酸结块。这里硼酸的加入是为了阻抗氟离子干扰。

f. 磷标准贮备液。准确称取经105℃烘干2h的磷酸二氢钾（优级纯）0.439 4g，用水溶解后，加入5mL硫酸（浓硫酸），定容至1L。

磷酸二氢钾，作为定量的基准物质，对其纯度要求较高，为优级纯；而且称量前，需要干燥处理，用万分天平准确称取；定容前加入5mL硫酸，目的是保证该贮备液有一定的酸度，避免微生物产生，影响磷浓度的准确性：该溶液中磷元素的浓度为100mg/L。

②分析步骤。

a. 有效磷浸提。称取2mm筛孔风干试样5.00g，置于200mL塑料瓶中，加入（25±1)℃的氟化铵-盐酸浸提剂50.00mL，在（25±1)℃条件下，振荡30min［振荡频率（180±20）r/min］。立即用无磷滤纸干过滤。

这里用的2mm筛，即10目筛。可见有效磷的提取对样品细度的要求不高。对于酸性土壤（pH＜6.5)，用氟化铵-盐酸作为浸提剂。土壤样品由于沉降等原因，通常采用振荡方法进行提取，不用超声方式。塑料瓶的体积可以稍小，100mL即可。

土液比、温度、振荡频率及振荡时间，这四个方面对浸提出的磷含量有至关重要影响，因此一定要严格控制。振荡器应为控温、频率可调型。

浸提剂体积参与结果运算，要求精确移取。盛有风干土样的塑料瓶，在加入浸提剂后，要盖紧瓶盖，保证不漏液，摇匀后再振荡。过滤要使用无磷定量滤纸。所谓“干过滤”指试纸滤前不需要润湿，直接过滤。若发现滤液混浊，要重新过滤。

b. 标准曲线绘制。分别吸取磷标准溶液0.00mL、1.00mL、2.00mL、4.00mL、6.00mL、8.00mL、10.00mL于50mL容量瓶中，加入10mL氟化铵-盐酸浸提剂，再加入10mL硼酸溶液，摇匀，加水至30mL，再加入二硝基酚指示剂2滴，用硫酸溶液或氨水溶液调节溶液刚显微黄色，加入钼锑抗显色剂5.00mL，用水定容至刻度，充分摇匀，即得含磷0.00mg/L、0.10mg/L、0.20mg/L、0.40mg/L、0.60mg/L、0.80mg/L、1.00mg/L的磷标准系列溶液。在室温高于20℃条件下静置30min，用1cm比色皿在波长700nm处，以标准溶液的零点调零后进行比色测定。若测定的磷质量浓度超出标准曲线范围，应用浸提剂将试样溶液稀释后重新比色测定同时进行空白溶液的测定。

标准曲线绘制，通常需要有五个标准点，因此实际中可以在常规浓度范围内选取五个标准系列点即可。通常样品中含量较低，可以在标准曲线的低点处增加一个点，如取 0.5mL 磷标准溶液。

这里 10mL 氟化铵-盐酸浸提剂的加入，目的是使各标准点的基质与样品相一致，使得利用该标准曲线进行定量的准确性更高。

二硝基酚是作为酸度调节指示剂，2，6-二硝基酚或 2，4-二硝基酚均可，两者是异构体，用作酸碱指示剂的变色范围是 pH 为 2.4（无色）～4.0（黄色）。本方法要求调至微黄，即 pH 为 4.0。

钼锑抗显色体系发色较慢，室温高于 20℃时要放置 30min，温度较低时可以适当延长时间，必要时可以水浴加热，温度控制在 30℃左右。

测定波长为 700nm，比色皿的长度通常为 1cm，也可以用 2cm 或更长光程的比色皿，进而提高该方法的灵敏度。

c. 样品测定。吸取试样溶液 10.00mL 于 50mL 容量瓶中，加入 10mL 硼酸溶液，加水至 30mL 左右，再加入二硝基酚 2 滴，用硫酸溶液和氨水溶液调节溶液刚显微黄色，加入 5.00mL 钼锑抗显色剂，用水定容。定容后一定要摇匀，再放置显色，使得发色均匀，不影响结果测定。在室温高于 20℃条件下静置 30min，用 1cm 光程比色皿在波长 700nm 处，以标准溶液的零点调零后进行比色测定。若测定的磷质量浓度较大，超出标准曲线范围，应用浸提剂将试样溶液稀释后重新比色测定，不能直接将此显色后溶液稀释测定。同时进行空白溶液的测定，即同样取 10mL 空白溶液进行相同的操作和比色测定。

实际测定的磷质量浓度很可能超出标准曲线范围（包括过大或过小），过大时应用浸提剂将试样溶液稀释后重新比色测定，也可采用减少试样溶液取用量，并用浸提剂补足 10mL 的方法进行样品稀释。如取 5mL 待测试样溶液，加入 5mL 浸提剂后，再进行相应后续操作。当浓度过低时，建议增加取样量，重新进行提取测定。

（3）中性、石灰性土壤试样（pH≥6.5）有效磷的测定：

①试剂和溶液。氢氧化钠溶液。称取 10g 氢氧化钠溶于 100mL 水中。

该溶液只是作为酸度调节剂，因此在配制中不必过于精准。同时氢氧化钠为强碱，建议配制过程戴手套，在通风橱中进行溶解配制，注意个人安全防护。

②碳酸氢钠浸提剂。称取 42.0g 碳酸氢钠（$NaHCO_3$）溶于约 950mL 水中，用氢氧化钠溶液调节 pH 至 8.5，用水稀释至 1L，储存于聚乙烯瓶或玻璃瓶中备用，如贮存期超过 20d，使用时必须检查并校准 pH。

碳酸氢钠，俗称小苏打、苏打粉，白色细小晶体，在水中的溶解度小于碳酸钠。固体 50℃以上开始逐渐分解生成碳酸钠、二氧化碳和水，其水溶液也存在此不稳定性，因此长期放置后 pH 会有一定变化，需要重新调整为 8.5。pH 的调节可以采用稀氢氧化钠溶液和稀盐酸或稀硫酸溶液配合使用。

钼锑抗显色剂。称取 0.5g 抗坏血酸（左旋）溶于 100mL 硫酸钼锑贮备液中，此溶液现配现用。

针对中性和石灰性土壤的测定，虽然显色原理相同，即都为钼锑抗比色法，但所用钼锑抗显色剂的溶液中各组分的配比并不相同，这一点在实际测定中要注意。这里的硫酸钼锑贮备液配制方法：称取 10.0g 钼酸铵溶于 300mL 约 60℃的水中，冷却。另量取 181mL 浓硫酸，缓缓倒入约 800mL 水中，搅拌，冷却。然后将配制好的硫酸溶液缓缓倒入钼酸铵溶液中。再加入 100mL 酒石酸锑钾溶液（ρ=3g/L），冷却后，用水定容至 2L，摇匀贮于棕色试剂瓶中。配制溶液量可以按照需要量进行调整。

3. 操作过程 吸取试样溶液 10.00mL 于 50mL 容量瓶或比色管中，缓慢加入钼锑抗显色剂 5.00mL，慢慢摇动，排出 CO_2。再加入 10.00mL 水，充分摇匀，逐净 CO_2。在室温高于 20℃条件下静置 30min 后，用 1cm 比色皿在波长 880nm 处，以标准溶液的零点调零后进行比色测定。若测定的磷质量浓度超出标准曲线范围，应用浸提剂将试样溶液稀释后重新比色测定。同时进行空白溶液的测定。

针对 pH≥6.5 的土壤的提取液，无须如酸性土壤那样调酸（加入二硝基酚指示剂 2 滴，调节到溶液刚显微黄色），因为两者用的提取剂不同。但由于此类土壤所用碳酸氢钠浸提剂遇到明显呈酸性的钼锑抗显色剂时会发生反应，产生较大量 CO_2 气体。该气体一定要尽量赶净，否则比色时产生的气泡会干扰读数的准确性。

此处测定波长为 880nm，不同于酸性土壤的 700nm。其他注意事项同上述酸性土壤。

4. 结果表述

（1）按照公式计算，结果单位为 mg/kg。平行测定结果以算术平均值表示，保留小数点后一位。

（2）样品测定结果不同，即不同磷含量样品，平行测定结果允许差范围不同：

①结果＜10mg/kg 时，绝对差值≤0.5mg/kg。

②结果 10～20mg/kg 时，绝对差值≤1.0mg/kg。

③结果＞20mg/kg 时，相对差值≤5%。此时偏差要求是相对偏差，而不是绝对偏差。

二、滴定分析法

（一）实验要点

1. 方法原理 滴定分析法是化学分析法的一种，是将一种已知其准确浓度的试剂溶液（称为标准溶被）滴加到被测物质的溶液中，直到化学反应完全时为止，然后根据所用试剂溶液的浓度和体积求得被测组分的含量的方法，也称容量分析法。由于其具有快速、准确、仪器设备简单、操作简便等特点，成为常量分析中应用较为广泛的定量分析方法。

根据标准溶液和待测组分间的反应类型的不同，可分为酸碱滴定法、配位滴定法、氧化还原滴定法、沉淀滴定法等。按照滴定方式则可分为直接滴定法、反滴定法、置换滴定法和间接滴定法等。适合滴定分析的化学反应应该具备以下几个条件：

（1）反应必须按方程式定量地完成，通常要求在 99.9%以上，这是定量计算的基础。

（2）反应能够迅速完成（有时可加热或用催化剂以加速反应）。

（3）共存物质不干扰主要反应，或用适当的方法消除其干扰。

（4）有比较简便的方法确定计量点（指示滴定终点）。

目前一般实验室滴定分析仍采用的是人工滴定法，近年来自动电位滴定法取得了较快的发展。

2. 主要实验要点

（1）标准溶液的配制：

①直接配制。准确称量（通常用万分之一天平）一定量的基准物质，溶解于适量溶剂后

定量转入容量瓶中，定容，然后根据称取基准物质的质量和容量瓶的体积即可算出该标准溶液的准确浓度。所谓基准物质是指能直接配成标准溶液的物质。基准物质须具备以下条件：

a. 组成恒定，实际组成与化学式符合；纯度高，一般纯度应在99.5%以上。

b. 性质稳定，保存或称量过程中不分解、不吸湿、不风化、不易被氧化等。

c. 具有较大的摩尔质量，称取量大，称量误差小。

d. 使用条件下易溶于水（或稀酸、稀碱）。

食品和环境样品分析中常见的基准物质如重铬酸钾、葡萄糖、无水碳酸钠、邻苯二钾酸氢钾等。基准物质在称量前通常需要在一定温度（一般为100～120℃）烘干一定时间（2～4h），除去可能吸附的水分后方可以使用，具体看有关的标准方法要求。

②间接配制。指先配制成近似浓度，然后再用基准物或标准溶液标定。

标定过程要求双人8平行实验。具体见GB/T 601。

（2）滴定管的基本操作和日常维护：该部分内容在前部分章节已经比较详细地进行了阐述，在此不再赘述。需要补充的是，一般的滴定液均可用酸式滴定管，因碱性滴定液常使玻塞与玻孔黏合，以至难以转动，故碱性滴定液宜用碱式滴定管。但如碱性滴定液使用时间不长，用毕后立即用水冲洗干净，亦可使用酸式滴定管。

（3）滴定分析法经常要用到容量瓶、移液管等量具，有关的注意事项如下：

①移液管及刻度吸管一定用洗耳球吸取溶液，不可用嘴吸取。

②滴定管、量瓶、移液管及刻度吸管均不可用毛刷或其他粗糙物品擦洗内壁，以免造成内壁划痕，容量不准而损坏。每次用毕应及时冲洗干净，倒挂，自然沥干，不能在烘箱中烘烤。如内壁挂水珠，宜先用自来水冲洗、沥干后，再用重铬酸钾洗液浸洗适当时间，再依次用自来水、纯化水或三级水冲洗3次，倒挂，沥干，备用。

③需精密量取5mL、10mL、20mL、25mL、50mL等整数体积的溶液，应优先选用相应大小的移液管（如单刻度试管），不能用两个或多个移液管分取相加的方法来量取整数体积的溶液。

④使用同一移液管量取不同浓度溶液时要注意充分荡洗（3次），且应先量取较稀的溶液，再量取较浓的溶液。

⑤容量仪器（滴定管、量瓶、移液管及刻度吸管等）需定期校正，以确保测量体积的准确性。

（4）滴定操作：

①滴定时，左手不允许离开活塞，放任溶液自己流下。

②滴定时目光应集中在锥形瓶内的颜色变化上，不要去注视刻度变化，而忽略反应的进行。

③一般每个样品要平行滴定3次，每次均从零线开始，每次均应及时记录在实验记录表格上。

（二）标准实例二十三——食品安全国家标准　食品中蛋白质的测定（GB 5009.5—2016 第一法　凯氏定氮法）

1. 原理及适用范围　食品中的蛋白质在催化加热条件下被分解，产生的氨与硫酸结合生成硫酸铵。碱化蒸馏使氨游离，用硼酸吸收后以硫酸或盐酸标准滴定溶液滴定，根据酸的消耗量乘以换算系数，即为蛋白质的含量。

标准中给出了三种定氮方法，其中第一法凯氏定氮法和第二法分光光度法适用于各种食品中蛋白质的定量测定，第三法燃烧法适用于蛋白质含量在 10g/100g 以上的粮食、豆类、奶粉、米粉、蛋白质粉等高蛋白固体试样的测定。

食品中的氮素化合物不完全是蛋白质，还有一些含氮的物质称为非蛋白氮，如叶绿素氮、尿素氮、游离氨氮、生物碱氮、无机盐等，故将凯氏定氮法计算所得的蛋白质称作粗蛋白。

由于三种方法都是采用先测定氮含量，然后通过相应的换算系数转化为蛋白质含量的方法，因此本标准不适用于添加无机含氮物质如硝酸盐类、铵盐类食品的测定，也不适用于有机非蛋白质含氮物质等的测定。

2. 试剂和材料

（1）硼酸溶液（20g/L）：称取 20g 硼酸，加水溶解后稀释至 1 000mL。

硼酸在冷水中溶解过程较慢，可以用温水溶解或适当加热助溶。由于本标准中，硼酸作为吸收液使用，故配制不必太精确，用烧杯、量筒这些量具配制即可。

（2）氢氧化钠溶液（400g/L）：称取 40g 氢氧化钠加水溶解后，放冷，并稀释至 100mL。400g/L 即 10mol/L，为浓度较大的强碱溶液，要在通风橱中操作，并佩戴必要的个人防护用品，如手套、口罩等。

（3）硫酸标准滴定溶液［c（$1/2H_2SO_4$）］0.050mol/L 或盐酸标准滴定溶液［c（HCl）］0.050mol/L。

此为标准滴定溶液，定量的基础，需要预先配制近似 0.05mol/L，再双人八平行进行准确标定，结果保留三位有效数字，具体见 GB/T 601。

（4）甲基红乙醇溶液（1g/L）：称取 0.1g 甲基红，溶于 95%乙醇，用 95%乙醇稀释至 100mL。

（5）亚甲基蓝乙醇溶液（1g/L）：称取 0.1g 亚甲基蓝，溶于 95%乙醇，用 95%乙醇稀释至 100mL。

（6）溴甲酚绿乙醇溶液（1g/L）：称取 0.1g 溴甲酚绿，溶于 95%乙醇，用 95%乙醇稀释至 100mL。

（7）混合指示液 A：2 份甲基红乙醇溶液与 1 份亚甲基蓝乙醇溶液，临用时混合。

（8）混合指示液 B：1 份甲基红乙醇溶液与 5 份溴甲酚绿乙醇溶液，临用时混合。

这两种指示液可以自行选择。其中混合指示液 A 滴定终点为灰蓝色，混合指示液 B 滴定终点为浅灰红色。事先单独准备甲基红乙醇溶液、亚甲基蓝、溴甲酚绿乙醇溶液，临用时按照比例要求混合备用。

3. 操作过程

（1）凯氏定氮法：

①试样处理。称取充分混匀的固体试样 0.2～2g、半固体试样 2～5g 或液体试样10～25g（相当于 30～40mg 氮），精确至 0.001g，移入干燥的 100mL、250mL 或 500mL 定氮瓶中，加入 0.4g 硫酸铜、6g 硫酸钾及 20mL 硫酸，轻摇后于瓶口放一小漏斗，将瓶以 45°角斜支于有小孔的石棉网上。小心加热，待内容物全部炭化，泡沫完全停止后，加强火力，并保持瓶内液体微沸，至液体呈蓝绿色并澄清透明后，再继续加热 0.5～1h。取下放冷，小心加入 20mL 水。放冷后，移入 100mL 容量瓶中，并用少量水洗定氮瓶，洗液并入容量瓶中，

再加水至刻度，混匀备用。同时做试剂空白试验。

实际测试中，不同样品的取样量可能不同。日常食物中，粮谷类每 500g 约含蛋白质 40g 左右、豆类 150g、蔬菜 5～10g、肉类 80g、蛋类 60g、鱼类 50～60g。通常粮食类称样 0.2～0.5g、豆类 0.2～0.3g、蔬菜类 1～2g，具体需要在实际工作中摸索和总结。称样要求用千分之一以上精度天平。

实验中为了操作方便，可以将硫酸铜、硫酸钾按照要求的比例（0.2∶6）配制研磨成二者的混合试剂来使用。

定氮瓶口放的小漏斗，最好是弯头的，这样会更有利于减少酸气挥发。

为了减少试剂消耗和环境污染，实际中在满足样品消解的条件下，尽可能减少硫酸用量。通常粮食类在 0.3g 左右的样品量下，5～7mL 的硫酸用量即可满足消解需求。

可采用红外消解仪等进行消解，消解温度开始不要太高，以免反应太剧烈，泡沫过多，溢出定氮瓶造成损失。

实际工作中可以采用称样加酸后过夜冷消解的方法，缩短热消解时间，提高工作效率。

②测定。装好定氮蒸馏装置，向水蒸气发生器内装水至 2/3 处，加入数粒玻璃珠，加甲基红乙醇溶液数滴及数毫升硫酸，以保持水呈酸性，加热煮沸水蒸气发生器内的水并保持沸腾。

水蒸气发生器（一般为蒸馏瓶）中水位不能太低，否则容易蒸干；但水位太高则可能溢出到连接装置。玻璃珠的作用是促进蒸气稳定发生，防止爆沸。

③向接收瓶内加入 10.0mL 硼酸溶液及 1～2 滴混合指示液 A 或混合指示液 B，并使冷凝管的下端插入液面下，根据试样中氮含量，准确吸取 2.0～10.0mL 试样处理液由小玻杯注入反应室，以 10mL 水洗涤小玻杯并使之流入反应室内，随后塞紧棒状玻塞。将 10.0mL 氢氧化钠溶液倒入小玻杯，提起玻塞使其缓缓流入反应室，立即将玻塞盖紧，并水封。夹紧螺旋夹，开始蒸馏。蒸馏 10min 后移动蒸馏液接收瓶，液面离开冷凝管下端，再蒸馏 1min。然后用少量水冲洗冷凝管下端外部，取下蒸馏液接收瓶。尽快以硫酸或盐酸标准滴定溶液滴定至终点，如用 A 混合指示液，终点颜色为灰蓝色；如用 B 混合指示液，终点颜色为浅灰红色。同时做试剂空白试验。

测定中冷凝管的下端一定要插入液面下，否则蒸馏出来的 NH_3 气溢出，造成测定结果偏低。整套蒸馏装置的气密性一定要保证，否则将严重影响结果的准确性。

A、B 两个混合指示剂都可以采用，但要注意两者滴定终点的颜色不同，变色点的 pH 略有差别。A 混合指示剂，酸性为紫红色，碱性为蓝绿色，变色点为灰蓝色，pH 为 5.4。B 混合指示剂，酸性为酒红色，碱性为绿色，变色点为浅灰红色，pH 为 5.1。

（2）自动凯氏定氮仪法：称取充分混匀的固体试样 0.2～2g、半固体试样 2～5g 或液体试样 10～25g（相当于 30～40mg 氮），精确至 0.001g，至消化管中，再加入 0.4g 硫酸铜、6g 硫酸钾及 20mL 硫酸于消化炉进行消化。当消化炉温度达到 420℃之后，继续消化 1h，此时消化管中的液体呈绿色透明状，取出冷却后加入 50mL 水，于自动凯氏定氮仪（使用前加入氢氧化钠溶液，盐酸或硫酸标准溶液以及含有混合指示剂 A 或 B 的硼酸溶液）上实现自动加液、蒸馏、滴定和记录滴定数据的过程。

目前自动凯氏定氮仪已经得到普遍应用，操作更为简单、方便，实现了自动化。

4. 结果表述　该标准结果计算公式中，F 是氮换算为蛋白质的系数，具体数值参见表

6-1。结果计算时，一定要注意样品类型。当只检测氮含量时，不需要乘蛋白质换算系数 F。

表 6-1　蛋白质折算系数表

食品类别		折算系数	食品类别		折算系数
小麦	全小麦粉	5.83	大米及米粉		5.95
	麦糠麸皮	6.31	鸡蛋	鸡蛋（全）	6.25
	麦胚芽	5.80		蛋黄	6.12
	麦胚粉、黑麦、普通小麦、面粉	5.70		蛋白	6.32
燕麦、大麦、黑麦粉		5.83	肉与肉制品		6.25
小米、裸麦		5.88	动物明胶		5.55
玉米、黑小麦、饲料小麦、高粱		6.25	纯乳与纯乳制品		6.38
油料	芝麻、棉籽、葵花籽、蓖麻、红花籽	5.30	复合配方食品		6.25
	其他油料	6.25	酪蛋白		6.40
	菜籽	5.53			
坚果、种子类	巴西果	5.46	胶原蛋白		5.79
	花生	5.46	豆类	大豆及其粗加工制品	5.71
	杏仁	5.18		大豆蛋白制品	6.25
	核桃、榛子、椰果等	5.30	其他食品		6.25

和 GB 5009.5—2010 相比，该系数细化了很多。食品类别更加丰富，系数设置也更加合理，使得实际检测样品计算更加有据可依，检测结果也更能准确反应样品的实际情况。

测定结果以重复性条件下获得的两次独立测定结果的算术平均值表示。结果不同，有效位数的表达要求也不同。当蛋白质含量≥1g/100g 时，结果保留三位有效数字；蛋白质含量<1g/100g 时，结果保留两位有效数字。

在重复性条件下获得的两次独立测定结果的绝对差值不得超过算术平均值的 10 %。

（三）标准实例二十四——土壤检测　第 6 部分：土壤有机质的测定（NY/T 1121.6—2006）

1. 原理及适用范围　在加热条件下，用过量的重铬酸钾-硫酸溶液氧化土壤有机碳，多余的重铬酸钾用硫酸亚铁标准溶液滴定，由消耗的重铬酸钾量按氧化校正系数计算出有机碳量，再乘以常数 1.724，转换为土壤有机质含量。

本方法适用于有机质含量在 15%以下的土壤。含量太高的土壤，势必要减少称样量，太低的称样量将影响准确度。如果 15%以上的土壤也打算用该法操作，建议可以通过适当增加重铬酸钾-硫酸溶液的用量来实现，同时增加空白的用量。

2. 试剂与标准品

（1）0.4mol/L 重铬酸钾-硫酸溶液：称取 40.0g 重铬酸钾，溶于 600～800mL 水中，用滤纸过滤到 1L 量筒内，用水洗涤滤纸，并加水至 1L，将此溶液转移入 3L 大烧杯中。

另取 1L 浓硫酸，慢慢地倒入重铬酸钾水溶液中，不断搅动。为避免溶液急剧升温，每加约 100mL 浓硫酸后可稍停片刻，并把大烧杯放在盛有冷水的大塑料盆内冷却，当溶液的温度降到不烫手时再加另一份浓硫酸，直到全部加完为止。

这里用到的重铬酸钾-硫酸是作为土壤有机质的强酸氧化剂使用，并不直接参与结果计算，因此配制中可以不必过于精准。对重铬酸钾和浓硫酸的纯度要求不高，化学纯即可，当然有分析纯更好，分析纯试剂可以不用过滤。

配制中用到了大量的硫酸溶液，进一步强调“酸加入水中”的原则，分次逐步加入硫酸，注意放热、腐蚀等安全问题。

重铬酸钾为橙红色晶体，化学式 $K_2Cr_2O_7$，区别于铬酸钾化学式 K_2CrO_4，为黄色固体。实际应用中不能混淆。重铬酸钾分子量为 294.19，按照上述称样量和体积，所得 $K_2Cr_2O_7$ 的浓度为 0.068mol/L，换算为当量浓度即为 c（$1/6K_2Cr_2O_7$）＝0.4mol/L。

（2）0.100 0mol/L 重铬酸钾标准溶液：准确称取 130℃烘 2～3h 的重铬酸钾（优级纯）4.904g，先用少量水溶解，然后无损地移入 1 000mL 容量瓶中，加水定容。

该溶液作为基准溶液，用于对硫酸亚铁标准溶液进行标定，浓度要求必须准确。要求使用优级纯试剂，用前按照要求进行烘干，用万分天平准确称量并无损转移。

（3）0.1mol/L 硫酸亚铁标准溶液：称取 28.0g 硫酸亚铁（$FeSO_4 \cdot 7H_2O$）或 40.0g 硫酸亚铁铵［$(NH_4)_2Fe(SO_4)_2 \cdot 6H_2O$］，溶解于 600～800mL 水中，加浓硫酸 20mL 搅拌均匀，静止片刻后用滤纸过滤到 1L 容量瓶内，再用水洗涤滤纸并加水至 1L。此溶液易被空气氧化而致浓度下降，每次使用时应标定其准确浓度。

0.1mol/L 硫酸亚铁溶液的标定：吸取 0.100 0mol/L 重铬酸钾标准溶液 20.00mL 放入 150mL 三角瓶中，加浓硫酸 3～5mL 和邻菲啰啉指示剂 3 滴，以硫酸亚铁溶液滴定，根据硫酸亚铁溶液消耗量即可计算出硫酸亚铁溶液的准确浓度。

亚铁溶液的浓度直接参与结果计算，是本方法定量的基础。可以用硫酸亚铁也可以用硫酸亚铁铵来配制，由于需要标定，对试剂的纯度要求不高，化学纯即可。由于二者稳定性差，容易被氧化，不能直接作为基准试剂使用，所配制溶液必须标定后才能使用，而且每次测定都需测试当天对此溶液进行标定。

（4）邻菲啰啉（$C_{12}H_8N_2 \cdot H_2O$）指示剂：称取邻菲啰啉 1.49g 溶于含有 0.70g 硫酸亚铁或 1.00g 硫酸亚铁铵的 100mL 水溶液中。

邻菲罗啉又叫邻二氮菲、1，10-菲罗啉，在 pH＝2～9 的溶液中可与亚铁离子生成红色络合物而作为滴定终点的指示剂。此指示剂易变质，配制好后需要避光保存于棕色瓶中或滴瓶中。

3. 操作过程

（1）准确称取通过 0.25mm 孔径筛风干试样 0.05～0.5g，放入硬质试管中。称样要用万分之一天平（精确到 0.000 1g）。称样量根据有机质含量范围而定，一般称样量为0.1～0.3g，有机质含量高时适当减少称样量。但 50mg 以下的样品量样品代表性和称样准确性都较差，故不适合有机质含量太高的样品测定。0.25mm 孔径筛即 60 目筛。硬质试管可以用硼化玻璃试管，比较耐高温，不易破裂。

（2）准确加入 10.00mL 0.4mol/L 重铬酸钾-硫酸溶液，摇匀，并在每个试管口插入一玻璃漏斗。将试管逐个插入铁丝笼中，再将铁丝笼沉入已在电炉上加热至 185～190℃的油浴锅内，使管中的液面低于油面，要求放入后油浴温度下降至 170～180℃，等试管中的溶液沸腾时开始计时，此刻必须控制电炉温度，不使溶液剧烈沸腾，其间可轻轻提起铁丝笼在油浴锅中晃动几次，以使液温均匀，并维持在170～180℃，(5±0.5) min后将铁丝笼从油浴锅内提出，冷却片刻，擦去试管外的油（蜡）液。

0.4mol/L重铬酸钾-硫酸溶液黏度较大，应缓慢加入，以减少操作误差。油浴的温度和时间要严格控制好，加热时产生的二氧化碳气泡不是真正沸腾，只有在其真正沸腾时才能开始计算时间。这里的油浴锅没有特殊要求，可用紫铜皮做成或用高度为15～20cm的铝锅代替，也可以购置商品化的专用油浴锅。加热介质除甘油和石蜡外，也可以用硅油或植物油。用甘油相对好些，因其水溶性较好，便于后续清洗；石蜡、硅油和植物油则存在油浴后的试管清洗较为困难的问题。

消解温度直接影响有机质的氧化效果，温度低于170℃氧化不完全，导致结果偏低；温度高于190℃，可能使得重铬酸钾分解，使结果偏高。

消解过程必须在通风橱中进行。同时做好必要的防护。

观察消解后试管内样品颜色，正常情况下颜色为橙黄色、棕褐色或略带黑色。如果颜色为绿色至蓝色则表示消解不完全，即重铬酸钾量不足，未能完全氧化土壤有机物，应减少称样量重做。油浴后样品溶液和空白颜色接近时，说明样品量不足，需要加大称样量。消解好的样品，加水转移定容时，颜色会变浅，出现黄绿色是正常的。

（3）把试管内的消煮液及土壤残渣无损地转入250mL三角瓶中，用水冲洗试管及小漏斗，洗液并入三角瓶中，使三角瓶内溶液的总体积控制在50～60mL。小心加热、转移和擦拭，避免烫伤。无损转移溶液的总体积控制在50～60mL。溶液太多，将给后续滴定振摇带来一定问题，也影响终点判定。

（4）加3滴邻菲啰啉指示剂，用硫酸亚铁标准溶液滴定剩余的$K_2Cr_2O_7$，溶液的变色过程是橙黄-蓝绿-棕红。

如果滴定所用硫酸亚铁溶液的体积不到下述空白试验所耗硫酸亚铁溶液体积的1/3，则应减少土壤称样量重测。每批分析时，必须同时做2个空白试验，即取大约0.2g灼烧浮石粉或土壤代替土样，其他步骤与土样测定相同。

测定土壤有机质必须采用风干样品。对于水稻土及一些长期渍水的土壤，由于存在较多的还原性物质，可消耗重铬酸钾，使结果偏高。同时，本方法不宜用于测定含氯化物较高的土壤。

另外，本方法为强酸环境下的样品处理，并含有重金属铬，测试后样品溶液应进行酸碱中和等无害化处理，尽量减少环境污染。

4. 结果表述 结果计算见式（6-2）：

$$O.M=\frac{C\times(V_0-V)\times0.003\times1.724\times1.10}{m} \tag{6-2}$$

式中：

$O.M$——organic matter（有机质）的缩写；

1.724——有机碳换算成有机质的系数，也就是说按照公式计算，如果不乘以1.724得到的是土壤有机碳的量值；

1.10——氧化校正系数。有研究表明按照本方法消解的土壤样品，存在氧化不够彻底的问题，测定的有机质偏低，需要乘以1.1进行校正。氧化时，若加0.1g硫酸银粉末，氧化校正系数取 1.08。考虑到操作简单和节约成本，减少污染等原因，实际操作中很少加入硫酸银粉末。

公式中其他符号含义见标准正文。

平行测定结果用算术平均值表示，单位为 g/kg，保留三位有效数字。精密度要求，见表 6-2，不同含量的有机质，平行测定的允许相差也不同。含量越低，允许相差越小。

表 6-2　平行测定结果允许相差

有机质含量（g/kg）	允许绝对相差（g/kg）
＜10	≤0.5
10～40	≤1.0
40～70	≤3.0
＞70	≤5.0

三、重量分析法

（一）实验要点

1. 方法原理　重量分析法是指通过物理或化学反应将试样中待测组分与其他组分分离，称取重量，以计算其含量的方法。按分离方法不同，重量分析法分为沉淀重量法、挥发重量法和提取重量法，常见的如水分、灰分和脂肪的测定，都是采用重量法。

重量分析法也是常量分析方法，准确度较高，但是操作复杂，不适用于对低含量组分的测定。

2. 主要实验要点

（1）取样应适量：取样量太多，处理量大，试剂和时间消耗大；取样量太少，称量及各操作步骤产生的误差较大，使分析的准确度降低。

（2）恒重处理：用于称重的量具，如平底烧瓶（脂肪测定）、铝盒（水分测定）和坩埚（灰分测定）等预先必须经过加热恒重处理。样品提取后也同样需进行恒重处理后称重，以保证测试结果的准确性。

（3）避免污染：本方法以测试重量来进行结果计算，这就要求测试操作中尽可能避免污染的引入。如索氏抽提测定脂肪用烧瓶的外壁在称量前必须擦拭干净；测定灰分的坩埚取用过程中也要避免沾染污物等。

（4）经过加热处理的量具，需转入干燥器内冷却至室温后称重。测定灰分用的坩埚在马弗炉中降温到 100℃以下后，再转入干燥器中冷却。

（5）称量用天平至少是千分之一天平，一般用万分之一天平或更高精度的天平。

（二）标准实例二十五——食品安全国家标准　食品中水分的测定（GB 5009.3—2016）

水分是食品的天然成分，虽通常不看作营养素，但它是动植物体内不可缺少的重要成分，具有极其重要的生理意义。食品中水分含量的多少，直接影响食品的感官性状，影响胶体状态的形成和稳定。水分是检查食品的重要指标，是食品贮存期限的决定因素，是重要的质量卫生指标。

食品中水分的存在形式有三种：游离水、结合水和化合水。游离水又称为自由水，主要指存在于动植物的细胞外各种毛细管和腔体中的自由水，包括吸附于食品表面的吸附水。结合水主要是指形成食品胶体状态的结合水，如蛋白质、淀粉的水合作用和膨胀吸收的水分及糖类、盐类等形成结晶的结晶水。化合水主要是指物质分子结构中与其他物质化合生成新的化合物的水，如碳水化合物中的水。

1. 原理及适用范围 本标准规定了食品中水分测定的四种方法。第一法利用食品中水分的物理性质，在 101.3kPa（一个大气压），温度 101～105 ℃下采用挥发方法测定样品中干燥减失的重量，包括吸湿水、部分结晶水和该条件下能挥发的物质，再通过干燥前后的称量数值计算出水分的含量。适用于在 101～105℃下，蔬菜、谷物及其制品、水产品、豆制品、乳制品、肉制品、卤菜制品、粮食（水分含量低于 18%）、油料（水分含量低于 13%）、淀粉及茶叶类等食品中水分的测定，不适用于水分含量小于 0.5g/100g 的样品。

第二法减压干燥法是利用食品中水分的物理性质，在达到 40～53kPa 压力后加热至(60±5)℃，采用减压烘干方法去除试样中的水分，再通过烘干前后的称量数值计算出水分的含量。适用于高温易分解的样品及水分较多的样品（如糖、味精等食品）中水分的测定，不适用于添加了其他原料的糖果（如奶糖、软糖等食品）中水分的测定，不适用于水分含量小于 0.5g/100g 的样品（糖和味精除外）。

第三法蒸馏法是利用食品中水分的物理化学性质，使用水分测定器将食品中的水分与甲苯或二甲苯共同蒸出，根据接收的水的体积计算出试样中水分的含量。适用于含水较多又有较多挥发性成分的水果、香辛料及调味品、肉与肉制品等食品中水分的测定，不适用于水分含量小于 1g/100g 的样品。

第四法卡尔·费休容量法是根据碘能与水和二氧化硫发生化学反应，在有吡啶和甲醇共存时，1mol 碘只与 1mol 水作用，反应式如下：$C_5H_5N \cdot I_2 + C_5H_5N \cdot SO_2 + C_5H_5N + H_2O + CH_3OH \rightarrow 2C_5H_5N \cdot HI + C_5H_6N[SO_4CH_3]$。

卡尔·费休水分测定法又分为库仑法和容量法。库仑法测定的碘是通过化学反应产生的，只要电解液中存在水，所产生的碘就会和水以 1：1 的关系按照化学反应式进行反应。当所有的水都参与了化学反应，过量的碘就会在电极的阳极区域形成，反应终止。容量法测定的碘是作为滴定剂加入的，滴定剂中碘的浓度是已知的，根据消耗滴定剂的体积，计算消耗碘的量，从而计量出被测物质水的含量。适用于食品中含微量水分的测定，不适用于含有氧化剂、还原剂、碱性氧化物、氢氧化物、碳酸盐、硼酸等食品中水分的测定。卡尔·费休容量法适用于水分含量大于 1.0×10^{-3}g/100g 的样品。

实际应用中需要根据样品类型和水分含量选择适宜的检测方法，最常用的是第一法、第二法。

2. 直接干燥法

（1）操作过程：

①固体试样。称量瓶/盒恒重：取洁净铝制或玻璃制的扁形称量瓶/盒，置于 101～105℃干燥箱中，瓶盖斜支于瓶边，加热 1.0h，取出盖好，置干燥器内冷却 0.5h，称量，并重复干燥至前后两次质量差不超过 2mg，即为恒重。此操作是对称量瓶自身恒重的处理，该过程很重要，是样品测试结果准确的重要保证。干燥器中变色硅胶要保持在干燥状态（蓝色），发现多数变成粉色时应适时烘干更换。

称量瓶/盒恒重＋样品恒重：将混合均匀的试样迅速磨细至颗粒小于 2mm，不易研磨的样品应尽可能切碎。称取 2～10g 试样（精确至 0.000 1g），放入此称量瓶中，试样厚度不超过 5mm，如为疏松试样，厚度不超过 10mm，加盖，精密称量后，置 101～105℃干燥箱中，瓶盖斜支于瓶边，干燥 2～4h 后，盖好取出，放入干燥器内冷却 0.5h 后称量。然后再放入 101～105℃干燥箱中干燥 1h 左右，取出，放入干燥器内冷却 0.5h 后再称量。并重复以上操作至前后两次质量差不超过 2mg，即为恒重。

可见，水分测定对样品细度没有太严格要求，粒度小于 2mm 即可，即 8 目。不易研磨的样品应尽可能切碎即可。同时样品制备要迅速，保存良好，避免挥发或吸潮，造成结果偏小或偏大。

称样要求使用万分之一天平。两次恒重值在最后计算中，取质量较小的一次称量值。

干燥箱应定期检定，保证温控准确。干燥温度设置在 101～105℃。操作中要注意清洁，避免沾染污物，造成误差。依据样品性质和状态不同，适当调整干燥时间。多数样品干燥 4h 应该足够。

②半固体或液体试样。称量瓶恒重：取洁净的称量瓶，内加 10g 海沙及一根小玻棒，置于 101～105℃干燥箱中，干燥 1.0h 后取出，放入干燥器内冷却 0.5h 后称量，并重复干燥，至恒重。

对于半固体或液体试样，要求称量瓶、海沙、玻棒等除样品外的用具同时恒重。实验过程中可根据需要适当增加海沙。在海沙难于获取的情况下，可以用无水硫酸钠代替。

称量瓶/盒恒重＋样品恒重：称取 5～10g 试样（精确至 0.000 1g），置于称量瓶中，用小玻棒搅匀放在沸水浴上蒸干，并随时搅拌，擦去瓶底的水滴，置 101～105℃干燥箱中干燥 4h 后盖好取出，放入干燥器内冷却 0.5h 后称量。然后再放入 101～105℃干燥箱中干燥 1h 左右，取出，放入干燥器内冷却 0.5h 后再称量。并重复以上操作至前后两次质量差不超过 2mg，即为恒重。

半固体或液体试样，要求先在沸水浴上蒸干后才能置于烘箱进行烘干。第一次烘干时间要求 4h。对于该类样品的水分测定，步骤和用具明显多于固体样品，测定中要避免污染和损失，保证结果准确性。

（2）分析结果要求：

①水分含量≥1g/100g 时，计算结果保留三位有效数字；水分含量＜1g/100g 时，结果保留两位有效数字。

②在重复性条件下获得的两次独立测定结果的绝对差值不得超过算术平均值的 10 %。该值较 GB 5009.3—2010 的 5%要求更宽松，更符合实际。

3. 减压干燥法

（1）操作过程：

①试样制备。粉末和结晶试样直接称取；较大块硬糖经研钵粉碎，混匀备用。可见，该方法测定的样品的制备比较简单，一般不需要特别的粉碎处理。

②测定。取已恒重的称量瓶称取 2～10g（精确至 0.000 1g）试样，放入真空干燥箱内，将真空干燥箱连接真空泵，抽出真空干燥箱内空气（所需压力一般为 40～53kPa），并同时加热至所需温度（60±5）℃。关闭真空泵上的活塞，停止抽气，使真空干燥箱内保持一定的温度和压力。经 4h 后，打开活塞，使空气经干燥装置缓缓通入至真空干燥箱内，待压力恢复正常后再打开。取出称量瓶，放入干燥器中 0.5h 后称量，并重复以上操作至前后两次质量差不超过 2mg，即为恒重。

该法采用抽气减压降低水的沸点，加快了水的蒸发，同时保证了待测样品的稳定性。按照方法要求控制好压力和温度，不得随意更改或调整。

打开活塞结束真空时，动作要轻缓，要使空气经干燥装置缓缓通入至真空干燥箱内，待压力恢复正常后再打开干燥箱。本方法需要用到真空泵，注意真空泵的日常维护。

（2）结果表述：

①水分含量≥1g/100g 时，计算结果保留三位有效数字；水分含量<1g/100g 时，结果保留两位有效数字。

②在重复性条件下获得的两次独立测定结果的绝对差值不得超过算术平均值的 10%。

四、电化学分析法

（一）实验要点

1. 方法原理 电化学分析法（electroanalytical methodes）是仪器分析的重要组成部分之一。它是根据溶液中物质的电化学性质及其变化规律，建立在以电位、电导、电流和电量等电学量与被测物质某些量之间的计量关系的基础之上，对组分进行定性和定量的仪器分析方法，也称电分析化学法。电化学分析系统根据不同的分类条件有不同的分类，下面是几种常见的分类：

（1）根据在某一特定条件下，化学电池中的电极电位、电量、电流电压及电导等物理量与溶液浓度的关系进行分析的方法，例如，电位测定法、恒电位库仑法、极谱法和电导法等。

（2）以化学电池中的电极电位、电量、电流和电导等物理量的突变作为指示终点的方法，例如，电位滴定法、库仑滴定法、电流滴定法和电导滴定法等。

（3）将试液中某一被测组分通过电极反应，使其在工作电极上析出金属或氧化物，称量此电沉积物的质量求得被测组分的含量，例如，电解分析法。

有关理化指标分析中，如水质和土壤 pH 的测定、水质和食品中氟化物的测定等属于电位测定法。

2. 主要实验要点

（1）电极的有效性：测定前确认电极完好，响应正常，并进行必要的校正。如 pH 电极，测定前要进行定位和斜率校正；氟电极需要电位平衡等。

（2）不同电极有相应的保存方法，如氟电极用后需洗净干放；pH 电极则需浸泡于 3mol/L 氯化钾溶液中。久置电极需要进行活化和平衡。

（3）测量时，注意电极的浸入位置，如 pH 测定的玻璃电极或复合电极的球泡应全部浸入被测溶液中等。

（4）电极测试，尤其是离子选择性电极电位分析，往往需要一定的总离子强度调节缓冲溶液。它除保证离子强度稳定外，往往还具有酸碱缓冲和掩蔽络合剂等功能。

（5）每种电极都有自己的适宜响应范围，标准溶液和待测溶液测定中不能超范围测试，否则影响结果准确性。

（二）标准实例二十六——食品中氟化物的测定（GB/T 5009.18—2003 第三法 氟离子选择电极法）

氟是人体必需的微量元素，摄入适量的氟有利于牙齿的健康，但摄入过多的氟对机体有害，轻则造成斑釉牙，重则形成氟骨症。氟在自然界是分布较广的元素，氟对食品的污染，主要来源于工业三废排放、含氟农药的使用以及食品烘干和加工储藏过程。

本标准中针对食品中氟的测定给出了三种方法，这里只介绍第三法，即氟离子选择电极法。

1. 原理及适用范围　氟离子选择电极的氟化镧单晶膜对氟离子产生选择性的对数影响，氟电极和饱和甘汞电极在被测试液中，电位差可随溶液中氟离子的活度的变化而改变，电位变化规律符合能斯特方程式：

$$E=E^{o}-\frac{2.303RT}{F}\log C_{F}$$

E 与 $\log C_F$ 呈线性关系，$2.303RT/F$ 为该直线的斜率（25℃时为 59.16）。与氟离子形成络合物的 Fe^{3+}、Al^{3+} 及 $SiO_3{}^{2-}$ 等离子干扰测定，其他常见离子无影响。测量溶液的酸度为 pH5～6，用总离子强度缓冲液调节以消除干扰离子及酸度的影响。本方法不适用于脂肪含量高而又未经过灰化的试样，如花生、大豆和肥肉等。但这些样品如果预先灰化处理，该方法则具有普适性。由于该法操作相对简单，多数食品的氟化物测定均采用此法。

2. 试剂和材料

（1）水：本方法对水质的要求较高，必须为不含氟的去离子水，即超纯水，这点要特别注意。而且方法要求所有配制好的试剂（包括总离子强度调节剂，氟标准溶液等）转移到聚乙烯塑料瓶中储存，不能贮存于玻璃瓶中。

（2）乙酸钠溶液（3mol/L）：称取 204g 乙酸钠（$CH_3COONa \cdot 3H_2O$），溶于 300mL 水中，用 1mol/L 乙酸溶液调节 pH 至 7.0，加水稀释至 500mL。

乙酸钠，又名醋酸钠、三水乙酸钠（分子量 136.08），容易潮解，给保存和称样都带来一定的问题。实际工作中可以用不易吸潮的无水乙酸钠（分子量 82.03）来代替，称样量经折算后为 123g。由于用量较大，建议分几次称取，也可按照需要适当增加和减少配制量。

1mol/L 乙酸的配制方法：冰乙酸的密度是 1.049 2g/cm³，分子量是 60.05，通过计算，如配制 1L，需要准确量取 57.2mL（1×60.05/1.049 2=57.2）冰醋酸转移到 1 000mL 容量瓶，定容后转移到塑料瓶中贮存。本标准中该溶液用于 pH 的调节，用量不大，配制十几或几十毫升即可，避免浪费。而且该乙酸溶液浓度可以不用太精确配制，同时可辅以配制稀氢氧化钠溶液配合 pH 的调节。pH 测定采用 pH 计，精度要求±0.01pH。

（3）柠檬酸钠溶液（0.75mol/L）：称取 110g 柠檬酸钠（$Na_3C_6H_5O_7 \cdot 2H_2O$）溶于 300mL 水中，加 14mL 高氯酸，再加水稀释至 500mL。

高氯酸，六大无机强酸之一，是无色透明的发烟液体。高氯酸在无机含氧酸中酸性最强，可助燃，具强腐蚀性、强刺激性，可致人体灼伤，因此配制过程要在通风橱中进行，注意安全防护。

（4）总离子强度缓冲剂：乙酸钠溶液（3mol/L）与柠檬酸钠溶液（0.75mol/L）等量混合，临用时现配制。所谓等量混合，即等体积混合，如取 100mL 乙酸钠溶液和 100mL 柠檬酸钠溶液混合。同时要求现用现配，按照具体样品数量所需要溶液体积进行配制，避免造成浪费。乙酸钠溶液与柠檬酸钠溶液相对比较稳定，冷藏保存至少可稳定 6 个月。

（5）氟标准溶液（1.0mg/mL）：准确称取 0.221 0g 经 95～105℃干燥 4h 后冷却的氟化物，溶于水，移入 100mL 容量瓶中，加水至刻度，摇匀。氟化钠作为基准物质直接配制标准溶液，因此在称取前必须进行加热干燥处理。同时，此溶液作为氟标准储备溶液，需转移到聚乙烯塑料瓶中，置冰箱冷藏保存。

3. 操作过程 氟电极在测定前必须进行电位平衡。具体做法：取 25mL 或 50mL 塑料杯，加入适量去离子水，加入大小合适的搅拌子，在磁力搅拌下插入电极进行平衡。注意避免搅拌子打到电极。更换 2～3 次水，有时会更多次换水，当电位达到稳定不再增大时，视为平衡。长期干放的氟电极该电位平衡过程可能需要数小时。

氟电极不宜在水中长期保存，如长期不用冲洗干净干放。避免在高浓度溶液中长时间浸泡，以免损坏电极。氟电极长时间使用后，会发生迟钝现象，可用金相纸擦或牙膏擦，以将表面活化。迟钝严重难以活化的氟电极可以丢弃。

每支电极都有一定的响应极限。初次使用电极应先测试其响应极限，可准确估计样品的最低检出量，因小于响应极限的浓度不成对数响应，测定很微量的氟会产生较大误差。

4. 结果表述 本方法中测定的电位 E 与 $\log C_F$ 呈线性关系，即测定的电位值和溶液中氟浓度的对数值呈线性关系，和氟浓度本身并不成线性关系。计算结果单位为 mg/kg，保留两位有效数字。

精密度：在重复性条件下获得的两次独立测定结果的绝对差值不得超过算术平均值的 20%。可见，氟电极法测试氟的精密度要求并不高。

（三）标准实例之二十七——土壤 pH 的测定（NY/T 1377—2007）

1. 原理及适用范围 当规定的指示电极和参比电极浸入土壤悬浊液时，构成原电池，其电动势与悬浊液的 pH 有关，通过测定原电池的电动势即可得到土壤的 pH。

本标准规定了以水或 1mol/L KCl 溶液或 0.01mol/L $CaCl_2$ 溶液为浸提剂，采用电位法测定土壤 pH 的方法。本标准适用于各类土壤的 pH 测定。

这里指示电极和参比电极通常指玻璃电极和饱和甘汞电极。现在的商品化 pH 计多为复合电极，即指示电极和参比电极复合体，方便日常使用。实际测定时测试的是电动势（即电位），仪器自动换算为相应的 pH。pH 计要求精度高于 0.1 单位，一般为 0.01 单位，而且有温度补偿功能，并要求定期检定。

本标准规定了三种可用的浸提剂，但通常使用水，也可根据测试目的或委托方要求选择。使用不同浸提剂在结果中要有标明。

本方法适用于酸性、中性和石灰性等各类土壤样品的测定。但当 pH 大于 10 时，应使用专用电极。

2. 试剂和材料

（1）水：用于测定土壤 pH 的实验用水本身对 pH 和电导率有要求，即至少满足三级水要求，即 pH 5.0～7.5，电导率≤0.50，并应预先除去二氧化碳。

pH 和电导率应符合 GB/T 6682 规定的至少三级水的规格，并应除去二氧化碳。无二氧化碳水的制备方法：

①将水注入烧瓶中（水量不超过烧瓶体积的 2/3），煮沸 10min，放置冷却，用装有碱石灰干燥管的橡皮塞塞紧。②如制备 10～20L 较大体积时，可插入一玻璃管到容器底部，通氮气 1～2h 即可。

本标准给出的上述两种除去 CO_2 的方法，都可采用，可以按照自己实验室的条件来选用。通常用量不大且现用时，采用加热煮沸的方法，放冷后立即使用。如果需要储存，可用装有碱石灰（氧化钙）干燥管的橡皮塞塞紧。通氮气的方法比较耗时，需要 1～2h，适用于较大量水样的制备。

（2）pH 标准缓冲溶液：以下 pH 标准缓冲溶液应用 pH 基准试剂配制。如储存于密闭的聚乙烯瓶中，则配制好的 pH 标准缓冲溶液至少可稳定一个月。不同温度下用于 pH 校正的标准缓冲溶液的 pH 见表 6-3。

表 6-3　不同温度下各标准缓冲溶液的 pH

温度（℃）	苯二甲酸盐标准缓冲溶液	磷酸盐标准缓冲溶液	硼酸盐标准缓冲溶液
10	4.00	6.92	9.33
15	4.00	6.90	9.27
20	4.00	6.88	9.22
25	4.01	6.86	9.18
30	4.01	6.85	9.14

可见，温度对 pH 确实有一定的影响，尤其是在高 pH 更为显著，如表 6-3 中硼酸盐标准缓冲溶液。实际工作中，要根据实验室的室温进行相应调整，要求 pH 计具有温度补偿功能。

上述这三种用于 pH 校正的标准缓冲溶液可以直接购买商品化的固体试剂，按照要求稀释到指定体积。也可以在实验室自行配制，具体见标准正文。需要指出的是邻苯二甲酸氢钾、磷酸二氢钾和磷酸氢二钠都需要预先于 110～120℃进行干燥 2h 后方能使用。而四硼酸钠，俗称硼砂，长时间放置可能会失去结晶水，不能使用。

3. 分析步骤

（1）试样溶液的制备：称取（10.0±0.1）g 试样，置于 50mL 的高型烧杯或其他适宜的容器中，加入 25mL 水（或氯化钾溶液或氯化钙溶液）。将容器密封后，用振荡机或搅拌器剧烈振荡或搅拌 5min，然后静置 1～3h。更为简单易行的方法是，加入搅拌子后采用磁力搅拌。

测试用土样通常为自然风干，亦可在不高于 40℃条件下干燥土样。然后过 2mm 孔径筛（即 10 目）。土液比为 1∶2.5。其中，浸提剂可根据测试目的或委托方要求选择水、氯化钾溶液或氯化钙溶液，并在结果中注明。

（2）pH 计的校正：至少使用两种 pH 标准缓冲溶液进行 pH 计的校正（一个定位溶液，一个斜率校正溶液）。通常采用磷酸盐标准缓冲溶液（pH7）作为定位溶液，再根据多数样品的 pH 范围选取斜率校正标准溶液。如多数样品在中性或偏酸性范围，则采用磷酸盐（pH7）和苯二甲酸盐（pH4）标准缓冲溶液进行校正；如多数样品在中性或偏碱性范围，则采用磷酸盐（pH7）和硼酸盐（pH9）标准缓冲溶液进行校正。偏离校正范围较远的样品，需要重新校正后测定。

pH 校正时，要根据室温对标准溶液的 pH 进行相应的调整，即温度校正。

测量时感应头探头浸入溶液垂直深度的 1/3～1/2，不可触及烧杯底部，待读数稳定后记录结果。每测完一个标准缓冲溶液，用实验用水从上至下冲洗电极与溶液接触部分，用滤纸轻轻擦拭或吸干电极感应头水珠。每测定完一个样品时也需要如此操作。

（3）试样溶液 pH 的测定：试样溶液的温度与标准缓冲溶液的温度之差不应超过 1℃。

因此从冰箱里取出的标准缓冲溶液，需要放到室温再进行 pH 校正，以保证和样品提取溶液温度一致。

测量时，将电极插入上述充分搅拌和静置的上清溶液中（或土壤悬浊液），不可接触样品底泥，待读数稳定后读取 pH。

pH 校正时，可在磁力搅拌平稳后将电极小心插入缓冲溶液中，在搅拌状态下测定 pH。但在测定土壤等含有颗粒的物质时不建议搅拌下测定，以免损毁电极。

4. 结果表述

（1）直接读取 pH，结果保留一位小数，并应标明浸提剂的种类。

（2）精密度：在重复性条件下获得的两次独立测定结果的绝对差值不大于 0.1。不同实验室测定结果的绝对差值不大于 0.2。

5. 其他注意事项

（1）玻璃电极长时间不使用时，在使用前应在 0.1mol/L 氯化钾溶液或蒸馏水浸泡 24h。暂时不使用也可浸泡在蒸馏水中。

（2）甘汞电极一般有氯化钾结晶存在，如没有应及时补加氯化钾饱和溶液。

（3）测试时应避免电极和底层泥浆接触。pH 计读数时，摇动样品可能会影响读数，需保持样品溶液呈静止状态。可采用固定电极高度位置，依次更换测试样品的方法。

（4）连续测量碱性样品时，建议将玻璃电极在 0.01mol/L 盐酸中浸泡一下，防止电极由碱性引起的反应迟钝。

（5）每次测量结束应立即用蒸馏水冲洗电极，避免样品溶液干涸于电极表面，尤其是含有油脂、乳状溶液和悬浮物较多的样品溶液更应注意。如果被沾污，可用脱脂棉蘸丙酮等有机溶剂轻轻擦洗，再用蒸馏水反复冲洗。

（6）测试实验室环境，应避免酸碱环境影响，特别是重金属消解导致的酸环境影响。

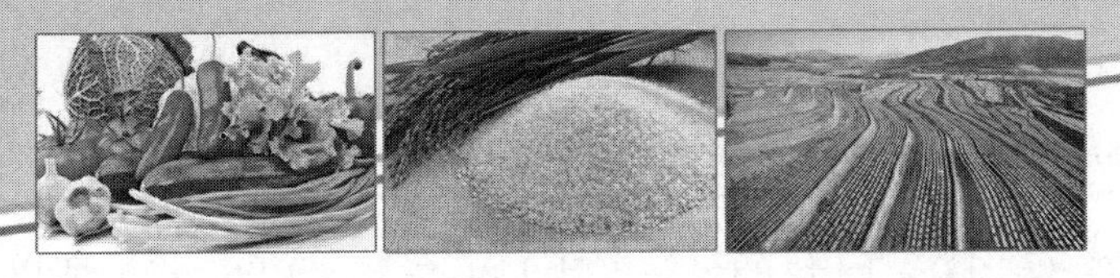

第七章 天然毒素检测技术

天然毒素是指生物来源并不可自复制的有毒化学物质，包括动物、植物、微生物产生的对其他生物物种有毒害作用的各种化学物质。天然毒素物质种类繁多，按其来源可分为动物性天然毒素、植物性天然毒素和微生物性天然毒素。其中大多数天然毒素物质具有很强毒性，常造成食物中毒事件的发生。

农产品中常被检测到的天然毒素物质有真菌毒素、细菌毒素、海洋生物毒素（包括多肽类毒素、聚醚类毒素、生物碱类毒素等）等。

天然毒素物质检测技术经历了三个发展阶段，即色谱技术时代、免疫分析技术时代、现代集成技术时代。早期的天然毒素检测，主要依赖于一些常规的鉴定方法，如生物测定法、紫外分光光度法、荧光法、色谱法以及传统免疫学方法等。近年来，随着现代分析仪器的发展，天然毒素物质的检测技术突出的特点是精确化、简便化、在线化、规范化、国际化，同时在检测技术领域引入尖端生物技术、计算机技术、化学技术、数控技术、物理技术等，并集成各类高新技术形成检测样品的前处理、分离、测定、数据处理等一体化系统。许多新型的分离分析手段不断应用于天然毒素的检测中，如新型免疫传感器、无须抗体的生物分析技术、生物质谱等。同时，各种新型 SPE 填料及含有各种抗体分子探针的出现，使得样品前处理方法也有了长足的进步。随着对天然毒素物质危害性认识的提高，世界各国都在不断加强对天然毒素物质检测技术方法方面的研究，我国也通过“十一五”“十二五”食品领域的重大科技攻关计划的组织实施，加强了对天然有害性物质检测方法的研究。

第一节　毒素检测常用仪器

一、分析仪器

（一）液相色谱仪及液相色谱-质谱仪

高效液相色谱法凭借其强大的分离能力及检测器的高灵敏度和专属性，已经成为真菌毒素定量分析中最常用的方法之一，其中反相高效液相色谱法较为常用；质谱检测器主要用于多毒素同时检测或作为紫外和荧光检测方法的确证法以避免假阳性和假阴性样品。

流动相主要为甲醇、乙腈和水或三者组成的混合溶液。毒素中，对于含有羧基的毒素，如伏马毒素和赭曲霉毒素等，通常采用降低流动相 pH 来抑制酸性基团解离从而改善峰形。

对于具有紫外吸收官能团的毒素如黄曲霉毒素、赭曲霉毒素以及玉米赤霉烯酮等，较常采用紫外检测器（UV）和荧光检测器（FLD），FLD的灵敏度比UV高10～1 000倍，所以通常采用柱前或柱后衍生法来增强荧光，进而提高灵敏度。柱前衍生主要加入荧光衍生试剂如环糊精（通过增大荧光基团和环糊精间的作用从而增强荧光）、三氟醋酸（使毒素发生水合作用产生具有荧光的半缩醛化合物）等。柱后衍生主要包括化学试剂衍生法（碘试剂和溴试剂等）和光电衍生法。

对于不具有紫外官能团的毒素如伏马毒素、T-2毒素及HT-2毒素等，较常采用荧光衍生试剂进行衍生化反应以及质谱检测器。衍生化试剂有邻苯二甲醛（OPA）及香豆素-3等。

高效液相色谱仪器前面章节已有叙述，本节重点介绍测定毒素常用的荧光检测器。

1. 仪器工作原理 荧光检测器是最灵敏的液相色谱检测器，它的工作原理是用紫外光照射某些化合物时它们可受激发而发出荧光，测定发出的荧光能量进行定量。在HPLC中应用较多，特别适合于痕量分析，尤其在使用荧光衍生剂后，可以检测很微量的化合物。因而在某些领域如药物和生化分析中起着不可替代的作用。

2. 仪器应用特点

（1）荧光检测器优点：

①灵敏度极高。它的灵敏度比紫外-可见光检测器高约两个数量级。

②选择性良好。产生荧光的一个必要条件是该物质的分子具有能吸收激发光能量的吸收带，即物质具有一定吸收荧光分子结构；另一条件是吸收了激发光能量之后的分子具有高的荧光效率。在很多情况下，荧光检测器的高选择性能够避免不发荧光的成分的干扰，成为荧光检测的独特优点。

③线性范围较宽。虽然比紫外吸收检测器窄，但对大多数痕量分析，该线性范围已足够宽。

④受外界条件的影响较小。只要选作流动相的溶剂不发射荧光，就能适用于荧光检测的洗脱。

（2）荧光检测器缺点：

①荧光检测器的高选择性优点在一些情况下，也是该检测器的缺点。因为不是所有的化合物在选择的条件下都能发生荧光，所以荧光检测器不属于通用型检测器，与紫外-可见光检测器相比，应用范围较窄。

②对通常发生在荧光测量中的一些干扰非常敏感，如背景荧光和猝灭效应等。虽然这些干扰在液相分析中不经常遇到，但在进行定量分析时，有必要验证这些干扰是否存在，以及对样品测定的影响程度。

（二）荧光分光光度计

1. 仪器工作原理 荧光分光光度计是用于扫描液相荧光标记物所发出的荧光光谱的一种仪器。其基本原理是由高压汞灯或氙灯发出的紫外光和蓝紫光，经滤光片照射到样品池中，激发样品中的荧光物质发出荧光，荧光经过滤和反射后，被光电倍增管所接收，然后以图或数字的形式显示出来。荧光分光光度计的激发波长扫描范围一般是190～650nm，发射波长扫描范围是200～800nm。

不同物质由于分子结构的不同，其激发态能级的分布具有各自不同的特征，这种特征反映在荧光上表现为各种物质都有其特征荧光激发和发射光谱，因此可以用荧光激发和发射光谱的不同来定性地进行物质的鉴定。

在溶液中，当荧光物质的浓度较低时，其荧光强度与该物质的浓度通常有良好的正比关系，利用这种关系可以进行荧光物质的定量分析。与紫外-可见分光光度法类似，荧光分析通常也采用标准曲线法进行定量分析。

2. 仪器应用

（1）使用范围及局限性：该类仪器可对经光源激发后产生荧光的物质或经化学处理后产生荧光的物质成分进行分析，例如黄曲霉毒素具有荧光特性，可直接采用荧光光度计测定含量。但是，由于很多化合物并不会产生荧光，就需要应用荧光物质衍生处理，例如伏马毒素不具有荧光特性，需经邻苯二甲醛（OPA）等荧光试剂衍生化后再进行测定。

免疫亲和层析柱净化-荧光光度法是检测毒素常用的前处理方法之一，例如玉米及其制品中伏马毒素含量测定。荧光光度计法具有快速简便的优点，但是在应用范围上有一定局限性。例如当样品基质比较复杂、含有色素和芳香物质时，这些物质会随着试样溶液通过免疫亲和柱时滞留在柱中，淋洗时无法除去。这些色素和芳香物质可溶于碱性溶液，使用氢氧化钠溶液进行洗脱时进入了洗脱液，导致洗脱液呈现各种颜色，使荧光光度计不能正常判读。因此，伏马毒素、赭曲霉毒素A等毒素的国家检测方法标准修订时删除了荧光光度法。

（2）荧光分光光度计校正：在测定前需对荧光分光光度计的灵敏度、波长、激发光谱和荧光光谱进行校正。影响荧光计灵敏度的因素很多，因而在每次测定时，在选定波长及狭缝宽度的条件下，先用一种稳定的荧光物质，配制成浓度一致的标准溶液进行校正（标定），使每次测得的荧光强度调节到相同数值（50%或100%）。仪器在使用较长时间后，需要用汞弧灯的标准谱线对单色器的波长刻度重新校正，特别在精细分析中尤为重要。

用荧光光度计测得的激发光谱或荧光光谱，往往是表观的，不是真实的。因此，先将每一波长的光源强度调整到一致，然后根据表观光谱上每一波长的强度除以检测器对每一波长的相应强度进行校正，以消除这种误差。

（3）使用注意事项：

①常用衍生剂OPA是一种不稳定的荧光试剂，配制后需避光保存。其衍生产物也不稳定，需严格控制衍生反应时间。

②为消除玻璃器皿等的荧光性对测定产生干扰，实验器皿需用1∶1的HNO_3浸泡24h或煮沸，再用蒸馏水洗净，晾干备用。

（三）气相色谱仪及气相色谱-质谱联用仪

气相色谱仪（GC）及气相色谱质谱联用仪（GC-MS）灵敏度高、操作简便，但是仅适用于分析热稳定、易挥发的化合物。由于大多数真菌毒素对热不稳定，采用GC或GC-MS分析的毒素种类有限，待测物多为单端孢霉烯族化合物。但是，由于待测物不易挥发，所以样品净化后需要进行硅烷化或者酰化等衍生化实验，比较耗时、费力。

（四）薄层色谱法

薄层色谱法（thin layer chromatography，TLC）是一种传统的真菌毒素分析方法，具有经济简单、灵敏高效等优点，被广泛用于高浓度真菌毒素的定量和半定量分析。国外已经有许多关于薄层色谱法分析真菌毒素的报道。但结果表明TLC法灵敏度较低，操作复杂，分析结果的可重复性和再现性差，但是，随着高效薄层色谱法（HPTLC）、二维薄层色谱法及超压薄层色谱法（OPTLC）的发展和应用，提高了TLC的分离效率和检测精确度，进而拓宽了TLC技术在真菌毒素痕量分析领域中的应用。

（五）酶联免疫吸附法

目前，酶联免疫吸附法（enzyme-linked immunosorbent assay，ELISA）已成为检测真菌毒素定性筛查的重要方法，它具有灵敏、操作简便、样品前处理无须净化（或只需简单净化）、样品处理量大等优点。同时，已有商品化的检测粮油食品中多种真菌毒素的 ELISA 试剂盒。但是 ELISA 相比于其他方法，检测结果的重现性和酶稳定性差，试剂寿命短，且存在交叉反应造成的假阳性问题，因此还需要结合其他方法进行验证。

（六）生物传感器法

对于真菌毒素、海洋毒素和蓝藻毒素，现在已经有基于分子印迹和适配体等新型生物识别元件的生物传感器，并结合纳米生物技术，如金属纳米颗粒和碳纳米管，以改善电化学信号传导。结合微流控和微阵列等微芯片技术可以实现对生物毒素的快速检测。

（七）时间分辨荧光免疫技术

时间分辨荧光免疫技术（time-resolved fluoreimmuoassay，TRFIA）是 20 世纪 80 年代发展起来的一种非放射标记分析技术。TRFIA 采用具有特殊荧光的镧系离子与螯合剂结合作为示踪物标记蛋白质、多肽、激素、抗体等，在一定的反应体系（抗体抗原免疫反应、核酸探针杂交反应等）发生反应后，用时间分辨荧光仪测定产物中的特异荧光强度，推测反应体系中分析物的浓度，从而达到对待测物进行定量分析的目的。TRFIA 技术具有灵敏度高、特异性强、稳定性好、测定范围宽、试剂寿命长、操作简便、非放射性等特点。同时，TRFIA 具有排除其他荧光干扰从而克服 ELISA 的不足，且一次可测定多个样品的优势，现已用于多种真菌毒素的检测。

二、辅助仪器

毒素测定过程中，由于样品基质通常为含油、蛋白类的粮油类产品、畜禽肉制品，采用常规方法去除油脂和蛋白较困难，造成毒素测定基质干扰严重。近年来，随着凝胶净化技术和免疫亲和技术的发展，毒素测定中的净化也趋于自动化和简单化。常用辅助仪器及装置主要有凝胶净化系统和免疫亲和净化柱。

（一）凝胶渗透色谱仪

凝胶渗透色谱（GPC）又称分子筛凝胶色谱。在控制孔径分布的固定相与流动相之间，使溶质按分子体积大小分离的色谱方法。利用被测量物质分子体积大小不同，让被测物通过一根内装一定孔径的高聚物色谱柱，被测物按分子体积大小先后从色谱柱中流出，从而达到对被测量物质的分离和净化目的。被测物的淋洗体积主要取决于分子大小、填料孔径、孔度和柱溶剂等物理参数，而不依赖于试样、流动性和固定相之间的相互作用。

GPC 与通常使用的柱层析主要区别是：柱层析是利用填充物、样品和淋洗剂之间极性的差别而达到分离目的；而 GPC 则是利用样品中各组分分子大小不同而淋出顺序有先后从而达到分离目的。淋洗溶剂的极性对分离的效果不起决定性作用，这对于净化脂肪、色素较多的样品具有明显的优势。

凝胶渗透色谱仪由输液体系（包括溶剂贮存器、脱气装置、输液泵、进样器、调节阀、压力表等）、色谱柱、检测器、信号记录仪、控制系统等组成。与普通液相色谱仪不同，凝胶渗透色谱的分离不依赖于流动相、固定相和溶质分子三者之间的作用力，就可以对组成和性质十分相近，但分子量不同的物质进行有效分离。因此，凝胶渗透色谱仪对流动相的要求不高，实验条件比较温和，一般不需要梯度洗脱而用单一的溶剂即可达到分离测定的目的，重复性好，分析速度快，溶质回收率高。

（二）免疫亲和柱

免疫亲和是色谱技术的一种，可称为免疫色谱技术，是一种利用抗原抗体特异性可逆结合特性的SPE技术，根据抗原抗体的高选择性，从复杂的待测样品中提取目标化合物。主要原理是将抗体与惰性微珠共价结合，然后装柱，将抗原溶液过免疫亲和柱，而非目标化合物则沿柱流下，最后用洗脱缓冲液洗脱抗原，从而得到纯化的抗原（即目标化合物）。目标化合物被洗脱以后利用在线或非在线的方法直接测定。其提纯效率很高，通常只需一次就可达到1 000～10 000倍的纯化效果。用适当的缓冲液和合适的保存方法，该柱可以再生备用。

因为免疫亲和柱的高特异性，使用免疫亲和柱净化可以获得纯净的样品提取物，纯净的提取物可以用相对简单常见的检测方式获得准确的定量检测结果，这对于微量甚至痕量分析很重要。在样品净化过程中，使用免疫亲和柱同时避免了常规液液萃取中大量有机溶剂的使用，加强了对实验员的保护。缺点就是成本要稍高一些。

第二节　样品前处理方法概述

样品前处理是分析工作的前提和基础，是实现高特异、高灵敏检测的保障。对于复杂基质的样品，有时需要几种处理方法联用才能实现有效的净化和富集。复杂的农产品样品基质不可避免对天然毒素检测产生严重干扰，因此选用合适的样品前处理方法是实现检测的基础。

毒素的前处理一般分为两部分：提取和净化。提取一般是使用有机溶剂与水的混合液，可以通过振荡或超声增强提取效果，减少提取所需时间；并可添加无水硫酸镁、氯化钠、柠檬酸钠和柠檬酸氢二钠等试剂提高提取效率，但这些传统提取技术存在耗时长、试剂用量大的缺点。因此，匀浆提取、基质固相萃取、微波提取、固相微萃取技术等也逐渐应用在毒素提取方面，这些新方法不同程度减少了有机试剂的用量，缩短了提取时间，使得提取效率大大提高。

净化可以有效降低基质干扰，常见的净化方式有液液萃取、固相萃取、免疫亲和等。液液萃取（LLE）和固相萃取（SPE）是最常用的样品处理手段之一，主要依靠化合物在不同溶剂中溶解度不同或固相萃取填料极性不同实现分离和富集。处理净化后的样品可直接进行色谱或质谱分析，适用于样品量较大、基质复杂的样品。免疫亲和柱主要通过抗原—抗体间的特异性结合实现对目标物的捕获。免疫亲和柱柱内含有连接单克隆抗体的凝胶悬浮物，抗体对毒素有特异吸附性，待测物被柱子中免疫吸附剂上的抗体所吸附，用甲醇＋水溶液淋洗除去柱上吸附的杂质，最后用甲醇洗脱下毒素，与毒素结合的抗体在甲醇作用下变性。应用免疫亲和柱能去除绝大部分杂质，联合色谱或质谱技术可达到较好的分析效果，适用于样品量少、基质复杂的样品，在较高浓度范围内得到最佳的精确性和准确性；免疫亲和柱的优点是提取过程简化，有害溶剂（如三氯甲烷）使用量少，对实验人员及生态环境友好。但该技术受抗体种类及其稳定性的制约。应用免疫亲和色谱首先要制备毒素抗体，抗体需纯化且与毒素类似物无交叉反应，上样后抗体与样品中的毒素分子能够特异性结合，不造成背景干扰。

凝胶渗透色谱有时也作为较复杂农产品样品的前处理手段，根据化合物的分子量不同而实现分离，常用葡聚糖凝胶和琼脂糖凝胶等。该法特异性不足，但可处理大量样品。

农产品毒素检测样品类型一般包括粮谷类、乳品类和水产类。下面根据试样的具体类别进行分述。

一、粮谷类

粮食及其产品中真菌毒素种类繁多，目前，已知对人类健康影响巨大的有黄曲霉毒素、赭曲霉毒素、镰刀菌毒素中的单端孢霉烯族毒素类、玉米赤霉烯酮、伏马菌素、麦角生物碱等。1993年世界卫生组织（WHO）癌症研究机构对这些毒素的致癌性做了评估，黄曲霉毒素被划定为Ⅰ类致癌物，赭曲霉毒素被划定为Ⅱ类致癌物，单端孢霉烯族毒素类的致癌性还没有完全确定，被划定为Ⅲ类致癌物。可见，真菌毒素对人类健康的危害十分严重，应引起人们广泛的重视。

黄曲霉毒素是20世纪60年代初发现的一种真菌有毒代谢产物，它是由曲霉属中的黄曲霉和寄生曲霉产生，能够导致肝癌、肺癌、结肠癌、胃癌、肾肿瘤等，引起急性和亚急性中毒。它的基本结构为二呋喃环和香豆素，其毒性是氰化钾的10倍，砒霜的68倍，在食品和饲料中含1mg/kg以上就有剧毒，被认为是对人体危害最严重的真菌毒素。

赭曲霉毒素具有肾脏毒性、肝脏毒性、免疫毒性，以及致畸、致癌和致突变作用等多种毒性，对人和动物健康有很大的潜在危害。其中赭曲霉毒素A在自然界分布最广、毒性最强，对人类和动植物危害最大。

镰刀菌毒素在自然界分布极为广泛，是自然发生的最危险的食品污染物之一，对人畜健康危害十分严重。它不但可以引起人畜急、慢性中毒，还具有致癌、致畸、致突变的潜在危害，而且还与某些地方性疾病的发生有密切联系。根据其化学结构和毒性作用，镰刀菌毒素主要分为单端孢霉烯族类、玉米赤霉烯酮、伏马菌素、串珠镰刀菌素、镰刀菌素C和丁烯酸内脂等几类毒素，其中世界范围内危害植物、动物和人类最大的镰刀菌毒素为单端孢霉烯族毒素类、玉米赤霉烯酮、伏马菌素和串珠镰刀菌等几大类。

（一）提取

真菌毒素在试样中的含量多为μg/kg级，所以采用色谱及质谱检测该类样品中痕量毒素时一般都需相应的前处理方法。有效的前处理方法需要既能去除食品基质中的杂质，又能最大限度地保留待测化合物，保证检测结果的准确性和可靠性。提取通常是真菌毒素分析的第一步，所用的仪器和溶剂有很多种，例如甲醇-水，乙腈-水，添加0.1%甲酸的乙腈/水溶液，乙腈、甲醇及其与其他溶剂的混合液。虽然提取液不同，但配合后续的净化步骤都取得了很好的效果。

前处理方法中甲醇/水体系是使用较为广泛的提取溶剂，也是目前对于毒素较为有效的提取溶剂体系。粮谷中的真菌毒素提取，一般采用不同比例的甲醇-水混合液提取，样品取样量为20～50g，样品与提取液的比例一般在1∶(2～3)。每次振荡提取30min左右，提取2～3次，提取液离心或过滤后，合并滤液，滤液分取后直接上净化柱净化或进一步处理。

（二）净化

常用的净化方法有液液萃取和固相萃取柱净化。液液萃取是较经典的净化提取方法，但后续一般还需结合其他净化技术且过程繁杂，操作中容易出现误差。真菌毒素常用的固相萃取柱有反相阴离子交换柱、免疫亲和柱、多功能净化柱、弗罗里硅土柱、硅胶柱、氧化铝-活性炭柱等。

其中，多功能净化柱是一种特殊的SPE小柱，它是集极性、非极性及离子交换（活性炭、硅藻土、氧化铝、离子交换树脂）等多类官能团于一体的复合吸附填料小柱，多数包含活性炭、硅藻土、氧化铝、离子交换树脂等填料选择性吸附提取液中的脂类、蛋白质、糖类等各类杂质，而待测的真菌毒素不被吸附直接通过。与传统的SPE相比，其净化步骤简单快速，不需要活化、淋洗和洗脱过程，只需将提取液自行通过净化柱。此方法操作简单、净化效果较好，适用于黄曲霉毒素、玉米赤霉烯酮、脱氧雪腐镰刀菌烯醇等多残留分析；缺点是价格较贵、对赭曲霉毒素A回收率偏低。大多数单一毒素或性质相似的毒素一般采用特异性很强的免疫亲和柱净化。

近年来由于质谱技术的飞速发展，也有一些方法仅采用混合溶剂提取后，不进一步净化处理，直接上机测定。

二、乳品类

（一）提取

乳品的种类较多，包括乳、发酵乳、乳粉、干酪及奶油等。不同的乳品提取方法存在一定的差异性。

1. 液体乳　根据检测的目标化合物不同，一般直接取定量试样在水浴中加热到35～37℃，用滤纸过滤收集滤液或高速离心，收集上清液即可。

2. 乳粉　称取10g样品，采用已预热到50℃的水混合形成乳液，溶解的乳粉冷却至20℃后，再用水定容至一定体积后，用滤纸过滤或采用高速离心的方法，收集50mL滤液。如果采用固相萃取柱净化，一般应用乙腈/水体系提取后，再采用固相萃取柱净化的方式处理。

（二）净化

净化的方法也主要包括免疫亲和柱净化和固相萃取柱净化两种处理方法。

固相萃取柱填料主要为C_{18}填料或N-丙基乙二胺填料以及二者的混合填料，样品经乙腈溶液提取，经固相萃取柱净化，流出液上仪器检测。

免疫亲和柱净化：提取后的过滤液全部稳定的流过净化柱，分别经过杂质成分和目标成分洗脱后，收集全部目标成分的洗脱液，经浓缩后供仪器测定。

三、水产类

腹泻性贝毒是由甲藻产生的，属于鳍藻属和原甲藻属，可引起人类腹泻、恶心、呕吐等症状，是从各种贝类和甲藻中分离出来的一类脂溶性物质，其化学结构为聚醚或大环内酯化合物，根据这些成分的碳骨架结构可以将它们分成酸性成分、中性成分和其他成分3种。目前发现的腹泻性贝毒约有12种，其中9种结构已经确定，分为大田软海绵酸及其衍生物鳍藻毒素、大环内酯贝毒素、磺化毒物、紫贻贝毒素及其衍生物几大类。毒性机制主要在于其活性成分能够抑制细胞质中磷酸酶的活性，导致蛋白质过磷酸化，从而对生物的多种生理功能造成影响。

麻痹性贝毒已经成为世界上分布最广、事故发生频率最高、危害程度最大的一类毒素，主要来源于藻类，也有人提出贝类毒素源于细菌，其毒性很强，相当于河豚毒素的毒性。目前已分离出 20 种麻痹性贝类毒素，分为石房蛤毒素、新石房蛤毒素、膝沟藻毒素 3 大类。麻痹性贝毒是一类神经性毒素，为二代盐，分子量低，白色，极性比较高，不挥发，易溶于水、微溶于甲醇和乙醇，不溶于非极性溶剂。在酸性条件下稳定，在碱性条件下可发生氧化，导致毒性降低甚至消失。遇热稳定，不能被人体中的消化酶所破坏。麻痹性贝类毒素是细胞膜钠离子通道高度专一性阻滞剂，可阻滞神经细胞的兴奋和传导。

神经性贝毒的毒性相对较小，这类毒素属于含有脂溶性的多醚化合物，不含氮，是一种去极化物质。它可以打开细胞膜上电压门控的钠离子通道，尤其在细胞膜内电位处于超极化状态时，使钠离子不可控地大量内流，从而使细胞膜持续处于去极化状态，进而引起平滑肌的持续收缩。神经性贝毒是唯一一类可以通过吸入导致中毒的毒素。

记忆缺失性贝毒的主要毒素成分为软骨酸藻，它是一种强烈的神经毒性非蛋白氨基酸，由长链羽状硅藻代谢产生的一种物质；它能够竞争性结合氨基酸受体，引起中枢神经系统海马区和丘脑区以及记忆有关区域的损伤，导致记忆丧失。

蓝藻毒素是由水体中蓝绿藻产生的一类具有生物活性的单环七肽化合物，此类毒素易溶于水、甲醇、丙酮，不挥发，化学性质相当稳定，在水中降解十分缓慢，且耐高温，耐酸碱，它是一种肝毒素，这种毒素是肝癌的强烈促癌剂。微囊藻毒素是蓝藻产生的一类天然毒素，目前认为蓝藻毒素暴露的途径主要包括：皮肤接触、呼吸道吸入、血液透析和消化道摄入，实际上这些途径可能同时发生。

（一）提取

腹泻性贝类毒素和记忆缺失性贝类毒素：将新鲜或冷冻的贝类及产品去壳，取一定量贝类可食用部分，用甲醇-水（50＋50，V/V）溶液作为提取溶剂，超声或涡旋提取目标化合物，离心处理，收集上清液，重复提取一次，合并两次提取液，上固相萃取仪净化。

麻痹性贝类毒素为强极性、碱性水溶性化合物，在酸性条件下稳定，在碱性条件下分解，不溶于有机试剂。根据其化学性质，采用同等浓度酸溶液作提取剂，采用 0.1mol/L 的 HCl 溶液作为提取溶剂，100℃水浴加热提取目标化合物，4 000r/min 离心处理 10min，分取一定体积的离心上清液用于进一步的净化处理。也有采用甲酸或乙酸水溶液进行提取的方法。

（二）净化

麻痹性贝类毒素经 HCl 溶液提取后，提取液中含有大量水溶性蛋白和水溶性杂质，这些杂质的存在，尤其是水溶性蛋白不但污染色谱柱，而且还污染离子源，因此如何去除杂质、消除干扰是样品净化的关键。净化可采用乙酸乙酯和三氯甲烷进行液液萃取或固相萃取的方法，去除脂肪、色素等杂质。现在样品净化多采用 C_{18} 固相萃取柱净化，净化前固相萃取柱用甲醇和水活化，收集流出液，浓缩定容，高速离心后供液相色谱（质谱）分析。

第三节　实验方法与关键点

一、液相色谱-质谱法

近年来，高效液相色谱发展迅速并逐渐成熟，在选用合适的检测器和样品预处理方法（如柱前衍生化）后可成为检测毒素最灵敏的方法之一，同时色谱-质谱联用在定量检测的同时可对毒素进行准确的定性鉴定，成为科研和实验室检测的主流方法。

（一）实验要点

1. 方法原理　试样中的毒素，经针对性的方法提取、离心，用固相萃取柱或免疫亲和柱净化后，经过柱前或柱后衍生化，采用高效液相色谱-荧光检测器分析检测；或不经过衍生，利用质谱检测技术高灵敏性的优势，直接采用质谱分析器定量分析。

2. 常见问题及方法解决　黄曲霉毒素的检测方法主要有三大类，第一类是建立基于仪器分析的测定方法，如高效液相色谱-荧光检测法、高效液相色谱-串联质谱法；第二类是免疫化学与仪器分析结合的方法，如免疫亲和柱-高效液相色谱法和免疫亲和柱-荧光分光光度法；第三类是基于免疫化学的测定方法，如酶联免疫吸附法。

（1）提取净化过程中的主要问题：黄曲霉毒素是一种由黄曲霉和寄生曲霉等真菌经过聚酮途径产生的次生代谢产物，是一组结构类似的化合物总称。迄今为止，已发现的黄曲霉毒素至少包含有黄曲霉毒素 B_1、黄曲霉毒素 B_2、黄曲霉毒素 G_1、黄曲霉毒素 G_2、黄曲霉毒素 M_1、黄曲霉毒素 M_2 等 20 种左右结构相似化合物。通常黄曲霉毒素存在于土壤、动植物、坚果、大豆、牛奶及奶制品、食用油等。

黄曲霉毒素易溶于极性溶剂，提取常用的有机溶剂有甲醇、乙腈、三氯甲烷、丙酮，并在这几种有机溶剂中加入一定比例的水。可以比较甲醇-水与乙腈-水的提取效果，选择采用回收率高的方法进行提取。另外可在粉碎过的样品中加入少量的氯化钠，由于氯化钠在甲醇中的溶解能力很弱，易溶于水，可以有利于两相分层，同时减少被测组分在水中的溶解，起到促进提取的作用。

（2）衍生过程中的主要问题：由于黄曲霉毒素的荧光特性受溶剂影响大，在极性流动相中，不饱和的 AFB_1 和 AFG_1 极易发生荧光猝灭现象，所以必须通过柱前或柱后衍生化来增强荧光。目前常用的衍生化方法有柱前三氟乙酸衍生法、柱后碘衍生法、柱后溴衍生法和柱后光衍生法。相对于柱前衍生，柱后衍生样品前处理简单，检测结果更准确。但根据国内大多数检测机构现有仪器情况来看，目前多采用柱前衍生法。

（二）标准实例二十八——食品安全国家标准　食品中黄曲霉毒素 M 族的测定（GB 5009.24—2016 第一法　同位素稀释液相色谱-串联质谱法）

1. 原理及适用范围　试样中黄曲霉毒素 M_1 和黄曲霉毒素 M_2 用甲醇-水溶液提取，上清液用水或磷酸盐缓冲液稀释后，经免疫亲和柱净化和富集，净化液浓缩、定容和过滤后经液相色谱分离，串联质谱检测，同位素内标法定量。

该方法适用于乳、乳制品、含乳特殊膳食用食品中黄曲霉毒素 M_1（$AFTM_1$）和黄曲霉毒素 M_2（$AFTM_2$）的测定。

2. 试剂材料

（1）试剂标准品：分析纯乙酸铵、氯化钠、磷酸氢二钠、磷酸二氢钾、氯化钾、盐酸、石油醚（沸程 30～60℃），色谱纯乙腈、甲醇；$AFTM_1$ 和 $AFTM_2$ 标准品，纯度均≥98%；$^{13}C_{17}$-$AFTM_1$ 标准品溶液：0.5μg/mL。

（2）溶液：乙酸铵溶液（5mmol/L）：称取 0.39g 乙酸铵，溶于 1 000mL 水中，混匀；乙腈-水溶液（25＋75，V/V）：量取 250mL 乙腈加入 750mL 水中，混匀；乙腈-甲醇溶液（50＋50，V/V）：量取 500mL 乙腈加入 500mL 甲醇中，混匀；磷酸盐缓冲液（简称 PBS）：称取 8.00g 氯化钠、1.20g 磷酸氢二钠、0.20g 磷酸氢二钾、0.20g 氯化钾，用 900mL 水溶解后，盐酸调 pH 至 7.4，再加水至 1 000mL。标准溶液配制：标准储备溶液（10μg/mL）：

分别称取 $AFTM_1$ 和 $AFTM_2$ 1mg，分别用乙腈溶解并定容至 100mL，−20℃避光密封保存；混合标准储备溶液（1.0μg/mL）：分别准确吸取 $AFTM_1$ 和 $AFTM_2$ 标准储备液 1.00mL 于同一个 10mL 容量瓶中，乙腈稀释并定容，4℃避光密封保存，有效期 3 个月；混合标准工作液（100ng/mL）：准确吸取混合标准储备溶液 1.00mL 至 10mL 容量瓶中，乙腈稀释并定容，4℃避光密封保存，有效期 3 个月。

（3）内标溶液配制：$^{13}C_{17}$-$AFTM_1$ 工作液 1（50ng/mg）：吸取同位素内标溶液 1mL，乙腈稀释至 10mL，−20℃避光密封保存，有效期 3 个月；$^{13}C_{17}$-$AFTM_1$ 工作液 2（5ng/mL）：吸取同位素内标溶液 100μL，乙腈稀释至 10mL，−20℃避光密封保存，有效期 3 个月。

（4）标准系列工作溶液：分别准确吸取标准工作液 5μL、10μL、50μL、100μL、200μL、500μL 至 10mL 容量瓶中，加入 100μL 50ng/mL 的同位素内标工作液，用初始流动相定容至刻度，配制浓度为 0.05ng/mL、0.1ng/mL、0.5ng/mL、1.0ng/mL、2.0ng/mL、5.0ng/mL 系列标准溶液。

3. 操作过程

（1）提取：

①液态乳、酸奶。称取 4g 混匀的样品，置于 50mL 具塞离心管中，加入 100μL 内标液（5ng/mL）振荡混匀后静置 30min，加入 10mL 甲醇，涡旋 3min。4℃、6 000r/min 离心 10min，将适量上清液转移至烧杯中，加入 40mL 水或 PBS 稀释，备用。

②乳粉、特殊膳食用食品。称取 1g 试样于 50mL 离心管中，加入 100μL 内标液（5ng/mL）振荡混匀后静置 30min，加入 4mL 50℃水，涡旋混匀。如果乳粉未完全溶解，将离心管置于 50℃水浴中待完全溶解。冷却至 20℃，加入 10mL 甲醇，涡旋 3min。4℃、6 000r/min 离心 10min，将适量上清液转移至烧杯中，加入 40mL 水或 PBS 稀释，备用。

③奶油。称取 1g 试样，置于 50mL 离心管中，加入 100μL 内标液（5ng/mL）振荡混匀后静置 30min，加入 8mL 石油醚，待奶油溶解，再加 9mL 水和 11mL 甲醇，振荡 30min，将全部液体移至分液漏斗中。加入 0.3g 氯化钠充分摇动溶解，静置分层后，将下层移到圆底烧瓶中，旋转蒸发至 10mL 以下，用 PBS 稀释至 30mL。

④奶酪。称取 1g 样品（过 1～2mm 圆孔筛）于 50mL 离心管，加入 100μL 内标液（5ng/mL）振荡混匀后静置 30min，加入 1mL 水和 18mL 甲醇，振荡 30min，4℃、6 000 r/min离心 10min，将适量上清液转移到圆底烧瓶中，旋转蒸发至 2mL 以下，用 PBS 稀释至 30mL。

黄曲霉毒素对光线敏感，因此样品及其提取液应当低温（2～8℃）避光保存。

（2）净化：免疫亲和柱应含有黄曲霉毒素 M_1 和黄曲霉毒素 M_2 的抗体。抗体连接在柱内凝胶介质上，样品中 $AFTM_1$ 和 $AFTM_2$ 经过提取、过滤、稀释后，提取液缓慢通过免疫亲和柱。在免疫亲和柱内，$AFTM_1$ 和 $AFTM_2$ 与抗体结合，淋洗液除去免疫亲和柱中未被结合的杂质。然后采用有机溶剂洗脱 $AFTM_1$ 和 $AFTM_2$ 并收集。一般选用针筒式 3mL 免疫亲和柱，最大容量不小于 100ng。

使用前，免疫亲和柱至少提前 0.5h 恢复至室温（22～25℃），将柱上方的塞子取出，安装上转接头，将转接头另一端与一次性 50mL 注射器筒串联，再将亲和柱与固相萃取仪连接起来。将待净化液体转移到 50mL 玻璃注射器中，去掉亲和柱下方堵头，调节固相萃取仪空气压力泵，控制试样以 2～3mL/min 稳定的流速过柱，直至 2～3mL 空气通过柱体。

注射器筒内加入 10mL 去离子水淋洗，以 1～2mL/min 稳定的流速洗柱后，抽干亲和柱。脱离真空系统，在亲和柱下部放入 10mL 刻度试管，取下 50mL 注射器筒，加入2×2mL 乙腈洗脱。收集全部洗脱液，50℃氮气吹近干，初始流动相定容至 1.0mL，涡旋 30s 溶解残留物，过 0.22μm 滤膜，上机。

黄曲霉毒素对人体有害，整个前处理操作过程要戴手套操作。凡接触到标样的玻璃器皿都要用 5%次氯酸钠浸泡过夜。

(3) 测定条件：

①液相色谱参考条件。

a. 色谱柱。C_{18}柱，100mm×2.1mm（内径），1.7μm，或相当者。

b. 流动相：A 相，5mmol/L 乙酸铵水溶液；B 相，乙腈-甲醇溶液（1+1，*V*/*V*），洗脱条件见表 7-1。视实际测试结果，洗脱条件可进行适当的调整。

表 7-1　液相色谱梯度洗脱条件

时间（min）	流动相 A（%）	流动相 B（%）	梯度变化曲线
0.0	68	32	—
0.5	68	32	1
4.2	55	45	6
5.0	0	100	6
5.7	0	100	1
6.0	68	32	6

c. 流动相流速。0.3mL/min。

d. 柱温。40℃。

e. 进样量。10μL。

②质谱参考条件。

a. 离子化方式。ESI^+。

b. 检测方式。多反应监测（MRM），其他条件见表 7-2、表 7-3。

表 7-2　质谱参考条件

参数	数值
毛细管电压（kV）	3.5
锥孔电压（V）	45
射频透镜 1 电压（V）	12.5
射频透镜 2 电压（V）	12.5
离子源温度（℃）	120
锥孔反吹气流量（L/h）	50
脱溶剂气温度（℃）	350
脱溶剂流量（L/h）	500
电子倍增电压（V）	650

表 7-3　定性离子对、定量离子对和碰撞能量

化合物名称	定性离子对（m/z）	定量离子对（m/z）	碰撞能量（eV）
$AFTM_1$	329>273	329>273	23
	329>259		23
^{13}C-$AFTM_1$	346>317	346>317	23
	346>288		24
$AFTM_2$	331>275	331>275	23
	331>261		22

4. 结果分析与评价

（1）定性：保留时间和质谱双重定性。第一，试样中黄曲霉毒素色谱峰保留时间与相应标准色谱峰的保留时间相比较，变化范围应在±2.5%之内；第二，质谱定性离子必须出现，至少包括一个母离子和两个子离子，而且同一检测批次，样品中目标化合物的两个子离子的相对丰度比与近似浓度的标准溶液相比，其允许偏差不超过表 7-4 规定的范围。

表 7-4　定性时相对离子丰度的最大允许偏差（%）

相对离子丰度	>50	>20～50	>10～20	≤10
允许相对偏差	±20	±25	±30	±50

（2）空白试验：不称取试样，按前处理步骤做空白试验。应确认不含有干扰被测组分的物质。

（3）定量测定：待测样液中被测组分的响应值应在标准曲线线性范围内，超过线性范围时，则应将样液用空白基质溶液稀释后重新进行分析或减少称样量重新进行前处理再进行分析。

（4）分析结果表述：试样中 $AFTM_1$ 或 $AFTM_2$ 的含量按式（7-1）计算：

$$X=\frac{\rho\times V\times f\times 1\,000}{m\times 1\,000} \tag{7-1}$$

式中：

X——试样中 $AFTM_1$ 或 $AFTM_2$ 的含量，单位为微克每千克（μg/kg）；

ρ——进样溶液中 $AFTM_1$ 或 $AFTM_2$ 按照内标法在标准曲线中对应的浓度，单位为纳克每毫升（ng/mL）；

V——样品经免疫亲和柱净化洗脱后的最终定容体积，单位为毫升（mL）；

f——样液稀释因子；

1 000——换算系数；

m——试样的称样量，单位克（g）。

（5）检出限、定量限：称取液态奶、酸奶 4g 时，$AFTM_1$ 和 $AFTM_2$ 的检出限均为 0.005μg/kg，定量限均为 0.015μg/kg。

称取乳粉、特殊膳食用食品、奶油和奶酪 1g 时，$AFTM_1$ 和 $AFTM_2$ 的检出限均为 0.02μg/kg，定量限均为 0.05μg/kg。

二、液相色谱法

标准实例二十九——食品安全国家标准　食品中赭曲霉毒素A的测定（GB 5009.96—2016第一法　免疫亲和层析净化液相色谱法）

1. 原理及适用范围　试样中的赭曲霉毒素A（OTA）用提取液提取后，利用抗体与其相应抗原之间的专一性免疫亲和反应，以含有OTA特异性抗体的免疫亲和层析柱净化提取液，采用配有荧光检测器的高效液相色谱仪测定，外标法定量。

2. 试剂材料　本次实验以粮食及粮食制品为例。

（1）试剂标准品：乙腈、甲醇、冰乙酸为色谱纯；氯化钠、聚乙二醇、吐温20、碳酸氢钠、磷酸氢钠、磷酸二氢钾、浓盐酸、氯化钾均为分析纯；赭曲霉毒素A标准品，纯度≥99%。

（2）溶液提取液Ⅰ：甲醇-水（80+20，*V/V*）；提取液Ⅲ：乙腈-水（60+40，*V/V*）。

（3）磷酸盐缓冲溶液（PBS）：8.0g氯化钠，1.2g磷酸氢钠，0.2g磷酸二氢钾和0.2g氯化钾溶解于约990mL水中，用浓盐酸调节pH至7.0，用水稀释至1L。

（4）真菌毒素清洗缓冲液：25.0g氯化钠，5.0g碳酸氢钠溶于水中，加入0.1mL吐温20，用水稀释至1L。

（5）标准溶液配制：OTA标准储备溶液（0.1mg/mL），准确称取适量的OTA标准品，用甲醇-乙腈（50+50，*V/V*）溶解并定容，−20℃避光保存，有效期3个月；OTA标准工作溶液，准确移取适量的OTA标准储备液，用流动相稀释成浓度分别为1μg/L、5μg/L、10μg/L、20μg/L、50μg/L，4℃避光保存，有效期7d。

3. 操作过程

（1）提取：颗粒状样品需要全部粉碎通过孔径1mm筛，混匀后备用。

称取试样25.0g，加入100mL提取液Ⅲ（或提取液Ⅰ），高速均质3min或振荡30min，定量滤纸过滤，移取4mL（或10mL）滤液加入26mL（或40mL）磷酸盐缓冲液混合均匀，8 000r/min离心5min，上清液A（或B）备用。

（2）净化：将免疫亲和柱连接于10mL玻璃注射器下端。准确移取全部滤液A（或20mL滤液B）注入玻璃注射器中，将空气压力泵与玻璃注射器上端连接，调节压力，使溶液以约1滴/s流速缓慢通过免疫亲和柱，直至有空气通过免疫亲和柱时停止加压。用上述方法，以10mL真菌毒素清洗缓冲液、10mL水先后淋洗免疫亲和柱，弃去全部流出液，抽干小柱。

再用1.5mL甲醇以上述方式洗脱OTA，收集全部洗脱液于玻璃试管中，45℃氮气吹干。用流动相溶解残渣并定容到500μL，供高效液相色谱测定时使用。

试液在提取净化过程中需注意控制上样速度，不宜过快，使亲和柱与溶液中的待测组分有充分的反应时间。上样试液需经过稀释，确保有机试剂含量不超过20%。

OTA有剧毒性，检测过程中需进行防护，样液及器具试验后需用1%次氯酸消毒处理。

（3）色谱参考条件：

①色谱柱。C18柱（柱长150mm，内径4.6mm，填料直径5μm）或性能相当者。

②流动相。96mL乙腈-水-冰乙酸（96+102+2，*V/V/V*）（流动相的pH对赭曲霉毒素A的分离影响较大。当pH在2～3时，赭曲霉毒素A的峰形较好，因此需加入冰醋酸调节

流动相 pH）。

③流速。1.0mL/min。

④柱温。35℃。

⑤进样量。50μL。

⑥检测波长。激发波长 333nm，发射波长 460nm。

（4）测定：参考上述色谱条件，调节高效液相色谱仪工作参数，使 OTA 与杂质完全分离。用微量进样器分别吸取等体积的 OTA 标准工作溶液和试样提取净化液进样分析，以标准工作液的浓度与相应的峰面积绘制标准曲线，通过试样提取净化液中 OTA 的峰面积在标准曲线上求得相应的 OTA 的浓度。

（5）空白试验：除不加试样外，按样品处理步骤进行提取、净化、测定，求得空白试液中 OTA 的浓度。

4. 结果分析与评价

（1）试样中赭曲霉毒素 A 的含量按式（7-2）计算：

$$X=\frac{\rho\times V\times 1000\times f}{m\times 1000} \tag{7-2}$$

式中：

X——试样中 OTA 的含量，单位为微克每千克（μg/kg）；

ρ——试样测定液中 OTA 的浓度，单位为微克每升（μg/L）；

V——试样测定液最终定容体积，单位为毫升（mL）；

1 000——单位换算系数；

m——试样质量，单位为克（g）；

f——样品稀释倍数。

（2）每个试样进行两次平行试验，取两次测定的算术平均值作为测定结果，两次测定重复性要符合标准正文的有关要求。

（3）方法检出限和定量限：粮食及粮食制品的检出限和定量限分别为 0.3μg/kg、1μg/kg。

第八章 检测结果可靠性评价

第一节　标准物质/标准样品

一、定义与分级

1. 定义　国际标准化组织将标准物质/标准样品定义为：“是采用计量学上有效程序测定了一个或多个特性值的标准物质/标准样品，其伴有一个提供了规定特性值及其不确定度和计量溯源性声明的证书”。

标准物质和标准样品其英文的描述是相同的（certified reference material，CRM），在不同的领域有不同的称呼。我国标准化工作者将其称为“标准样品”，简称为“标样”。计量工作者将其称为“标准物质”，简称为“标物”。

对具有准确特性量值的标准样品/标准物质来说，其研制程序是相同的，对其内在质量要求也是一样的；对使用者而言，其作用也是相同的，均是作为一种标准，所不同的是管理的程序不同，分别隶属不同的管理机构进行分类、分级管理。

其中，国家标准物质由全国标准物质专业委员会负责监管。农产品和环境质量检测机构经常接触到的具有定值的标准土壤、标准大米、标准蔬菜等多为标准物质，其编号以“GWB”代码开头。

国家标准样品又称国家实物标准，由全国标准样品技术委员会负责监管。农产品和环境安全质检单位经常应用的农残、兽残和重金属标准溶液都是国家标准样品，其编号以“GSB”代码开头。

需要指出的是，在日常工作中，大家习惯性将标准物质和标准样品统称为标准物质，但各自有自己的编号规则。

2. 分级

（1）标准物质分级：标准物质特性值的准确度是划分级别的依据，不同级别的标准物质对其均匀性和稳定性以及用途都有不同的要求。通常把标准物质分为一级标准物质和二级标准物质。

①一级标准物质。是指用权威方法或用两种以上不同原理的标准方法以及其他准确可靠方法定值，不确定度具有国内最高水平，均匀性、稳定性良好的一类标准物质。它在溯源链中起着承上启下的作用，主要用于标定比它低一级的标准物质、校准高准确度的计量仪器、

研究与评定标准方法等。

②二级标准物质。是用与一级标准物质进行比较测量的方法或一级标准物质的定值方法定值的标准物质，其稳定度和均匀性未达到一级标准物质水平，主要用于满足一些一般的检测分析需求，以及社会行业的一般要求。作为工作标准物质直接使用，用于现场方法的研究和评价，用于较低要求的日常分析测量。

一级标准物质以“GBW”表示。二级国家标准物质则是在一级国家标准物质的代号基础上，加上二级的汉语拼音中“Er”字头“E”表示，即“GBW（E)”。一级标准物质一般由国家计量部门制作颁发或出售，二级标准物质由各专业部门制作，供厂矿或实验室日常使用。一般一级标准物质的准确度比二级标准物质高。二级标准物质应溯源到一级标准物质，而一级标准物质应溯源到SI单位。

（2）标准样品分级：我国标准样品分为国家标准样品和行业标准样品，都属于“有证标准”样品，行业标准样品不等于在水平上低于国家标准样品，只是批准的主管部门不同。

如前表述，国家标准样品，以“GSB”代码开头进行统一编号。但对于行业标准样品的编号，各个行业有本行业的编号规则，如有色为“YSS”代号，冶金为“YSB”代号。

二、标准物质基本要求

标准物质，具有三个显著特点：首先，具有特性量值的准确性、均匀性、稳定性；其次，量值具有传递性；最后，是实物形式的计量标准。为获得这些基本特征，标准物质起码应满足以下基本条件的要求：

1. 材质均匀 从理论上讲，如果物质的一部分（单元）的特性值与另一部分（单元）的特性值没有显著差异，则该物质的该特性是均匀的。均匀是相对的，而不均匀是绝对的。如果物质的一部分（单元）的特性值与另一部分（单元）的特性值之间的差异不能被实验检测出来，或检测出来的差异很小且相对于测量准确度要求来说是可以忽略的，则该物质的该特性就可以视为“均匀”的。均匀性就是与“物质的一种或多种特性相关的具有相同结构或组成的状态”。

均匀性的实际概念包括物质本身的特性和所用的测量方法的精密度（标准偏差）和样品的大小（实验取样量）等。在许多情况下，测量方法可能达到的精密度与取样量有关，因此，标准物质的均匀性是对给定的取样量而言。通常，标准物质证书中都要给出均匀性检验时的取样量，作为使用时最小取样量。

影响物质均匀的因素有：物质的物理性质（如密度、粒度等），及物质成分的化学形态和结构状况。密度不同可能引起重力偏析（即化学成分的不均匀现象）。一般来说，固体颗粒越细越容易出现重力偏析。此外，颗粒过细时，比表面积增大，表面活性也会增大，吸湿和污染的机会也会增加。

2. 量值稳定 标准物质在规定的时间和环境条件下，其特性量值应保持在规定的范围以内。这种特性亦被称之为标准物质的稳定性。

研制（生产）者要保证所提供的标准物质在一定期限内其特性量值不发生显著改变。量值不稳定的物质不能用来制备标准物质。我国规定一级标准物质的稳定性一般应大于1年。

影响标准物质稳定性的因素有光、温度、湿度等物理因素，还可能有溶解、分解、化合等化学因素及细菌作用等生物因素。稳定性应该表现在：固体物质不风化、不分解、不氧化；液体物质不产生沉淀、发霉；气体和液体物质对容器内壁不腐蚀、不吸附等。

3. 量值准确　量值准确可靠是标准物质的重要特征之一，是指标准物质具有准确的或严格定义的认定值（亦称标准值）。正是由于标准物质具有认定的参考值，参考值的准确度高且具有规定的不确定度，因而才能够成为计量学溯源链的重要单元，用于测量仪器的校准或检定、测量方法的评价或确认，以及测量审核与能力验证等量值传递或溯源有关的活动。从这个意义上来说，标准物质必须在有资质的实验室，由具有一定资质和经验的操作人员，用准确可靠的测量方法进行定值测量。

当以某种测量方法来对标准物质进行定值测量时，认定值是对被认定特性量值的最佳估计，认定值与真值的偏离不超过定值测量的不确定度。

4. 附有特定的证书　有证标准物质必须带有特定的“证书”，它是介绍标准物质特性的主要技术文件，是标准物质研制者（生产者）向使用者提供的质量保证书。证书上需注明该标准物质的认定（标准）值、认定值的不确定度、正确使用方法、运输与贮存应注意的有关事项、有效期等。证书的编写与内容应符合国际标准化组织/标准物质委员会（ISO/REMCO）发布的相关技术文件和国家计量主管部门颁布的证书编写相关规则要求。

5. 可批量生产　标准物质必须有足够的批量和储备，以满足测量工作对标准物质的实际需要。尤其二级（即工作级）标准物质，直接用于现场分析测量，需求量很大。对于性能比较稳定的金属、岩石、矿石等类标准物质，一批的制备量最好能满足现场分析测量5～10年的使用量。

6. 具有与被测物质相近的组成和特性　使用标准物质确定待测物质的量值时，为消除由于标准物质与待测物质两者在基体材质和测量范围上的不同而带来的系统影响，研制者应选择与待测物质性质和组成相近似的物质作为标准物质的候选物，这是研制和使用标准物质应遵循的一条原则。

在制备标准物质时，生产者有意识地选择某些材料或人工合成一些材料，例如：采集果树叶，模拟生物化学和环境分析中植物基体；人工合成含有痕量元素的玻璃作为矿物成分基体；模拟海水、河水、酸雨做水质标准物质基体等，以消除在使用标准物质进行测量时由于基体差异而产生的影响。

三、标准物质/标准溶液的作用

1. 校准仪器　分析仪器的校准是获得准确测定结果的关键步骤。仪器分析几乎全是相对分析，绝对准确度无法确定，而标准物质可以校准实验仪器。

2. 评价分析方法的准确度　分析人员用标准物质进行加标实验，通过考察其回收水平评价方法的准确度。

3. 制作工作曲线　仪器分析大多是通过工作曲线来建立物理量与被测组分浓度之间的线性关系。分析人员习惯于用自己配制的标准溶液做工作曲线。若采用标准物质做工作曲线，不但能使分析结果建立在同一基础上，还能提高工作效率。

4. 质控标样　若标准物质的分析结果与标准值一致，表明分析测定过程处于质量控制之中，从而说明未知样品的测定结果是可靠的。

5. 分析质量保证 分析质量保证责任人可以用标准物质考核来评价分析人员和整个分析实验室的工作质量。具体方法是：用标准物质做质量控制图，长期监视测量过程是否处于控制之中。

四、使用标准物质注意事项

（1）选用标准物质时，标准物质的基体组成与被测试样接近。这样可以消除基体效应引起的系统误差。但如果没有与被测试样基体组成相近的标准物质，也可以选用与被测组分含量相当的其他基体标准物质。

（2）要注意标准物质有效期。通常标准物质都有有效期规定，使用时应检查生产日期和有效期。当然由于保存不当而使标准物质变质，就不能再使用。

（3）标准物质的化学成分应尽可能与被测样品相同。

（4）标准物质一般应存放在干燥、阴凉的环境中，用密封性好的容器储存。具体储存方法应严格按照标准物质证书规定执行。否则，可能由于物理、化学和生物等作用的影响，使得标准物质发生变化，引起标准物质失效。

五、标准物质的溯源

标准物质是实现准确一致的测量，保证量值有效传递的计量标准。在实际测量中，通过使用不同等级的标准物质，按准确度由低到高，逐级进行量值的追溯，直到国际基本单位（SI），这一过程称为量值的“溯源过程”。相反的，从国际基本单位用不同等级的标准物质由高至低进行量值传递，最终至实际测量现场的过程，被称为量值的“传递过程”。由此，形成了化学测量的完整溯源——量传体系。二级标准物质应溯源到一级标准物质，而一级标准物质应溯源到SI单位。在整个溯源链中，标准物质起着复现量值、传递测量不确定度和实现测量准确一致的至关重要作用。我国标准物质量值溯源及分级体系，具体见图8-1。权

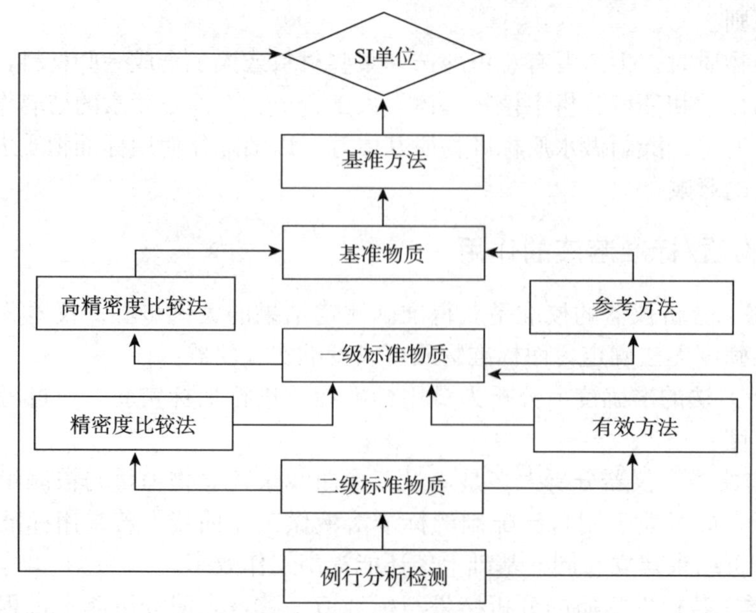

图 8-1 我国标准物质量值溯源及分级体系

威方法（definitive method）是能直接追溯到国际基本单位或基本常数，有坚实的理论基础和严格的数学表达的方法。它的精密度、准确度、测量范围和稳定性已经过严谨地研究与验证，具有最高水平，是标准物质溯源的最高级别。目前国际公认的化学测量权威方法有精密库仑法、同位素稀释质谱法、重量法、容量法和凝固点下降法等，其值可溯源到电流、时间等基本 SI 物理量及单位。

标准方法（reference method）是指具有较高精密度和稳定性的方法，其准确度已用权威方法或不同原理的其他方法核验，证明不存在可察觉的方向性系统误差，可估计出其测量结果的总不确定度。通过国际公认并准确定义的标准测量方法实现某一特定单位的复现，并使标准物质的特性量值溯源至严格按照该标准测量方法或根据该标准测量方法制订的标准程序所得到的结果上，如传统酸度 pH 标准物质的定值。也可以溯源至其他国际或国内公认的测量标准，包括有证标准物质，比较常见的是通过使用有证标准物质进行校准，来实现溯源。

第二节　准确度和精密度

一、定义

1. 准确度　是指测得值与真实值之间相符合的程度。准确度的高低常以误差的大小来衡量，即误差越小、准确度越高，误差越大、准确度越低。

2. 精密度　指在相同条件下 n 次重复测定结果彼此相符合的程度。精密度大小用偏差表示，偏差越小、精密度越高。

二、准确度和精密度的评价方法

1. 准确度用误差来表示　测量值与真值之间的差异称为误差。

$$绝对误差=测定值-真值$$

$$相对误差=\frac{测定值-真值}{真实值}\times 100\%$$

由于测定值可能大于真值，也可能小于真值，所以绝对误差和相对误差有正负之分。

2. 精密度用偏差来表示

（1）绝对偏差和相对偏差：它只能用来衡量单项测定结果对平均值的偏离程度。

（2）绝对偏差指单次测定值与平均值的偏差，即 $D= X_i-X$。相对偏差按式（8-1）计算：

$$相对偏差=\frac{X_i-X}{X}\times 100\% \tag{8-1}$$

式中：

X_i——单次测定值；

X——平均值。

绝对偏差和相对偏差都有正负之分。

（3）算术平均偏差：指单次值与平均值的偏差（绝对值）之和，除以测定次数。

它表示多次测定数据整体的精密度，代表任一数值的偏差。按式（8-2）、式（8-3）

计算：

$$算术平均偏差：d=\frac{\sum |X_i-X|}{n} \quad (i=1, 2, 3, \cdots, n) \tag{8-2}$$

$$相对平均偏差=\frac{d}{X}\times 100\% \tag{8-3}$$

式中：

n——测定次数。

算术平均偏差和相对平均偏差都以绝对值计，都是正值。

（4）标准偏差（S）：它是更可靠的精密度表示法，可将单次测量的较大偏差和测量次数对精密度的影响反映出来，按式（8-4）计算：

$$S=\sqrt{\frac{\sum (X_i-X)^2}{n-1}} \tag{8-4}$$

（5）相对标准偏差（relative standard deviation，RSD）：指标准偏差 S 与测量结果算术平均值 X 的比值。按式（8-5）计算：

$$RSD=\frac{S}{X}\times 100\% \tag{8-5}$$

综上，准确度和精密度是两个不同的概念，但它们之间有一定的联系。应当指出的是，测定结果的精密度高，测定结果也往往越接近真实值。但不能绝对认为精密度高，准确度一定高，因为系统误差的存在并不影响测定的精密度。相反，如果没有较好的精密度，就很少可能获得较高的准确度。

第三节　误差来源与消除方法

一、定义及分类

1. 误差种类　根据误差产生的原因和性质，将误差分为系统误差、偶然误差和过失误差。

2. 系统误差　又称可测误差，它是由分析操作过程中的某些经常性原因造成的。在重复测定时，它会重复表现出来，对分析结果的影响比较固定。这种误差可以设法减小到可忽略的程度。

3. 偶然误差　又称随机误差，它是由于在测量过程中不固定的因素所造成的。

4. 过失误差　是由于操作不正确、粗心大意造成的。

二、系统误差的来源及消除

1. 系统误差的来源

（1）仪器误差：这种误差是由于使用仪器本身精密度不够所造成的，如未经校正的容量瓶、移液管、砝码等。

（2）方法误差：这种误差是由于分析方法本身不够完善造成的，如化学计量点和终点不符合或发生副反应等原因。

（3）试剂误差：这种误差是由于蒸馏水含杂质或试剂不纯等引起。

（4）操作误差：这种误差是由于分析工作者掌握分析操作步骤不熟练，个人观察器官不敏锐和固有的习惯所致；如滴定终点颜色的判断偏深或偏浅，对仪器刻度读数不准确等。

2. 消除系统误差措施

（1）空白试验：即在不加试样的情况下，按照与试样分析同样的操作步骤和条件进行分析，所得结果称为空白值。由试剂或器皿引入的杂质所造成的系统误差，一般可做空白试验来扣除。从试样的测定值中扣除空白值就得到比较可靠准确的分析结果。测得的空白值不应很大，否则扣除空白时会引起较大的误差。如空白值较大时，可通过提纯试剂和改用其他适当的器皿来降低空白值。

（2）校正仪器：仪器不准确引起的系统误差，可以通过校准仪器来减小。分析测定中，例如，天平砝码、移液管和滴定管、容量瓶等，在准确度要求较高的分析中必须进行校准，并在计算结果时采用校正值。在日常分析工作中应定期进行校准和期间核查。在平行测定中，应使用同一套仪器，这样可以抵消仪器误差。

（3）对照试验：对照试验是检验系统误差的有效方法。做对照试验时，常用组成与待测试样相近、已知准确含量的标样与被测试样品按同样方法进行对照试验，或用其他可靠的分析方法进行对照试验；也可由不同人员、不同单位进行对照试验。将对照实验的测定结果与标样的已知含量相比，其比值即为校正系数。则试样中被测组分含量的计算为：被测试样组分含量＝测得含量/校正系数。根据标准试样的分析结果，采用统计检验方法可确定是否存在系统误差。在分析过程中检查有无系统误差存在，对照实验是最有效的方法。

（4）分析结果的校正：该法可补充校正有些分析方法固定的系统误差。例如，用硫氰酸盐比色法测定钢铁中的钨时，钒的存在引起正的系统误差。为了扣除钒的影响，可采用校正系数法。如根据实验结果，1％的钒相当于0.2％的钨，即钒的校正系数为0.2（校正系数随实验条件略有变化）。因此，在测得试样中钒的含量后，利用校正系数即可由钨的测定结果中扣除钒的结果，从而得到钨的正确结果。

三、随机误差的来源及消除

1. 随机误差的来源　随机误差产生因素十分复杂，如电磁场的微变，零件的摩擦、间隙、热起伏、空气扰动、室温、气压及湿度的变化、测量人员感觉器官的生理变化等，以及它们的综合影响都会使测量结果在一定范围内波动，其波动大小和方向不固定，因此无法测量，也不可能校正，为不可测量误差。

2. 消除随机误差措施　随机误差的大小和正负都不固定，但多次测量就会发现，绝对值相同的正负随机误差出现的概率大致相等，因此它们之间常能互相抵消，所以可以通过增加平行测定次数取平均值的办法减小随机误差。

随机误差中包括重复误差。控制重复误差的手段主要是改进测定方法，提高操作者的熟练程度。重复是摸清实验误差大小的手段，以便分析和减少随机误差。

四、过失误差的来源及消除

过失误差的来源，如加错砝码、溶液溅失、读数错误、记录错误和测量时发生未察觉的异常情况等。过失误差是可以避免的。

过失误差的消除方法：对工作人员严格要求，必须按操作规程进行实验和记录，认真核查结果，确保数据真实可靠。在提高工作人员实验技能和操作水平的同时，培养责任心、树立对数据负责的严谨态度也尤为重要。

第四节　有效数字及运算规则

一、有效数字

1. 有效数字　实际能测得的数字。它不仅表明数字的大小而且还表明测量的准确度。有效数字保留的位数，应根据分析方法与仪器的准确度来决定。

2. 有效数字中“0”的意义　“0”在有效数字中有两种意义，一种是作为数字定位，另一种是有效数字。非零数字之间的“0”和末尾的“0”都是有效数字，而第一个非零数字前面的所有“0”只起定位作用，例如：

(1) 10.143 0 两个“0”都是有效数字，共 6 位有效数字。

(2) 0.210 4 小数点前面的“0”为定位作用，不是有效数字；而数字中间的“0”是有效数字，有 4 位有效数字。

(3) 0.012 0“1”前面的两个“0”都是定位作用，而末尾“0”是有效数字，有 3 位有效数字。

二、数字修约规则

具体按《数字修约规则与极限数值的表示和判定》(GB/T 8170—2008) 规定执行。通常称为“四舍六入五考虑”法则。法则如下：四舍六入五考虑，五后非零则进一，五后皆零视奇偶，五前为偶应舍去，五前为奇则进一，无论数字多少位，都要一次修约成。法则的具体应用：

1. 若被舍弃的第一位数字小于 5，则其前一位数字保持不变　如：17.32、28.94、56.23，取 3 位有效数字分别为：17.3、28.9、56.2。

2. 若被舍弃的第一位数字大于 5，则其前一位数字加 1　如：18.58、20.16、32.27，取 3 位有效数字分别为：18.6、20.2、32.3。

3. 若被舍弃的第一位数字等于 5，而其后数字并非全部为零，则其前一位数字加 1　如：28.351、28.250 1、28.050 001，取 3 位有效数字分别为：28.4、28.3、28.1。

4. 若被舍弃的第一位数字等于 5，而其后数字全部为零，则看被保留的末位数字为奇数还是偶数（零视为偶数)，末位是奇数时进一，末位为偶数不加一　如：28.350、28.250、28.050，取 3 位有效数字分别为：28.4、28.2、28.0。

5. 若被舍弃的数字包括几位数字时，不得对该数字进行连续修约　如：2.154 546 取 3 位有效数字为 2.15；不能连续修约为 2.154 546→2.154 55→2.154 6→2.155→2.16。

三、有效数字运算规则

1. 加减法　所保留有效数字的位数，以小数点后位数最少的为准，即以绝对误差最大的为准。例如，计算 0.012 1＋25.64＋1.05782，正确运算：0.01＋25.64＋1.06 ＝ 26.71；不正确运算：0.012 1＋25.64＋1.057 82＝26.709 92。

2. 乘除法　所保留有效数字位数，以有效数字位数最少的数为准。即以相对误差最大的数为准。例如，计算0.012 1×25.64×1.057 82，正确运算应为：0.012 1×25.6×1.06=0.328。

3. 混合运算实例　计算0.328 1+（3.76×0.842 5）/1.539-1.1，先进行乘除运算：（3.76×0.842）/1.54=2.06，再进行加减运算：0.3+2.1-1.1=1.3。

第五节　方法可靠性评价常用方法

实际分析检测工作中，为了验证所用分析方法的准确性，确保实验工作人员检测结果的准确性和可靠性，通常会采用一定的质控和评价方法及措施，主要包括：平行样品分析、空白分析、密码样品及复测样品分析、标准物质分析及回收率实验、标准曲线及范围、比对分析（人员、仪器）等。下面针对这些方法的具体应用进行简要介绍。

1. 平行样品分析　平行样又称平行双样，是指在环境监测和样品分析中，包括两个相同子样的样品。采集和测定平行样是实施质量保证的一项有力措施。平行样的测定结果在一定程度上反映了测试的精密度水平。采集和测定平行样的百分比应根据样品的批量、测定的难易程度、有无质量控制等进行确定，一般不少于全部样品的10%。平行样的测定结果可根据具体应用标准方法所规定的界限（精密度要求）进行判别合格与否，也可将测定结果点加入质量控制图进行判别。此外，也可参考分析方法学中的一般规定进行判别。

比如在食品的蛋白质、脂肪、水分和灰分等理化指标测定中，通常都采用平行双样测定。即称量样品时，平行称取2份样品，同时进行前处理，结果取两者的平均值。实际工作中，为了减少误差，往往采用多个平行样测试的方法。

2. 空白分析

（1）分析空白的主要来源和控制措施：

①环境对样品的污染。主要是由空气中的污染气体和沉降微粒引起的。通常实验室中每立方米空气中含有数百微克的微粒。这些微粒含有多种元素，因而可引起多种痕量元素的污染。来自环境的污染不但显著，而且变动性大，应采取局部或整个实验室的防尘与空气净化措施。

②试剂对样品的污染。试剂对样品的污染随试剂用量而变化。样品处理过程中应对用量较多的水、酸和有机溶剂等进行质量监控。对于微痕量测定的检测项目，尽量选用色谱纯、优级纯的试剂，可以有效降低试剂污染。

③器皿对样品的污染。储存、处理样品所用的一切器皿，如烧杯、瓶子、过滤器、研钵等，由于其材质本身或者洗涤不净等均可能污染样品。在痕量分析中选用高纯惰性材料（聚四氟乙烯、透明的高压聚乙烯）制成的器皿，并运用合适的清洗技术，是减少器皿污染的有效方法。

④分析测试者对样品的污染。分析测试者直接用手接触样品也可带来污染。分析测试者外敷的化妆品、内服和外用药物以及个人卫生等都会引起样品的污染。所以，分析测试者不但要具有正确熟练的操作技巧，而且要清楚自身对样品可能带来的污染，以采取必要措施。

（2）分析空白的监测和空白值的扣除：空白值波动较大，前后两天的数值往往在百分之几十，甚至百分之几百的水平上波动。因而痕量与超痕量分析中，扣除空白是比较困难的，也是不可靠的。可靠并行之有效的方法是把空白降至可以忽略不计的程度，同时在分析过程中做空白的平行测定，以监视分析过程。若空白明显的超过正常值，则表明本次分析测定过程有严重的污染，平行样品的测定结果不可靠。

①实例1。利用原子吸收或原子荧光光度法测定食品中重金属含量，进行样品溶液制备的同时，需要进行空白溶液制备。空白溶液的制备方法：取一个烧杯，不加样品，只加入15mL高氯酸＋硝酸（1∶4）的混合液，加热消化、转移定容等操作方法和样品一样处理，得到空白溶液。仪器测试所得样品的测定结果要扣除空白值才是最终结果。通常重金属等痕量测定的空白溶液一般要制备两个以上。

②实例2。阿司匹林的含量测定采用水解后剩余滴定法。要先加入过量的氢氧化钠并加热使其水解，生成水杨酸钠后，再用硫酸滴定剩余氢氧化钠。而在加热过程中，碱性溶液易吸收空气中的二氧化碳，而二氧化碳与水反应生成碳酸，会增加待测样品的酸度，使测定结果偏低。此时就要采用空白滴定，排除二氧化碳干扰。

3. 密码样品及复测样品分析

（1）密码样品分析：由实验室的质量管理人员将一定数量的密码样（已知样）与常规样品（未知样）一起分派给检测人员，检测人员在未知情的情况下进行样品检测。由质量管理人员对结果进行分析、评价和判断，用于检查或控制检测结果的可靠性和精密度。该密码样可以为该批次样品中某个样品的平行样或某标准物质等。

（2）复测样品分析：当检验人员对检验数据有异议，结果难以判定，或者检验用样品出现异常情况或被玷污时，就需启用保留样品，进行复检。

4. 标准物质分析及回收率实验

（1）标准物质分析：实验室可使用有证标准样品、有证质控物质或自行配制并经有效定值的质控物质进行内部质量控制。通常将其与常规样品同步进行样品检测，将所检测结果与约定值相比较进行分析和判断，以评价检测过程的准确度，推断检测过程是否存在系统误差或是否出现异常差错等。

（2）加标回收率分析：在进行样品检测的同时，于同一样品的另一份中加入一定量的标准物质，并于相同条件下进行测定。将其测定结果扣除样品的检测值，以计算回收率。根据回收率情况评价或判断其检测结果或检测方法的可靠程度。

实例：水果蔬菜农残检测中，常常要做加标回收实验。通常采用两个加标水平（浓度），如0.05mg/kg和0.10mg/kg，每个水平做3个平行。

$$\text{加标回收率}=\frac{\text{样品加标测试浓度值}-\text{样品空白浓度值}}{\text{加标浓度}}\times 100\%$$

农残测定的回收率一般要求70%～120%。

5. 标准曲线及范围 标准曲线法是一种简便、快速的定量方法。它是将标准溶液配制成不同浓度的标准系列，在与待测组分相同的检测条件下，等体积准确取样测试，由此制备标准曲线，作为样品定量的依据。一般做法为，以标准溶液的浓度为横坐标，以仪器的检测数据为纵坐标，绘制标准曲线（通常为直线线性回归），一般要求所绘制标准曲线的相关系数 R 达到0.999。

实例：用微波消解-石墨炉原子吸收光谱法测定花生中镉含量时，需要首先绘制镉标准曲线，由此测定样品中镉含量。步骤如下：

准确吸取 1 000μg/mL 的镉标准储备液 1mL，用 0.5mol/L 的硝酸稀释至 100mL，得到浓度为 10μg/mL 标准中间液；如此经多次稀释成浓度为 0.2ng/mL、0.5ng/mL、1ng/mL、2ng/mL、3ng/mL、5ng/mL、10ng/mL 的标准使用液系列。

吸取上述标准使用液，按浓度由低到高的顺序各取 10μL 注入石墨炉，测得其吸光值，并求得吸光值与浓度关系的一元线性回归方程，即为校准工作曲线。

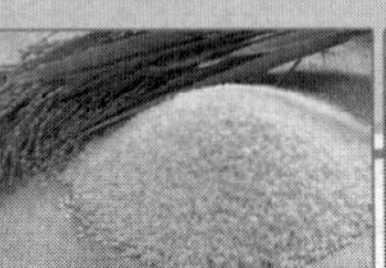

第九章 实验室质量控制技术

质量控制是指为达到质量要求所采取的作业技术和活动，目的在于监视检测的全过程，并排除导致不合格、不满意的原因，以取得准确可靠的数据和结果。采用合理有效的质量控制手段，可监控检测工作过程，预见可能出现问题的征兆或及时发现问题的存在，使实验室针对性地采取纠正措施或预防措施，避免或减少不符合工作的发生。

检测结果的质量是实验室始终关注的重点，但影响检测报告质量的因素又是很多的。在检测过程中，由于诸种因素的变化会使得检测质量不可能始终是恒定的，可能发生突然变化或渐渐发生变化。这种质量的下降如超出标准、规范的要求限度，将会给检测结果带来风险。对质量的这种变化如没有以有效的技术手段进行控制，只能在这种变化发生很久以后才会被发现，而这时可能已经给检测结果带来较大影响或损失。因此，必须采取适时监控的方法，使检测过程能连续地保持在准确受控的规定范围之内，将分析测试结果的误差控制在允许限度内。

在实验室的管理中，各个过程都应处于受控状态。但受控不等于没有变异，即使在相同条件下的每次检测也有差异。所以，变异是客观存在的，变异有其统计的规律，一般分正常变异（即是受控状态下的变异）和异常变异。正常变异是不可避免的，尽管多种因素控制得很好，检测结果也有离散。正常变异是找不出原因的，也没有必要去找，它是用不确定度来表示其变化区间的。异常变异是人、机、样、法和环中的一个或几个因素发生变化引起的，这正是质量控制的对象。在检测中，不是不允许出现变异，而是要控制它，找出原因，针对原因采取改进措施。

第一节　实验室质量控制分类

实验室质量控制包括实验室内部质量控制和实验室间质量控制两部分内容。实验室内部质量控制是实验室分析人员对测试过程进行自我控制的过程，包括空白实验、校准曲线的核查、仪器设备的校准、平行样分析、加标样分析以及使用质量控制图等。实验室间质量控制是发现和消除实验室间存在的系统误差的重要措施，包括分发标准样对实验室的分析结果进行评价、对分析方法进行协作实验验证、加密码样进行考察等。

（一）实验室内部质量控制

实验室内部质量控制简称“内部控制”。内部控制是实验室自我控制质量的常规程序，它能反映分析质量稳定性状况，以便及时发现分析中异常情况，随时采取相应的校正措施。

1. 内部控制包括的内容　空白试验、标准曲线核查、仪器设备的定期检定、平行样分析、加标分析、比对试验、“盲样”（密码样品）分析、编制质量控制图等。

2. 内部控制的精密度是指平行性和重复性的总和。

（1）平行性是指在同一实验室中，同一分析人员、同一分析设备、同一分析时间，用同一分析方法对同一样品进行双样或多样平行测定结果之间的符合程度。

（2）重复性是指在同一实验室内，当分析人员、分析设备和分析时间三个因素中至少有一项不相同时，用同一分析方法对同一样品进行双样或多样平行测定结果之间的符合程度。

（二）实验室外部质量控制

实验室外部质量控制简称“外部控制”。外部控制也称实验室间质量控制。外部控制实际是实验室间测定数据的对比试验。在多个实验室参加协作项目监测时，为确保实验室检测能力和水平，保证出具数据的可靠性和可比性，应对实验室间进行比对和能力验证，具体做法可通过技术培训、现场考核、加标质控、中期抽查、抽检互检和最终审核等质量控制法来进行实验室质量控制，通过试验可以发现一些实验室内部不易核对的误差来源，如试剂的纯度、蒸馏水的质量等问题。经常进行这一工作可增加实验室间测定结果的可比性，提高实验室的检测水平。

1. 外部控制的方法　它是在各实验室完成了内部控制的基础上，参加有关政府部门、专业技术评价机构、国际组织等开展的能力验证及实验室间比对实验活动，分析人员在不知道待测组分浓度（如重金属检测能力考核）或待测组分和浓度都不知道（如农药残留、兽药残留等检测能力考核）的情况下，在规定时间内进行双样或多样平行测定。

测定结果报送给有关组织单位，依据一定的评价方法进行结果准确度的判断与评价。通过这种不是“评价”的评价，使各实验室进行总结分析对照，可不断提高分析质量，这是考核分析人员或一个实验室分析质量和检测能力的常用方法之一。

2. 外部控制的精密度用再现性表示　再现性是指在不同实验室（分析人员、分析设备甚至分析时间都不相同），用同一分析方法对同一样品进行多次测定结果之间的符合程度。

第二节　实验室质量控制技术的具体要求

实验室质量控制技术的具体要求涉及检测过程、检测人员、设施和环境、检测和校准方法、仪器设备和标准物质、量值溯源、抽样和样品处置、结果质量控制以及结果报告等都多个环节，以下为有关具体要求。

一、检测过程的质量控制

在进行任何一项分析测量时，所使用仪器设备的性能和准确性、试剂的质量、分析测量的环境和条件、技术人员的技术熟练程度及所选用的分析方法的灵敏度等，只要其中一个环节发生了问题，就一定会影响到分析结果的准确性，不可避免地产生测定误差。为了把所有误差减少到预期水平，需要采取一系列减小误差的措施，对整个分析过程进行质量控制，以确保分析结果的准确可靠。

实验室内质量控制的实施，应在质量控制人员和实验室技术负责人的指导下进行，在确定了监测项目之后，应选定适宜的方法，并对方法进行相应的基础训练，同时还应配合实施相应的质量控制技术。

1. 全过程空白值测定 在对样品进行分析时通常需要同时测定空白样，这是实验室日常自我分析质量控制的措施之一。在进行样品分析时所得的值减去空白试验值才是最终分析结果。

空白值是指在实验中只是不加入待测样品，其他分析步骤及使用试液与样品测定完全相同的操作过程所测得的值。影响空白值的因素有：实验用水的质量、试剂的纯度、器皿的洁净程度、计量仪器的性能及环境条件等。一个实验室在严格的操作条件下，对某个分析方法的空白值通常在很小的范围内波动。空白值的测定方法是：每批做平行双样测定，分别在一段时间内（隔天）重复测定一批，共测定 5～6 批，按式（9-1）计算空白平均值：

$$\overline{b}=\frac{\sum X_b}{mn} \tag{9-1}$$

式中：

b——空白平均值；

X_b——空白测定值；

m——批数；

n——平行份数。

按式（9-2）计算批内标准偏差：

$$S_{wb}=\sqrt{\frac{\sum_{i=1}^{m}\sum_{j=1}^{n}X_{ij}^2-\frac{1}{n}\sum_{i=1}^{m}(\sum_{j=1}^{n}X_{ij})^2}{m(n-1)}} \tag{9-2}$$

式中：

S_{wb}——空白批内标准偏差；

X_{ij}——为各批所包含的各个测定值；

i——代表批；

j——代表同一批内各个测定值。

当空白值对被测项目有响应时，每批样品分析都必须做实验空白。随样品分析的一次平行测定的两个空白值，其测定结果的相对偏差一般不得大于 40%。

空白试验值低，数据离散程度小，分析结果的精度随之提高，它表明分析方法和分析操作者的测试水平较高。

空白试验值正常，本批分析结果有效。当空白试验值偏高时，应全面检查试验用水、试剂、量器和容器的沾污情况、测量仪器的性能及试验环境的状态等，尽可能地降低空白试验值后，方能报出分析结果。

同一分析人员连续多天分析同类样品中的同一项时，如使用的主要试剂为同一批号且其性质条件无变更，不必每天增加该项目的空白试验。

2. 平行双样/方法精密度控制

（1）凡可以进行平行双样分析的项目，在样品分析时，每批样品每个项目须做 10%～15%的平行双样，样品量不足 5 个时，应增加到 30%～50%。无质量控制样品和质量控制图的检测项目，应对全部样品进行平行双样测定。

（2）平行双样可根据具体情况，采取密码（质控员编入）或明码（分析者自行编入）两种方式，二者具有同等效果，不必重复。

（3）平行双样允许偏差应小于或等于分析方法的规定范围。当超出允许偏差时，按如下原则进行数据舍取：

①每批样品中，平行双样合格率在90%以上时，该批分析结果有效。超差部分的平行双样取二个结果的均值报出数据。

②平行双样合格率在70%～90%时，应随机抽取30%的样品进行复查（包括超差部分的平行双样），复查结果与原结果的总合格率达90%以上时，分析结果有效。超差复查的平行双样此时已有3个数据，以不超差的一对数据的均值作为该样品的结果报出数据，如3个数据间不超差，则取三者的均值报出。

③平行双样合格率在50%～70%时，应复查50%的样品（包括超差部分的平行双样），复查结果与原结果的合格率达90%以上时，分析结果有效；否则表明分析者操作精度或实验室条件存在问题。需要查清原因后加以纠正或重新取样。

④平行双样合格率小于50%时，该批样品分析结果不能接受，需重新取样分析。

（4）没有规定标准偏差值的，可按分析结果所在数量级（X）的具体的情况，参照表9-1相对偏差最大允许值（n）确定。

表9-1　不同数量级分析结果的相对偏差最大允许值

X	10^{-4}	10^{-5}	10^{-6}	10^{-7}	10^{-8}	10^{-9}	10^{-10}
n	1%	2.5%	5%	10%	20%	30%	50%

3. 准确度控制

（1）使用标准样品或质控样品：原子吸收分光光度分析、气相色谱分析的项目，自检时每批样品至少要带一个已知浓度的质控样品，检测时质控样一般占样品总量的5%～10%。选用的质控样应和分析样品具有相近的基体。

质控样可以用标准样，也可用自配样。自配质控样品时，可在分析质量受控状态下，与标准物质进行对比。确证其浓度值可靠后，方可作为该实验室的质控样品。质控样的允许误差应小于或等于分析方法的规定范围（控制测定值在质控样保证值的95%置信水平范围之内）。分析方法中未予规定的，则规定其目标值为90%～110%。质控样超出允许误差时，按如下原则进行数据取舍：

①质控样100%超出允许误差时。本批结果无效，需重新分取样品（或重新采样）再次分析。

②质控样部分超出允许误差时。应重新分析超差的质控样，并随机抽取超差比例部分的样品进行复查。如复查的质控样合格且复查样品的结果与原结果不超出平行双样允许偏差，则分析结果有效。如复查的质控结果仍不合格，表明本批次分析结果准确度失控，不论复查样品的精密度如何，原结果与复查结果均不得接受。应找出失控原因并加以排除后才能再行分析，报出数据。

利用标准物质（如标准土壤和标准植物样品等）作为质控样时，测定量的平均值与真值的偏差指导范围见表9-2。

表 9-2　标准物质测定值与真值的偏差指导范围

真值含量（mg/kg）	偏差范围（%）
＜0.001	−50～20
0.001～0.01	−30～10
0.01～10	−20～10
10～1 000	＜15
1 000～10 000	＜10
＞10 000	＜5

（2）回收测定：加标回收作为准确度控制手段。每批样品中随机抽取 10%～20%的试样进行加标回收测定。样品不足 10 个时，适当加大加标比率，每批同类型样品中，加标样不应少于 1 个。

所加标准溶液应满足如下要求：加入的标准溶液应与待测组分有相同的形态。加入的量应根据被测组分的通常含量而定，被测组分含量高时加 0.5～1 倍，低时加入 2～3 倍，加标后被测组分的总量不得超出方法的测定上限。加标液浓度宜高，体积应小，一般不超过原料体积的 1%。

当加标回收合格率小于 70%时，需对不合格者重新进行回收率测定，并另增加 10%～20%的样品做加标回收率测定，直至总合格率大于或等于 70%以上。不同加标浓度的回收率参考范围见表 9-3。

表 9-3　回收率参考范围

被测组分含量（mg/kg）	回收率参考范围（%）
＞100	95～105
1～100	90～110
0.1～1	80～110
＜0.1	60～120

4. 比较试验

（1）不同分析方法的比较试验。对同一样品采用不同的分析方法进行测定，比较测定结果的符合程度，判定其可比性。

（2）不同仪器、不同人员、不同试剂的比较试验。对同一样品，采用不同仪器、人员和试剂测定，比较测定结果的符合程度，判定仪器性能、人员操作水平和试剂品质等方面的可比性。

（3）可比性的判断可按数理统计的显著性检验方法进行确定。

5. 质量控制图　实验室内质量控制图是监测常规分析过程中可能出现的误差，控制分析数据在一定的精密度范围内，保证常规分析数据质量的有效方法。

（1）质量控制图的绘制：

①数据的积累。在短期日常测定工作中，对标准物质或质量控制样品多次重复测定至少 20 次，每次测定的工作质量应达到规定的精密度和准确度。

②对积累数据进行统计处理，计算平均值、标准偏差 S、$\pm 2S$ 和 $\pm 3S$。

③在坐标纸上，以测定序号为横轴，测定值为纵轴，将中心线、上下警告限（±2S）、上下控制限（±3S）绘制在图中，见图 9-1。

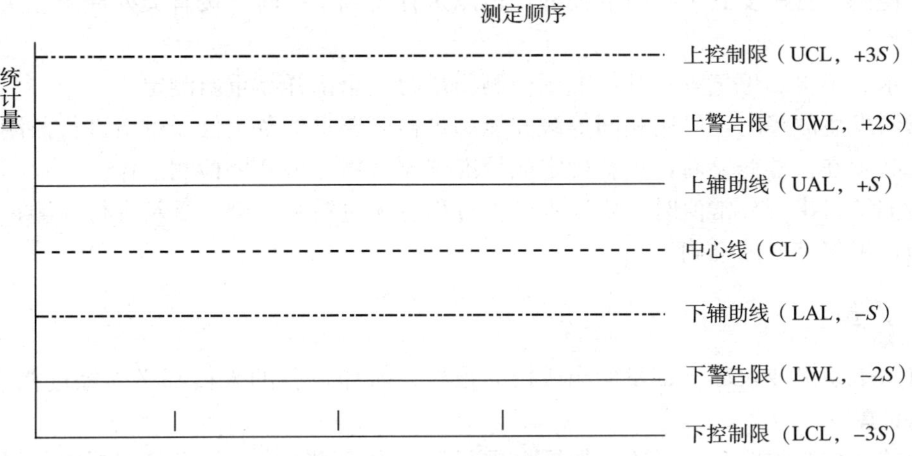

图 9-1　质量控制图的基本组成

质量控制图根据数据意义不同可分为空白控制图、浓度值控制图和加标回收率控制图等，分别用于不同质量控制项目的质量评价。在绘制控制图时，落在±S 范围内的点数应约占总点数的 68%。若少于 50%，则分布不合适，此图不可靠。若连续 7 点位于中心线同一侧，表示数据失控，此图不适用。

（2）质量控制图的使用：质量控制图可以直观显示分析工作的质量水平（如空白试验、准确度、精密度等）。在分析工作中，测定样品的同时对该标准物质或质量控制样品也进行 2～3 个平行测定，并将测定结果标在质量控制图上的相应位置，从而对分析工作的质量进行评价。一般认为，如果此点位于中心线附近，上、下警告限之间的区域内，则测定过程处于控制状态；如果此点超出上述区域，但仍在上、下控制限之间的区域内，则提示分析质量开始变劣，可能存在“失控”倾向，应进行初步检查，并采取相应的校正措施；如果此点落在上、下控制限之外，则表示测定过程失去控制，应立即检查原因，予以纠正，并重新测定该批全部样品。

6. 其他内部质量控制

（1）校准曲线绘制：

①校准曲线包括。工作曲线，绘制校准曲线的标准溶液的分析步骤与样品分析步骤完全相同，即需要预处理；标准曲线，绘制校准曲线的标准溶液的分析步骤与样品分析步骤相比有所省略，即不需要做预处理。

②制备标准系列和校准曲线应与样品测定同时进行；一般用 4～6 个浓度的标准溶液进行测定，根据标准溶液的浓度及其测量信号绘制校准曲线，求出直线回归方程式。

一般校准曲线的相关系数 $r>0.999$，则该校准曲线可判定为合格。否则应找出影响校准曲线线性关系的原因，并尽可能加以纠正，重新测定及绘制新的校准曲线。

利用校准曲线的响应值推测样品的浓度值时，其浓度应在所作校准曲线的浓度范围内，不得将校准曲线任意外延。

（2）仪器的精密度评价：一般用高、中、低三种浓度的标准溶液，用相同的方法分别进行多次平行测定，计算相对标准偏差，评价实验方法精密度。精密度评价是测试仪器性能是否稳定的常用方法。

（3）检测过程中受到干扰时的处理：检测过程受到干扰时，按有关处理制度执行，一般要求如下。

①停水、停电、停气等，凡影响到检测质量时，全部样品重新测定。

②仪器发生故障时，可用相同等级并能满足检验要求的备用仪器重新进行监测。无备用仪器时，必须在仪器修复后，重新检定或校准仪器合格方可开展检测工作。

③检测结果出现异常值时，要检查试验过程有无过错和污染，重新进行检测；也可换人进行复检，确保结果的准确。

二、人员

所有从事检测或校准、签发检测或校准报告、操作设备的人员都必须经过相应的培训，合格后持证上岗。

上岗的授权必须明确、具体，如授权进行某一项检测工作、签发某范围内的报告、操作某一台设备等。

但上岗前的资格确认方式可以根据工作的复杂程度、个人的学历经验水平等而有所差异。

对于新上岗人员和关键岗位人员，应进行有计划的监督。

三、设施环境

（1）实验室的标准温度为20℃，一般温度应在（20±5）℃。实验室内的相对湿度一般应保持在50％～70％。实验室的噪音、防震、防尘、防腐蚀、防磁与屏蔽等方面的环境条件应符合在室内开展的检测项目和所用检测仪器设备对环境条件的要求，室内采光应利于检测的进行。

（2）理化实验室要防止易挥发试剂对实验项目的污染，如氨水-空气中氨的测定。微生物实验室还需定期监测空气中的颗粒物和细菌。

（3）设施和环境条件对结果的质量有影响时，实验室应监测、控制和记录环境条件。在非固定场所进行检测时应特别注意环境条件的影响。

（4）实验室应建立并保持安全作业管理程序，确保化学危险品、毒品、有害生物、电离辐射、高温、高电压、撞击，以及水、气、火、电等危及安全的因素得以有效控制，并有相应的应急处理措施。

（5）对影响工作质量和涉及安全的区域和设施应有效控制并正确标识。

四、仪器设备

（1）每年初由仪器设备管理员制订年度仪器设备送检校准计划，对属于国家强制检定的仪器设备，应依法送检，并在合格期内使用；非强制检定仪器设备按照相关规程进行自校或核查。每年对仪器设备检定及校准情况进行核查，未按规定检定或校准的仪器设备不得使用。

（2）年初由仪器设备管理员制订仪器设备年度核查计划，并按计划执行，保证仪器设备运行正常。各个仪器的操作人员也是该仪器的日常维护人员，日常要精心使用和操作，发现问题及时报告。

（3）如果仪器设备有过载或错误操作、或显示的结果可疑、或通过其他方式表明有缺陷时，应立即停止使用，并加以明显标识，如可能应将其储存在规定的地方直至修复。修复的仪器设备必须经检定、校准等方式证明其功能指标已恢复。实验室应检查这种缺陷对过去进行的检测和/或校准所造成的影响。

（4）实验室应配备正确进行检测和/或校准（包括抽样、样品制备、数据处理与分析）所需的抽样、测量和检测设备（包括软件）及标准物质，并对所有仪器设备进行正常维护。

（5）如果要使用实验室永久控制范围以外的仪器设备（租用、借用、使用客户的设备），限于某些使用频次低、价格昂贵或特定的检测设施设备，应保证符合相关准则的要求。

（6）实验室应保存对检测或校准具有重要影响的设备及其软件的档案。档案至少应包括：设备及其软件的名称；制造商名称、型式标识、系列号或其他唯一性标识；对设备符合规范的核查记录（如果适用）；当前的位置（如果适用）；制造商的说明书（如果有）或指明其地点；所有检定/校准报告或证书；设备接收/启用日期和验收记录；设备使用和维护记录（适当时）；设备的任何损坏、故障、改装或修理记录。

（7）所有仪器设备（包括标准物质）都应有明显的标识来表明其状态。若设备脱离了实验室的直接控制，实验室应确保该设备返回后，在使用前对其功能和校准状态进行检查并能显示满意结果。

（8）利用期间核查以保持设备校准状态增加可信度，并按照规定程序进行。未经定型的专用检测仪器设备需提供相关技术单位的验证证明。

五、检测方法

（1）实验室应按照相关技术规范或者标准，使用适合的方法和程序实施检测和/或校准活动。应优先选择国家标准、行业标准、地方标准；如果缺少指导书可能影响检测和/或校准结果，实验室应制订相应的作业指导书。

（2）实验室应确认能否正确使用所选用的新方法。如果方法发生了变化，应重新进行确认。实验室应确保使用标准为最新有效版本，并定期查新。

（3）与实验室工作有关的标准、手册和指导书等都应现行有效，并便于工作人员使用。

六、化学试剂和标准物质

（1）化学试剂和标准物质的质量是直接影响实验质量的因素之一。实验室试剂管理的首要工作是购置，所以实验室首先应该有一套完整的申购、审批、采购、验收、入库和领用制度，避免买到伪劣试剂而影响试验。

（2）要特别注意采购时要到有正规进货渠道的正规试剂店购买按照国家标准和化工部行业标准生产的试剂。试剂标签上应注有名称（包括俗名）、类别、产品标准、含量、规格、生产厂家、出厂批号（或生产日期）和保质期等。

（3）检验人员要定时检查，以保证试剂包装完好、标签完整、字迹清楚。固体试剂应无吸湿、潮解现象；液体试剂应无沉淀物。否则，应检查试剂的密封情况和有效性。

（4）生物试剂一般要求低温保存，而且要注意保质期。微生物实验室自制的培养基和染色剂需要定期进行检定。

（5）标准试剂和菌株按要求存储，注意保质期。过期时可视情况降等使用或弃用。

（6）购置到货的标准物质应进行验收。优先选择使用频率高的或有疑虑的标准物质进行品质检查，可用另一标准物质进行比对或采用定性方法予以确证。建议使用选择性强的气质、液质和等离子发射光谱等技术进行确认。

（7）在标准物质有效使用期间检查，验证其特性值稳定、未受污染。如果标准特质在其间检查中发现已经发生分解、产生异构体和浓度降低等特性变化，应立即停止使用，及时报告保管人，并追溯使用该标准物质产生的测试结果，确定这些结果的准确性。如有疑问，应立即通知客户，准备重新检测。

（8）标准物质应由专人保管予以编号、登记，放置规定位置，便于取用，不受污染。用完或作废后及时销号，始终保持账物相符。

（9）标准物质应根据其性质妥善存放。易受潮的应存放于干燥器中；需避光保存的要用黑纸包裹或储于棕色容器中；需密封的用石蜡封口后存放于干燥阴凉处；需低温保存的应存放在冷藏室中；需冷冻保存的应存放在冷冻室中；不宜冷藏的应常温保存；对不稳定、易分解的标准物质应格外关注其存放条件的变化，防止其性能发生变化。

七、量值溯源

（1）量值溯源性是通过一条具有规定不确定度的不间断的比较链，使测量结果或标准能够与规定的参考标准（通常是国家的或国际标准）联系起来的一种特性。

（2）校准和检定：

①在规定条件下，为确定测量仪器或测量系统所指示的量值，或实物量具或参考特质所代表的量值，与对应的由标准所复现的量值之间关系的一组操作，称为校准。

②计量器具的检定则是查明和确认计量器具是否符合法定要求的程序，它包括检查、标记和（或）出具检定证书。

（3）标准物质的可溯源性：

①国外进口标准物质应提供可溯源到国际计量基准或输出国计量基准的有效证书或国外公认权威技术机构出具的合格证书，应对标准物质的浓度、有效期等进行确认。

②国内制备标准物质应有国家计量部门发布的编号，并附有标准物质证书。

③当使用参考物质而无法进行量值溯源时，应具有生产厂提供的有效证明。实验室应编制相应程序进行技术验证。

八、抽样和样品处置

（1）实验室应有用于检测和/或校准样品的抽取、运输、接收、处置、保护、存储和保留和/或清理的程序，确保检测和/或校准样品的完整性。

（2）实验室应按照相关技术规范或者标准实施样品的抽取、制备、传送、储存和处置等。没有相关的技术规范或者标准的，实验室应根据适当的统计方法制订抽样计划。抽样过程应注意需要控制的因素，以确保检测和/或校准结果的有效性。

（3）实验室抽样记录应包括所用的抽样计划、抽样人、环境条件、必要时有抽样位置的图示或其他等效方法。如可能，还应包括抽样计划所依据的统计方法等。

(4) 实验室应记录接收检测或校准样品的状态，包括与正常（或规定）条件的偏离。

(5) 实验室应具有检测和/或校准样品的标识系统，避免样品或记录中的混淆。

(6) 实验室应有适当的设备设施储存、处理样品，确保样品不受损坏。实验室应保持样品的流转记录。

九、结果质量控制及结果上报

(1) 实验室应分析质量控制的数据，当发现质量控制数据将要超出预先确定的判断依据时，应采取有计划的措施来纠正出现的问题，防止报告错误的结果。结果质量控制是实验室的最终产品，也是实验室工作的最终体现，结果报告的准确性和可靠性，直接关系客户的切身利益，也关系着实验室的形象和信誉。

(2) 实验室报出的数据和结果，一要有正确的依据，即要按照相关技术规范的要求也要按照规定的程序；二是报告要及时，按规定时限向客户提交结果报告；三是报告的准确性，即对报告的质量要求，应当准确、清晰、客观、真实，易于理解；四是对使用计量单位的要求，应当使用法定计量单位。

(3) 上报一组测定值的分析结果，剔除异常值后补充测定，使测定次数符合要求且不存在离群值时，结果用平均值报出。

(4) 用加标回收率表示准确度指标时，应在规定范围内。若无规定，单个回收率一般取90%～110%，多个平均回收率，可计算95%的置信区间，作为允许范围。

(5) 上报的分析结果，经同组检测人员复核，复核无误后报检测质控人员审查质控指标是否合格。当其结果合格并达到规定后，方能交业务室。

(6) 业务室以原始数据为依据编制检测报告，经三级审核后盖章发送有关单位，同时存档。

主要参考文献

曹际娟，卫锋，马惠蕊，等，2004. 贝类毒素检测技术及研究进展［J］. 检验检疫科学，14（1）：53-56.

陈京都，吴红军，成强，等，2015. 液相色谱-质谱联用技术在水产品兽药残留检测中的应用［J］. 化学分析计量，24（5）：105-107.

崔野韩，曾庆，奚朝鸾，2011. 农产品质量安全检测技术实务［M］. 北京：中国农业出版社.

奉夏平，陈卫国，王志元，等，2005. 基质固相分散-气相色谱法同时测定蔬菜水果中多种农药残留［J］. 食品科学，26（7）：194-197.

干洪珍，2010. 化工分析［M］. 北京：化学工业出版社.

高博，孙秀兰，张银志，等，2012. 乳品中金黄色葡萄球菌肠毒素 B 免疫传感检测方法的研究［J］. 分析科学学报 28（2）：169-172.

韩永志，1998. 标准物质手册［M］. 北京：中国计量出版社.

胡娜，徐玲，2007. 真菌毒素检测方法研究进展［J］. 食品科学，28（8）：563-565.

姜忠涛，2012. 蔬菜瓜果农药残留检测技术［M］. 北京：中国劳动社会保障出版社.

李爱峰，2005. 液-质联用技术分析海洋生物毒素的研究［D］. 北京：中国科学院.

李本昌，2001. 农药残留量实用检测方法手册［M］. 北京：化学工业出版社.

李培武，马良，杨金娥，等，2005. 粮油产品黄曲霉毒素 B_1 检测技术研究进展［J］. 中国油料作物学报，27（2）：77-81.

李书国，陈辉，李雪梅，等，2009. 粮油食品中黄曲霉毒素检测方法综述［J］. 粮油食品科技，17（2）：62-65.

李卫中，马燕，2007. 液质联用技术在医药领域的发展与应用［J］. 现代食品与药品杂志，6（277）：91-97.

栗亚琼，郝莉花，2013. 食品理化分析［M］. 北京：中国科学技术出版社.

刘栋，2013. 高效液相色谱串联质谱法检测多种贝类毒素研究［D］. 沈阳：辽宁大学.

刘凤枝，刘潇威，2007. 土壤和固体监测分析技术［M］. 北京：化学工业出版社.

刘凤枝，马锦秋，2012. 土壤监测分析实用手册［M］. 北京：化学工业出版社.

刘凤枝，2001. 农业环境监测实用手册［M］. 北京：中国标准出版社.

刘迎贵，姚一萍，武金风，等，2013. 实用农畜产品质量安全检测技术［M］. 北京：化学工业出版社.

刘卓慧，2010. 实验室资质认定工作指南［M］. 2 版. 北京：中国计量出版社.

马爱国，2011. 农产品质量安全检测技术实务［M］. 北京：中国农业出版社.

牛军小，苏军，徐晓枫，等，2014. 免疫亲和柱净化-相高效液相色谱法检测乳与乳制品中黄曲霉毒素 M_1［J］. 中国卫生检验杂志年，24（7）：940-945.

彭晓俊，庞晋山，邓爱华，等，2014. 乳及乳制品中黄曲霉毒素 B_1、M_1 测定方法改进［J］. 分析科学学报，30（2）：251-254.

上海新拓分析仪器科技有限公司，2012. 氮吹仪的原理及应用［J]. 食品安全导刊（12）：54-55.
孙伟红，刘欢，邢丽红，等，2017. 水产品兽药残留检测技术标准解析及能力验证工作探讨［J]. 中国渔业质量与标准，7（2）：11-18.
王崇尧，1990. 仪器分析［M]. 北京：兵器工业出版社.
王竹天，2008. 食品卫生检验方法（理化部分）注释［M]. 北京：中国标准出版社.
魏复盛，2009. 水和废水检测分析方法［M]. 4版. 北京：中国环境科学出版社.
岳永德，农药残留分析［M]. 2版. 北京：中国农业出版社.
赵颖，潘伟，金雁，2009. UPLC-MS/MS同时测定蔬菜中19种氨基甲酸酯类药物残留［J]. 福建分析测试（4）：57.

图书在版编目（CIP）数据

农产品质量安全检测技术实用指南 / 王颜红，李静，赵铁成主编．—北京：中国农业出版社，2019.7

基层农产品质量安全检测人员指导用书

ISBN 978-7-109-25141-0

Ⅰ．①农…　Ⅱ．①王…②李…③赵…　Ⅲ．①农产品—质量管理—安全管理—中国—指南　Ⅳ．①F326.5-62

中国版本图书馆 CIP 数据核字（2019）第 005995 号

农产品质量安全检测技术实用指南

NONGCHANPIN ZHILIANG ANQUAN JIANCE JISHU SHIYONG ZHINAN

中国农业出版社出版

地址：北京市朝阳区麦子店街 18 号楼

邮编：100125

责任编辑：廖　宁

版式设计：张　宇　　责任校对：巴洪菊

印刷：中农印务有限公司

版次：2019 年 7 月第 1 版

印次：2019 年 7 月北京第 1 次印刷

发行：新华书店北京发行所

开本：787mm×1092mm　1/16

印张：14

字数：380 千字

定价：62.00 元